세상을 다스리는 360가지 원칙

군서
치요

THE 360 GOVERNING PRINCIPLES
OF ANCIENT CHINA

군서치요

세상을 다스리는 360가지 원칙

GUNSEO CHIYO

THE 360 GOVERNING PRINCIPLES OF ANCIENT CHINA

편자 말레이시아 중화문화교육센터
역자 하영삼·정혜욱·이용남
발행인 정우진
표지 디자인 김소연
펴낸곳 도서출판 3

초판 1쇄 발행 2020년 03월 15일

등록번호 제2018-000017호
주소 서울특별시 강북구 솔샘로 174, 133동 2502호
전화 070-7737-6738
전자우편 3publication@gmail.com

ISBN: 979-11-87746-36-2(03140)

이 도서의 국립중앙도서관 출판예정도서목록(CIP)은 서지정보유통지원시스템
홈페이지(http://seoji.nl.go.kr)와 국가자료공동목록시스템(http://www.nl.go.kr/kolisnet)에서 이용하실
수 있습니다.(CIP제어번호: CIP2020010130)

세상을 다스리는 360가지 원칙

군서
치요

THE 360 GOVERNING PRINCIPLES
OF ANCIENT CHINA

하영삼·정혜욱·이용남 역

도서출판

群書治要

四部叢刊子部

群書治要序

秘書監鉅鹿男臣魏徵等奉

　　　　　　　　　　　勅撰

竊惟載籍之興其來尚矣左史右史記事記

言皆所以昭德塞違勸善懲惡故作而可紀

薰風揚乎百代動而不法炯戒垂乎千祀是

以歷觀前聖撫運膺期莫不懍乎御朽自強

不息乾乾夕惕義在茲乎近古皇王時有撰

述並皆包括天地牢籠羣有競採浮豔之詞

머리말

21세기 오늘날, 우리는 여전히 대혼란의 시대를 살고 있다. IMF 당시 보다 더 심각해 보이는 경제위기와 고용불안, 그리고 사스, 메르스, 에볼라 보다 더 무서운 COVID-19의 등장, 언어폭력으로 물든 인터넷 댓글 문화 등으로 인간의 가치는 더욱 혼란스럽고 우리의 삶은 더욱 피폐해지고 있다. 그로 인해 날로 늘어나는 청년 백수, 예전에는 철밥통이라 불렸던 정규직에조차도 불어 닥치는 구조조정의 매서운 칼날, 결과 어떤 자영업종은 10곳 중 9곳이 문을 닫는다는 가슴 아픈 소식까지 들려온다.

지금의 사회를 가장 잘 표현해주는 네 글자로 된 한자말이 '각자도생(各自圖生)'이다. 각자 스스로 살기를 도모한다는 뜻이다. 그러나 각자도생이란 말이 오늘날을 묘사하는 단어로 흔히 등장함에도, 중국의 고전에도 등장하는 고사성어는 아니다. 그렇다고 일본에서 만들어진 한자어도 아니다. 그 어떤 나라보다 힘든 삶을 살았던 조선에서 만들어진 우리의 한자어라는 것이 더 마음을 아프게 한다.

각자도생이란 단어 속에는 가족에 대한 배려도, 친구에 대한 배려도, 공동체에 대한 배려도 윤리도 없다. 내가 생존하기 위해서 주변을 돌아볼 여력이 없기에, 나쁜 일에는 나만 해당되지 않으면 되고, 좋은 것이 있으면 내가 취하면 그만이다. 그래서 각자도생하는 사회는 윤리가 사라진 야만의 사회이기도 하다.

사실 각자도생은 한국만이 아니라 세계적인 현상이기도 하다. 미국의 트럼프 대통령이 미국우선주의(America First)를 표방하면서 각국의 무역 분쟁을 조정하는 기구도 그 의미를 잃은 지 오래고, 한국이 전통적 우방국이라는 주장도 미국만이 소중하다는 슬로건 앞에서는 혈맹의 의미조차 빛을 바래고 있다. 이웃나라인 일본과 중국 역시 자국중심주의를 표방하는 것도 마찬가지다.

세계가 다 각자도생에 목메고 있다. 그래서 한국뿐만 아니라 전 세계적으로도 윤리가 사라지고, 국가의 지도자들도 양심과 부끄러움을 모르는 사람이 당선되기 일쑤다. 정의와 원칙이 실종되고 협력과 상생이 파괴된 국제사회, 서로가 서로를 지배하기 위해 속이고 위협하고 편법이 지배하는 이 세상에서 정말 필요한 가치는 무엇일까?

죽지 않고 생명을 이어가는 것, 죽지 못해 사는 것은 사실 사는 것이 아니다. 산다는 것은 단순히 생명을 이어가는 것, '연명'이 다가 아니다. 삶을 살만하게 만들기 위해서는 미니마 모랄리아(Minima Moralia, 한줌의 도덕), 즉 인간을 살만하게 해주는 최소한의 윤리와 도덕이 필요하다. 그러나 이러한 사회에서 우리가 윤리와 도덕을 설사 바로 세우는 데까지 나아가지는 못한다 하더라도, 미니마 모랄리아, 즉 한줌의 도덕에라도 귀를 기울이게 하는 세상을 어떻게 해야만 만들 수 있을까? 세상이 아무리 각박해도 한줌의 도덕이 살아 있다면, 그것을 우리를 숨 쉬게 하고, 우리를 살아 움직이게 할 수 있어, 조금이라도 덜 나쁜 세상을, 덜 절망적인 사회를 우리 후손들에게 물려줄 수 있을 것이다.

게다가 함께 살 수 있어야 한다. 날로 커져가는 빈부격차, 정보격차, 지식격차, 경제격차, 환경격차, 이들의 간격을 줄여 함께 사는 세상을 만들어야 한다. 날로 증가되는 문명 간의 충돌, 민족 간의 대립, 날로 줄어가는 지구의 한정된 자원, 파괴되어 가는 환경, 이로 인한 인류의 파멸을 막기 위해서는 화해와 협력이 필요하다. 화해와 협력, 공존과 공유의 가치가 그 어느 때보다 절실한 이유이다.

이러한 고민 속에서 우리는 옛 고전 속에서 혼란한 이 시대에 한 줌의 도덕이라도 세워줄 수 있는, 협력과 공존의 가치를 제공할 수 있는 책을 찾아보기로 했다. 실제로 공자와 노자 등 고대 동양철학자들도 오늘날과 같은 혼란기를 살았다. 그들은 여러 나라들이 극심하게 패권을 다투었던 춘추전국시대를 살았던 인물들이다. 그들은 부모가 죽어도 장례조차 제대로 지내지 못하는 야만 사회를 목격한 자들이요, 지도자가 백성을 위하지 않고 자기 자신의 안위만을 돌볼 때 어떻게 몰락하는 지, 백성들은 어떤 도탄에 빠지게 되는지를 직접 목격한 사람들이다.

공자의 『논어』나 노자의 『도덕경』보다 좀 더 포괄적이고, 대중성 있는, 그리고 실용적이고 실제적인 도움을 줄 수 있는 책은 없을까? 동양고전의 정수를 공자와 노자 등 수많은 성인의 목소리를 살려서, 각 철학자들의 생전의 고민과 주장을 조금이라도 맛볼 수 있게 할 수는 없을까?

그래서 고민 끝에 선택한 책이 『군서치요』다. 이 책속에는 "무엇이 인간을 인간답게 만들고, 인간을 소중하게 만들고, 평화로운 살기 좋은 세상을 만드는가?"에 대한 고민이 절절하게 담겨 있다. 옛사람들은 윗물이 맑아야 아랫물이 맑다고 생각했고, 그래서 윗물부터 깨끗하게 할 방법부터 모색했던 것 같다. 그러나 더 중요한 것은 나 자신이다. 나 개인 하나하나가 모든 사회, 국가의 출발자이기 때문이다.

『군서치요』는 "숱한 고전 속에서 다스림의 요체를 뽑은 책"이라는 의미를 담고 있다. 그러나 이 책은 정치가나 고위 공직자를 위한 책만은 아니다. 계급사회였던 옛 성현의 시대와 달리 오늘날은 민주사회이고, 민주사회에서는 나라를 다스리는 자가 대통령이나 국회의원이 아니라, 세상을 사는 시민이 주인이고, 우리 자신이 주인이기 때문이다.

책의 부제가 "세상을 다스리는 360가지 원칙"이라 되어있지만, 사실은 "세상"이 아니라 "자신"을 다스리는 360가지 원칙이기도 하다. 자신이 먼저 서야 세상을 정의롭게 다스릴 수 있고, 자신이 공정해야 세상을 공정하게 이끌수가 있다. 염치와 양심이 살아 있다면 세상은 다스리지 않아도 공정하고 정의로워질 것이기 때문이다. 그래서 이 책에서는 특히 수신을 강조한다. 개인이 가진 양심과 염치, 그것이 올바른 세상을 만드는 첫걸음이라고 했다. 모두가 되새겨야 할 말이다. 그리고 "진정성과 공손함"을 최고의 미덕으로 보았다. 송나라 때의 대철학자 정자(程子)가 말한 "경승백사(敬勝百邪)", 즉 공경하는 마음이 모든 부정을 이겨낸다는 혜지를 깊이 새길 것을 주문한다. 그것이 곧 자신을 바로 세우고 세상을 정의롭게 다스리는 지름길이기 때문이다.

그래서 이 책을 정치가나 고위공직자나 최고경영자 뿐만 아니라, 리더십을 함양하기를 원하는, 미래의 리더로 성장하고픈 한국의 모든 젊은이들에게, 그리고 좀 더 바른 사회를 세우기 위해 고민하는 한국의 모든 시민들에게, 아울러 세상의 윤리를 바로 세우려고 시도하는 모든 어른들에게 헌정하고자 한다.

이제 이 책이 어떻게 만들어졌는지를 간략하게 소개한다. 이 책은 중국이 자랑하는 제왕의 한 사람인 당 태종 이세민이 자신 스스로 통치의 거울로 삼고자 편찬을 명했고, 평생 손에서 놓지 않았던 책이다. 그리하여 "정관의 치"는 물론 당나라 300년을 진정한 태평성세로 만들었다. 그 후 이 책은 일본으로 들어가 도쿠가와 이에야스의 정치 지침서가 되었고, 역대 천황들의 필독서가 되어 일본을 문명국으로 만들었다. 뿐만 아니라 지금도 여전히 세계적인 지도자들이 즐겨 읽는 애독서의 하나이다.

『군서치요』는 중국의 전설시대 때에서부터 위진 시대에 이르기까지의 지혜를 모은 1만4천여 부, 8만9천여 권의 고서 가운데서 대표적 경전 65종을 선별하여 만든 책이다. 그래서 이 책은 "중국 문명 5천 년간 축적된 리더십의 정수이자 동양의 지혜"라 할 수 있다. 그러나 원서는 50여 만자에 이르는 방대한 책이다. 마침 말레이시아 중화교육문화센터에서 그중에서 우리 삶의 도항이 될 가장 대표적인 360항목을 뽑아 놓아 그 정수를 음미할 수 있도록 해 놓았다. 이 책은 이를 저본으로 삼았다.

이제 "세상을 다스리는 360가지 원칙"이라는 부제를 달고 전체를 군도(君道), 신술(臣術), 귀덕(歸德), 위정(爲政), 경신(敬慎), 명변(明辯) 등 6가지 부류로 나눈『군서치요』선집본을 한국 독자들에게 처음으로 보인다. 한국에서『군서치요』의 원문을 직접 번역 소개하는 것은 이번이 처음이다.

세상을 다스리는 360가지 원칙, 시대를 비추는 영원한 거울, 최초의 한국어 선집 번역판『군서치요』, 여기에 담은 그 정수들은 21세기를 사는 우리에게 던지는 절실한 충언이요, 미래시대를 대비할 진정한 자산이 될 것이다. 우리 사회를 정의롭고 명예롭고 품격 있게 만드는 책이 되기를 기대한다.

이 책의 한국어판이 나올 수 있도록 큰 도움을 준 정공 스님이 이끄는 말레이시아 중화문화교육센터와 초역과 윤문 및 영어대역 등을 담당한 두 공동역자에게도 감사의 말씀을 전한다.

2020년 3월
역자를 대표하여 하영삼 씀

차 례

서문

『군서치요(群書治要)』는 정관(貞觀, 627~649) 초년에 당나라 태종 이세민(李世民, 599~649)의 명으로 편찬되었다. 당 태종은 16살 때 아버지를 따라 종군하였고, 혁명을 일으켜 도탄에 빠진 세상을 바로 잡았다. 전장에서만 십년 넘게 분주한 세월을 보냈다. 그러나 27살 때 황제에 오른 뒤로는 전쟁을 멈추고 문교에 힘썼다. 특히 치평지도(治平之道: 나라를 다스리고 천하를 안정시키는 도)에 주목하여 백성의 생활을 안정시키는데 힘을 쏟았다.

당 태종은 영민하고 용맹스럽고 언변이 좋았다. 그러나 아쉽게도 젊어서 종군하는 바람에 성현의 책을 많이 읽지 못했다. 그는 수나라의 멸망을 직접 눈으로 보았기에, 나라를 세운다는 것이 쉽지도 않지만 세운 나라를 지키기는 일은 더 어렵다는 것도 잘 알고 있었다. 그래서 재위 기간 내내 대신들의 진언을 격려하였으며, 자신의 잘못된 결정이나 과실을 자유롭게 비판하게 하였다. 그리고 위징(魏徵)과 우세남(虞世南) 등 간관에게 역대 제왕들의 치국집정과 관련된 자료를 정리하게 하여, 6경(六經), 4사(四史), 제자백가(諸子百家) 가운데 '수신(修身), 제가(齊家), 치국(治國), 평천하(平天下)'와 관련된 정수를 취하여 책으로 편찬하게 하였다. 그리하여

오제(五帝) 때에서부터 위진 시대에 이르는 1만4천여 부, 8만9천여 권의 고서 가운데서 대표적 경전 65종을 선별하여 50여 만자를 수록하였다. 그 것이 바로 『군서치요』이다.

책을 편찬한 다음 위징은 서문에서 이렇게 말했다. 이 책은 정말이지 "오 늘날에 사용하면 지난 과거를 살필 수 있으며, 후세에 전하면 자손들의 미래를 계획해 줄 수 있는 치세(治世)의 법보이다." 당 태종은 이 책의 박 식함과 절요함이 너무 좋아 하루도 손에서 놓지 않았으며, "짐이 옛일을 고찰하여 지금의 정사를 처리함에 의혹이 있을 수 없었던 것은 모두 그 대들의 공헌이오!"라고 말하곤 했다. 이것으로도 정관지치(貞觀之治)의 태 평성세를 이룬 데는 이 책의 공헌이 컸음을 알 수 있다. 정말이지 오늘날 의 정치인들도 반드시 읽어야 할 법보라고 할 것이다!

하지만 당시 중국의 조판인쇄술이 발달하지 못해 이처럼 진귀한 책조차 도 송나라 초기에 이르러 이미 실전(失傳)되어 『송사(宋史)』에도 기록되 지 못했다. 다행히 일본의 가나자와(金澤) 문고에 가마쿠라(鎌倉) 시대 (1192~1330)를 살았던 일본 스님의 필사본 『군서치요』의 전질이 소장되어 있었다. 그것이 청나라 건륭 60년(1795)에 일본 사람에 의해 중국 본토로 전해졌다. 이후 상해 상무인서관에서 사부총간(四部叢刊)으로 출간되었 고, 대만에서도 그것을 원본으로 삼아 영인 출간하였다. 2010년 말, 정공 (淨空)은 운 좋게 이 책을 얻게 되었는데, 보고 또 보고 크게 기뻐하였다. 이를 통해 옛 성현의 문화교육이 전 세계에 영원한 안정과 평화를 가져 다 줄 것임을 깊이 깨달았다.

무엇보다 중요한 것은 우리 모두 스스로 전통문화를 진정으로 공감하고 그 가치를 의심 없이 믿어야 한다는 것이다. 성현의 전통문화는 실로 모 든 중생의 자성을 드러내며 시공을 초월하여 영원토록 변하지 않도록 만 들어 준다. 배움의 핵심은 '성심과 공손함'에 있다. 『곡례(曲禮)』에서 "공 손함이 없어서는 아니 된다"라고 하였으며, 청나라의 강희제도 "백성을 다스림에 공손함을 근본으로 해야 한다", "성심과 공손함은 천고에 전할 학문이며 이보다 더 좋은 것은 없다"라고 하였다. 정자(程子)도 "경승백사(敬勝百邪: 공경하는 마음이 모든 부정함을 이겨낸다)"라고 하면서, 심신을 닦고 덕을 쌓아 세상을 돕고 백성을 구제하려면 오직 진실하고 공손해야만 한다고 했다. 옛 성인의 교육을 보면 성심과 공손함이 조금이라도 없다면 아무리 많은 책을 읽었더라도 실질적인 이로움을 얻을 수 없음을 알 수 있다. 그래서 공자께서도 "옛 전통과 문화를 배우고 전하되 새로이 짓지는 않으며, 옛 전통과 문화를 믿고 좋아해야 한다."라고 말하셨다.

손중산(孫中山, 1866~1925) 선생은 삼민주의에 관한 연설(민족주의 제4특강)에서 이렇게 말한 바 있다. "유럽의 과학이 발달하고 물질문명이 진보한 것은 최근 200여 년에 불과한 일이다. 정치 철학의 본질에 관해서는 유럽인들도 그것을 중국에서 배워간다. 다 아는 바와 같이 세계에서 학문이 가장 발달한 나라는 독일이지만 현재 독일에서 학문을 연구하려면 반드시 중국의 철학을 연구해야 하며, 심지어 인도의 불교 이치까지 연구하여 그들의 과학이 빗나간 점을 보완하고 있다."

영국의 토인비(Arnold J. Toynbee, 1889~1975) 박사는 심지어 이렇게 말했다. "오직 공맹(孔孟) 학설과 대승불법만 금세기의 사회문제를 해결할 수 있다." 오늘날 세계는 혼란에 빠졌다. 세계를 구하고 중국을 구하려면 오직 중국의 전통 문화교육만이 그렇게 할 수 있다. 선조들이 지금까지 남겨준 나라를 다스리는 지혜, 이념, 방법, 경험과 효과 등은 모두 수천 년의 시련을 겪으면서 쌓아온 보물과 같은 결정체이다. 『군서치요』는 더없이 진귀하다. 깊이 이해하고 실행하기만 한다면 천하가 태평하고 사람마다 행복한 세상이 자연히 이루어지게 될 것이다. 도를 어긴 자는 화를 자초할 것이며 화가 끊이지 않을 것이다.

정공은 오늘날 『군서치요』의 재출현이 갖는 성스러운 사명감을 잘 알고 있다. 그래서 이제 세계서국에 위탁하여 1만 세트를 영인 출판하여 중국, 대만, 홍콩, 마카오 및 세계 각국, 각 정당, 각급 지도자에게 증정하여 함께 이 정신을 배우고자 한다. 조화로운 사회, 대동지치(大同之治)의 세계가 머지않아 실현될 것이다. 『군서치요』의 재출판을 눈앞에 두고 염초 여사의 부탁으로 쓴 이 서문으로 기쁨과 칭찬과 감탄의 뜻을 표한다.

정공 삼가 씀

2010년 12월 28일 홍콩에서

『군서치요 360』의 한국어판 출간에 즈음하여

『군서치요』는 중국의 옛 성인과 선왕들이 남긴 '수신제가, 치국평천하'의 이념과 지혜, 방법, 경험 및 효과에 대한 집대성이자 수천 년의 시련을 겪으면서 누적된 문화의 결정체이기도 하다. 이 진귀한 경전은 당 태종이 '정관지치'의 시대를 개척하고 300년 동안의 성세를 이루는 기초를 만들어 주었다. 또 오늘날의 각계각층의 지도자들에게도 반드시 소중한 참고자료가 될 것이다. 그뿐만 아니라 이 책은 다양한 분야와 다양한 신분의 사회 대중에게도 지혜의 원천이 되어 심신을 평안하게 하고 가정을 행복하게 하며 사업을 번창하게 만들어 줄 것이다.

중국문화의 계승이라는 사명을 잊지 않으시던 우리의 스승 석 정공(淨空) 노교수님께서는 2010년 말 선조의 은총을 입어 이 경전을 손에 넣을 수 있으셨다. 선생님께서는 이 책이 오늘날 사회가 노정한 각종 문제를 해결할 수 있는 좋은 처방의 하나임을 너무나도 잘 알고 계셨기에 그 기쁨을 금할 수 없어 곧바로 세계서국에 위탁하여 이를 영인 유통하기로 하였다. 선생님께서는 말레이시아의 나집 수상과 마하티르 전 수상을 만났을 때 『군서치요』의 내용을 간략하게 소개하기도 하셨다. 두 지도자께서는 하루 빨리 영문으로 된 번역본을 볼 수 있으면 좋겠다고 하였다. 그 자리에서 선생님께서는 『군서치요』에서 360개 조목을 발췌하여 현대 중국어로 번역하고 영어를 비롯한 세계 각국 언어로 번역하여 대중들이 매일 편리하게 열독할 수 있도록 해야겠다고 다짐하셨다.

스승님께서는 이 임무를 우리 말레이시아 중화문화교육센터에 맡기셨다. 이것이 바로 우리 센터에서 세계 각지의 유명 인사들을 초청하여 함께 중국어판『군서치요 360』를 편찬하고 다시 영문으로 번역하게 된 연유이다. 선생님께서는 그 후 몇 년의 시간을 투자하여『군서치요』에서 360개 원문(原文)을 선별하였고 여러 나라 언어로 번역하여 전 세계에 유통하셨다. 선생님께서는 이를 중국이 세계 평화에 끼칠 가장 큰 기여라고 생각하셨다. 이제 하영삼 교수의 도움으로 한국어판도 출판하게 되었다. 경의와 함께 감사드린다.

『군서치요』는 경(經), 사(史), 자(子)에서 선별 발췌한 글로, 도합 65부 50권으로 되어 있다. 이들은『주역』,『사기』,『육도』등 경(經), 사(史), 자(子)의 분류에 따라 순서지어 배열하였다. 본 센터에서 편역한『군서치요 360』은 '군도', '신술', '귀덕', '위정', '경신', '명변' 등 6개의 부류로 크게 나누었고, 각각의 부류에서는 다시『군서치요』에서 논술한 관련 요점을 중심으로 세분하였다. 본서에서 나열한 큰 분류가 독자들이『군서치요』전체의 정신을 이해하는 데 도움이 되었으면 하는 바람이다.

『군서치요 360』의 편집사업을 시작하자마자 중국대륙, 홍콩, 대만 및 말레이시아의 많은 지사들의 사심 없는 도움을 받았다. 이 자리를 빌려 진심으로 감사드린다!

편집팀의 덕행과 학식이 한계가 많은지라 책에서 빠진 곳도 많으리라 생각된다. 이 점에 대해서는 독자 제현들의 질정과 가르침을 부탁드린다. 또한 독자 여러분 모두가 옛 성현의 지혜의 가르침을 받아 심신이 조화롭고 온 가정이 화목하며 사업이 순조롭기를 함께 축복 드린다. 이 책이 사회의 각종 모순과 충돌을 화해시키고 대립을 해소하며, 안정적이고 행복하며 아름답고 평화로운 '대동세계'로 나아가는데 조그만 도움이 되길 희망한다. 이를 위해 우리 모두가 손에 손을 잡고 함께 전진하며 조화로운 사회를 창조했으면 한다.

2019년 7월 12일
말레이시아 중화문화교육센터
『군서치요 360』편집팀

일러두기

1. 원문(原文)

• 위징(魏徵) 등 당나라 초기의 대신들이 집록한 『군서치요』의 근거가 된 65편의 원작은 모두 정관 이전에 나온 고대 경전들이다. 이러한 고대 경전은 당나라 이후 1천여 년 동안 관료 학자들의 많은 교감과 정리를 거쳤기에 현재 출판된 고서와는 다소 다른 부분도 있다. 이를테면, 『논어』 가운데의 널리 알려진 "세 사람이 길을 가면, 그 가운데 반드시 나의 스승이 있다."라는 문구를 『군서치요』에 집록된 『논어』에서는 "여러 사람과 함께 길을 가면, 내가 반드시 본받아야 할 언행이 있다."라고 썼다. 당나라 초기 고서 선본(善本)의 원래 모습을 보존한 이러한 점은 『군서치요』가 주목받을 수 있는 또 다른 문화적 가치이기도 하다.

• 판본에 관해서, 『군서치요』의 현존 원판은 일본 겐나(元和) 2년(1616)의 동활자 인쇄본인데, 이를 '겐나본(元和本)'이라 줄여 부른다. 일본 덴메이(天明) 원년(1781)에 교감하기 시작하여 덴메이 6년(1786)에 완성하고, 재판하여 유통하였는데, 이를 '덴메이본(天明本)'이라 줄여 부른다. 중화민국 연간에 상무인서관에서는 일본 덴메이본을 바탕으로 교감하여 출판하였는데, 이를 '상무본(商務本)'이라 줄여 부른다.

• 본 센터에서 선집한 『군서치요 360』에 포함된 360가지 경전 문구는 모두 『군서치요』의 원문(原文)에 근거하였다. 또 주해(注釋)를 초록함과 동시에 덴메이본과 상무본의 머리글 교감 문자도 함께 초록해 두었다.

• 『군서치요』는 65가지의 고서 가운데서 단순히 줄이고 요약하여 채록하지 않고, 그 가운데의 요점을 발췌하였다. 이를테면 『예운대동편(禮運大同篇)』을 축약하여 이렇게 썼다. "큰 도를 행하면 천하가 공정해진다. 어질고 능력 있는 사람에게 국정을 맡겨야 한다. 부모를 섬긴다 하여도 내 부모만이 아니고, 자식을 사랑한다 하여도 내 자식만이 아니다. 늙으면 편안히 생을 마칠 수 있게 하고, 어린아이는 건강하게 자랄 수 있게 하고, 홀아비와 과부와 고아와 자식 없는 늙은이와 병든 자들은 모두 편히 부양받게 한다. 그렇게 되면 간사한 모의는 갇혀서 일어나지 않으며 강도와 도둑과 반란자가 생기지 않으니, 이를 두고 대동(大同)사회라 하느니라." 물론 65부의 고서를 더 깊이 열독하려는 독자들이라면 고서의 전문을 읽어야 할 것이다.

2. 글자체와 자형

● 이 책 원문(原文) 중의 필획이 비슷하여 섞어 쓴 글자들, 이를테면 이(己), 기(己), 사(巳)와 왈(曰), 일(日) 등은 모두 현대 통용자에 맞도록 구분하였다.

3. 구두점

● 겐나본 『군서치요』에는 글귀의 끊음, 즉 구두점이 없고, 덴메이본에서는 끊어 읽어야 할 곳에 모두 쉼표(",")로 표시하였다. 이 책은 현대식의 끊어 읽기를 적용하였는데, 주로 덴메이본을 참고하였다. 하지만 어떤 곳에서는 상무본이나 상무본이 인용한 고서의 현행 통용 독본에 근거하기도 했다. 현행 구두점과 문장부호를 책 전체의 끊어 읽기에 적용하였다.

4. 주석의 원칙

● 이 책의 주석은 될 수 있도록 간단하면서도 정교함을 추구하였다. 만약 주해(注釋)가 원문(原文)의 글귀를 해석한 것이라면, 원칙적으로 중복되지 않도록 하였다. 번역문(譯文)은 직역과 의역을 결합하는 방식을 썼다. 번역 후에도 잘 통하지 않으면 번역문(譯文) 뒤에 간략하게 설명을 덧붙여 둠으로써 선현의 정신세계를 깊이 이해하고 받아들이는데 데 도움이 되게 하였다.

5. 조판 설명

● 이 책은 한국어 번역문, 해설 주석, 한문 원문(原文), 주석, 영어 번역문 등의 순서로 배열했다. 『군서치요』의 원문(原文) 중의 소주(小注)는 작은 글씨로 원문 속에 달아 두었다. 덴메이본과 상무본의 머리 부분의 교감문자도 원문(原文)에 넣어 작은 글씨로 주해(注釋)를 달았으며 구별하기 쉽게 괄호를 달아 표시하였다.

한국어판 번역팀
2020년 2월 29일

세상을 다스리는 360가지 원칙

군서
치요

THE 360 GOVERNING PRINCIPLES
OF ANCIENT CHINA

제1부

군도(君道)
지도자의 길

THE WAY OF A LEADER

제1장

수신(修身)

수양

Character Building

01

계탐(戒貪)
탐욕에 대한 경계
Guard against greed

001 인의를 버리지 말라

성강(成康) 이후로 거의 천 년이 넘도록 천하를 크게 다스리고자 했던 군왕은 많았지만 태평성세는 더 이상 실현되지 않았다. 이유는 어디에 있을까? 그것은 바로 지도자 자신이 나라를 다스리는 도리와 법도를 어긴 채 제 입맛대로 하고, 사치를 행하여 인의(仁義)를 버렸기 때문이다.

원문

自成康①以來, 幾且②千世, 欲爲治者甚衆, 然而太平不復興者, 何
也? 以其舍法度, 而任私意, 奢侈行而仁義廢也. (제19권 『한서(漢書)』 7)

주석

① 성강(成康): 주나라 성왕과 강왕의 병칭. 성강(成康) 시기에 천하가 안녕하고 40여 년간 형벌을 사용하지 않았던바, 서주(西周) 때의 태평성세라고 부른다.
② 차(且): 막(장차) ……하려고 하다.

Almost a thousand years have passed since the heyday of King Cheng and King Kang, and many rulers having tried to attain the same glory. But this golden era of peace and prosperity never returned. Why has this been so? It is because rulers have forsaken the law and moral standards, and have instead pursued selfish desires, spoiling themselves with extravagance, and totally neglecting the practice of benevolence and righteousness.

Scroll 19: *Han Shu*, Vol.7

002 서두를수록 빨리 망한다

무릇 사물은 서둘러 이루려고 할수록 빨리 망하는 법이며, 완만하고 안정적으로 이루고자 할 때 바람직한 결과를 얻을 수 있다. 아침에 꽃을 피우는 풀은 저녁이면 시들어 떨어지지만, 무성한 송백은 아무리 추운 겨울이라도 시들어 마르지 않는다. 그런 까닭에 재덕을 겸비한 군자는 서둘러 이루는 것을 경계한다.

원문

夫①物速成則疾②亡, 晚就③則善終. 朝華④之草, 夕而零落, 松柏之
　부　물속성즉질　망　만취　즉선종　조화　지초　석이영낙　송백지
茂, 隆寒⑤不衰. 是以大我君子⑥惡速成. (제26권 『위지(魏志)』하)
　무　　용한　　불쇠　시이대아군자　오속성

주석

① 부(夫): 범(凡)과 같아, 발어사로 쓰이며 무릇, 대저라는 뜻이다.
② 질(疾): 빨리, 급속히.
③ 취(就): 이루다, 성공하다, 수행하다.
④ 조화(朝華): 조화(朝花)와 같은 뜻. 아침에 피는 꽃송이.
⑤ 융한(隆寒): 엄동설한.
⑥ 대아군자(大雅君子): 재덕(才德)을 겸비한 사람.

영역

In general, anything that develops too fast will fall apart just as quickly, whereas a slow and steady development is more assured of yielding favorable results. Plants that unravel into full bloom in early morning may wither and fall by the evening, but the slow-growing pine trees will not wither even in the extreme winter cold. Hence, a *superior person* does not hasten to achieve results.

Scroll 26: Wei Zhi, Vol.2

003 독점하지 말라

영(榮)나라 이공(夷公)은 재물과 이익을 독차지하는 것만 좋아할 뿐 이것이 사회적으로 큰 문제가 될 것이라는 것을 생각하지 못했다. 재물과 이익은 천지만물에 의해 생겨나고 활용되는 것인데, 이를 한 사람이 독점하면 천지간의 균형이 깨어지고 그 해로움은 이루 말할 수가 없다. 천지만물은 수많은 백성들이 필요로 하는 것인데, 어찌 한 사람이 독점할 수 있겠는가? 이렇게 되면, 분노에 찬 백성들이 많아지고 큰 재난에 대비할 수 없게 될 것이다. 나라의 지도자가 이러한 점을 명심해야 그 치세가 오래 갈 것이다.

원문

夫①榮公②好專而不知大難. 夫利, 百物之所生也, 天地之所載也, 而有專之, 其害多矣! 天地百物皆將取焉, 何可專③也? 所怒甚多, 而不備大難, 以是敎王, 王其能久乎? (제11권 『사기(史記)』 상)

주석

① 부(夫): 문언문의 발어사(發語詞)로, 어떤 주제를 드러내는 역할을 한다.
② 영이공(榮夷公): 주나라 여왕 때, 제후국이었던 영(榮)나라의 제6대 임금인데, 이재를 밝히기로 이름났었다.
③ 전리(專利): 이익을 독차지하다.

영역

Duke Yi of the state of Rong was known for monopolizing wealth and profits for himself and for being oblivious to its adverse effects on the society. One should know that wealth and profits are the very sources of survival for hundreds of materials nurtured between heaven and earth. To monopolize them will give rise to an unbalanced situation thereby causing much harm. How can one monopolize the resources when they are needed by so many? To do so will arouse anger from the public. If we teach our lord to monopolize resources instead of urging him to take precaution against major disasters, can his reign last long?

Scroll 11: *Shi Ji*, Vol.1

004 지나치게 쾌락에 빠지지 말라

색을 많이 탐할수록 사람의 원기와 정력이 체외로 빠져나가 시력이 흐려진다.[1] 귀를 즐겁게 하는 것만 탐하면 마음속의 평화롭고 바른 기가 소실되어 청각이 무뎌진다.[2] 맛 나는 것만 자꾸 탐하면 입이 간사해져 미각이 둔해진다.[3] 말 타기와 사냥의 쾌감에 지나치게 빠져들면 마음이 오만방자해지고 성미는 거칠고 급하게 된다.[4] 얻기 힘든 물건일수록 사람의 탐욕을 불러일으키고 빗나간 행동을 하게 만든다.[5]

[1] 음탕한 짓과 색을 지나치게 밝히면 정력을 상실하여 눈이 멀게 된다.
[2] 귀를 즐겁게 하는 청각의 쾌락을 과하게 추구하면 조화로운 기운이 마음을 떠나게 된다.
[3] 상(爽)은 망령되다(妄)는 뜻이다. 혀를 만족시키는 미각만을 추구하면 입맛이 망령되이 변하여 본분에서 벗어나게 된다.
[4] 사람의 정신은 본디 안정됨을 좋아하는바, 말을 달려 사냥하고 거칠게 호흡을 해대면 정신이 산란해진다. 그래서 발광(發狂)하게 된다고 했다.
[5] 방(妨)은 상하다(傷)는 뜻이다. 얻기 어려운 물건은 금은보화를 말한다. 마음에 탐욕과 욕망으로 가득하면 행동은 어그러지고 몸을 치욕스럽게 되는 법이다.

원문

五色①令人目盲, 貪淫好色, 則傷精失明. 五音②令人耳聾, 好聽五音, 則和氣去心也. 五味③令人口爽, 爽, 妄也. 人嗜於五味, 則口妄, 言失於道. 馳騁田獵④, 令人心發狂, 人精神好安靜, 馳騁呼吸, 精神散亡, 故發狂也. 難得之貨, 令人行妨⑤. 妨, 傷也. 難得之貨, 謂金, 銀, 珠, 玉. 心貪意欲, 則行傷身辱也. (제34권 『노자(老子)』)

① 오색(五色): 원래는 청색, 적색, 백색, 흑색, 황색을 가리키는데, 여기서는 눈을 즐겁게 하는 감각만을 쫓는다는 뜻이다.

② 오음(五音): 원래는 중국 오성음계의 궁(宮), 상(商), 각(角), 치(徵), 우(羽)를 가리키는데, 여기서는 귀를 즐겁게 하는 쾌락의 대상만을 쫓는다는 뜻이다.

③ 오미(五味): 원래는 시고 달고 쓰고 맵고 짠 다섯 가지 맛을 가리키는데, 여기서는 혀를 만족시키는 쾌락의 대상만을 쫓는다는 뜻, 혹은 여러 맛을 조합한 맛좋은 식품을 가리킨다.

④ 전렵(田獵): 사냥.

⑤ 방(妨): 방해하다.

영역

Craving for visual splendor can distort our vision and impede our ability to see the truth about things. Basking in musical amusement can numb our hearing and impede our ability to appreciate the finer meanings in music. Excessive indulgence in fine cuisine can dull our taste buds and impede our ability to appreciate the food. Wallowing in the thrill of game hunting can make us reckless and lose our sanity. Being desirous of rare and precious objects can cause our greediness to grow and drive us to behave wickedly.

Scroll 34: *Lao Zi*

005 주색잡기를 경계하라

시조 대우께서 이런 유훈을 남기셨다.

"황궁 안에서 여색에 빠져있거나[1], 황궁 밖에서 수렵에 빠져있거나, 술을 절제 없이 한껏 마시며 가무에 탐닉하여 만족을 모르거나, 호화로운 주택에 살면서 기둥과 대들보를 화려한 그림으로 장식을 한다. 이런 행위 중 하나만 해당해도 나라가 망하지 않는 법은 없다.[2]

[1] 미혹되어 어지러워지는 것을 황(荒)이라 한다.
[2] 이 중에 하나만 그렇게 해도 나라를 망치는데, 여러 개인 경우에야 일러 무엇 하겠는가!

원문

訓有之, 内作色荒①, 迷亂曰荒. 外作禽荒②. 甘酒嗜音, 峻宇雕牆③. 有
훈 유 지　내 작 색 황　미 난 왈 황　외 작 금 황　감 주 기 음　준 우 조 장　유

一於此, 未或④弗⑤亡. 此六者, 有一必亡, 況兼有乎! (제2권 『상서(尚書)』)
일 어 차　미 혹　불　망　차 육 자　유 일 필 망　황 겸 유 호

주석

① 색황(色荒): 여색에 빠져 정신이 혼미해지다. 황(荒)은 육욕에 빠져 정신이 혼미해지다. 놀고 즐기는 것이 지나치다는 뜻이다.
② 금황(禽荒): 짐승 사냥에 정신이 혼미해지다. 금(禽)은 날짐승과 길짐승 모두를 말한다.
③ 준우조장(峻宇雕牆): 높고 큰 가옥과 화려한 그림이 조각된 벽. 거처가 호화롭고 사치함을 뜻함.
④ 미혹(未或): 없다.
⑤ 불(弗): 아니다.

영역

King Yu of antiquity said: "If a ruler is obsessed with womanizing and hunting, drinking fine wine, singing and dancing, living in lofty mansions with intricate wall paintings and carvings; any one of these will surely bring forth the ruin of his country."
Scroll 2: Shang Shu

006 도덕의 수양에 힘써라

혼란을 초래하는 국가 지도자는 세력을 확장하는 데만 주력하지 인의의 교화에는 힘쓰지 않으며, 높은 권력만 추구하지 도덕적 수양에는 관심이 없다. 이러한 것이 바로 국가 생존에 필요한 바를 버리는 것이요 멸망을 앞당기는 길이다.

원문

亂國之主, 務①於廣地, 而不務於仁義, 務於高位, 而不務於道德, 是
난 국 지 주   무   어 광 지   이 불 무 어 인 의   무 어 고 위   이 불 무 어 도 덕   시
舍其所以存, 而造其所以亡也. (제35권『문자(文子)』)
사 기 소 이 존   이 조 기 소 이 망 야

주석

① 무(務): 힘쓰다, 진력하다.

영역

Hence, a ruler who can ruin a country will be a leader zealous about expanding his territory but unconcerned with his duty to advance benevolence. He is concerned with pursuing a position of great authority but does not care too much about promoting virtues. By doing this, he has in fact given up all the conditions that can assure his country's survival. Inevitably he will lead the country to a path of destruction.

Scroll 35: Wen Zi

007 인기에 영합하지 말라

지도자의 걱정거리 중 허명을 추구하는 것보다 더 큰 잘못은 없다. 지도자가 허명을 추구하게 되면, 부하들은 곧바로 그가 무엇을 요구하는지를 알아보고 그의 비위를 맞추려 들기 때문이다.

원문

人主之大患, 莫大乎好名. 人主好名, 則郡臣知所要矣. (제48권 『체론
인 주 지 대 환   막 대 호 호 명   인 주 호 명   즉 군 신 지 소 요 의
(體論)』)

영역

Nothing can do more harm to a leader than widespread knowledge of the fact that he craves adoration and popularity. Once a leader falls into the traps of wanting an inflated name for himself, his officials will know what he wants and conform to his wishes.

Scroll 48: Ti Lun

02

근검(勤儉)
검소하고 부지런하라

Be frugal and diligent

008 백성과 만물을 살피는 데 소홀하지 말라

옛날 말에 이런 말이 있다. "농부가 땅을 갈고 씨를 뿌리지 않으면 곧바로 굶는 자가 생기게 되고, 여성이 베를 짜지 않으면 곧바로 추위에 떠는 자가 생기게 되는 법이다." 만물의 생장에는 때가 있는 법인데, 그것을 활용하는 데 절제가 없다면, 이러한 자원들은 결국에는 고갈되고 만다. 그래서 옛 성인들은 나라를 다스릴 때 이를 더없이 세밀하고 더없이 주도면밀하게 살폈다. 그래서 국부가 충분히 쌓일 수 있었고 그 덕에 나라가 유지될 수 있었다.

원문

古之人曰: "一夫不耕, 或①受之饑, 一女不織, 或受之寒." 生之有時, 而用之無道, 則物力必屈②. 古之治天下, 至纖至悉也, 故其蓄積足恃③. (제14권 『한서(漢書)』 2)

주석

① 혹(或): 사람과 사물, 즉 '어떤 사람', '어떤 사물'을 가리키는데 여기에서는 '어떤 사람'을 가리킨다.

② 굴(屈): (있는 힘을) 다하다, 끝.

③ 시(恃): 의지하다, 믿다.

The ancients said: "If a farmer refuses to work, some people will starve. If a woman refuses to weave, some people will suffer in the cold." When the growth of all things is limited by seasons but we consume them as if they will be available without limitation, the resources will sooner or later be depleted. The ancients governed and planned meticulously and they would have had the foresight to ensure the treasury had enough reserves to sustain the nation.

Scroll 14: *Han Shu*, Vol.2

009 욕망을 제멋대로 날뛰게 하지 말라

몸과 마음을 닦고 나라를 다스림에 욕망을 절제하는 것보다 더 중요한 것은 없다. 『예기』에서 "욕망을 제멋대로 날뛰게 해서는 아니 된다"라고 했다.

고금을 막론하고 가정과 나라를 잘 다스린 지도자는 모두 근검과 절약 때문에 성공할 수 있었다. 나라가 망하고 가정이 파탄 나는 것은 모두 사치 때문이었다. 근검한 사람은 욕망을 절제하지만 사치한 사람은 욕망을 제멋대로 둔다. 욕망을 제멋대로 두는 자는 위험한 삶을 살지만, 욕망을 절제하는 자는 평온한 삶을 살게 된다.

원문

脩身①治國也, 要②莫大於節欲. 傳曰: "欲不可縱." 亦觀有家③有國④,
수 신 치 국 야   요 막 대 어 절 욕   전 왈   욕 불 가 종   역 관 유 가 유 국
其得之也, 莫不階⑤於儉約, 其失之也, 莫不由於奢侈. 儉者節欲, 奢
기 득 지 야   막 불 계 어 검 약   기 실 지 야   막 불 유 어 사 치   검 자 절 욕   사
者放情. 放情者危, 節欲者安. (제47권 『정요론(政要論)』)
자 방 정   방 정 자 위   절 욕 자 안

주석

① 수신(脩身): 몸과 마음을 닦고 덕성을 함양하다.
② 요(要): 중요하다, 주요하다.
③ 가(家): 경대부(卿大夫)나 경대부의 땅.
④ 국(國): 고대 왕과 제후의 봉지.
⑤ 계(階): 원인, 까닭, 의거하다.

Thus, to cultivate oneself in order to rule a country, nothing can be more significant than to restrain ones desires. The book of *Li Ji* said: "Don't give in to desires." We have seen rulers and senior ministers of the past and present had achieved success through hard work and lived frugally, and that those who failed did so were extravagant and wasteful. Frugal people will restrain their desires but spendthrifts will let their desires run free. Self-gratification will endanger one's life while moderation will keep one safe.

Scroll 47: *Zheng Yao Lun*

03
징분(懲忿)
분노를 피하라
Refrain from anger

010 빈대 잡겠다고 초가삼간 태워서야

금령을 명확하게 하지도 않은 채 엄한 형벌로 난을 평정하거나, 전쟁에 대한 계획도 제대로 세우지 못했는데 모든 병력을 동원하여 이웃나라를 침범하는 것은, 마치 메뚜기를 없애고자 농작물을 베 버리고, 좀 벌레를 죽이고자[1] 나무를 베 버리고, 벼룩과 이를 잡고자 독약을 마시고[2], 참새와 쥐를 내쫓고자 집을 허무는 것과 같은 일이다.

[1] 길(蛣)은 원래 두(蠹)로 되었다.
[2] 감식(減食)은 원래 식독(食毒)으로 되었다.

원문

禁令不明, 而嚴刑以靜亂①, 廟算②不精, 而窮兵③以侵隣. 猶鉥④禾以
금 령 불 명 ' 이 엄 형 이 정 난 ' 묘 산 불 정 ' 이 궁 병 이 침 린 유 삼 화 이
計蝗蟲, 伐木以殺蛣(蛣作蠹)蝎⑤, 減食(減食作食毒)以中⑥蚤蝨, 撤舍以
계 황 충 ' 벌 목 이 살 길 길 작 두 갈 ' 감 식 감 식 작 식 독 이 중 조 슬 ' 철 사 이
逐雀鼠也. (제50권 『포박자(抱朴子)』)
축 작 서 야

주석

① 정난(靜亂): 난리를 평정하다.
② 묘산(廟算): 조정에서 제왕이 전쟁에 대해 계획하는 책략.
③ 궁병(窮兵): 무력을 남용함.

④ 삼(釤): (칼로) 자르다, 베다, 패다, 쪼개다, 찍다.

⑤ 길갈(蛣蚏): 두갈(蠹蚏), 즉 나무속의 좀 벌레. 두(蠹)는 좀 벌레, 갈(蚏)은 나무를 갉아먹는 좀 벌레를 말한다.

⑥ 중(中): 명중하다, 살해하다.

Before a ban has been stated clearly by the government, severe punishments were enforced to suppress disorderliness. Before a well-planned military strategy has been devised, the armed forces were deployed in full force to invade a neighboring country. Is this not like cutting down the crops in order to destroy the locusts; or chopping down trees to get rid of infestations of worms or bugs; or swallowing poison in order to kill lice and fleas; or tearing down a house in order to chase away sparrows and rats?

Scroll 50: *Bao Pu Zi*

011 사리사욕을 멀리하라

성인이라면 언제나 천하 백성들의 이익에 근거해 고심해야지, 자신의 사욕과 분노로 천하의 공의(公義)를 상하게 해서는 아니 된다.

원문

夫①聖人以天下爲度②者也, 不以己私怒, 傷天下之功③. (제17권 『한서
부　성인이천하위도　자야　불이기사노　상천하지공

(漢書)』5)

주석

① 부(夫): 문언문에 쓰이는 발어사(發語詞)로, 어떤 것을 드러내는 역할을 한다.
② 도(度): 타산, 도량.
③ 공(功): 공(公). 공의(公義).

영역

Thus, a sage ruler always has the welfare of the people at heart. He would never wage a personal vendetta at the expense of public justice.

Scroll 17: *Han Shu*, Vol.5

O4

천선(遷善)
선행을 실천하라
Emulate good deeds

012 셋이 모이면 그 중에 반드시 스승이 있다

공자께서 말씀하셨다.

"여러 사람과 함께 길을 가면, 내가 반드시 본받아야 할 언행이 있다. 그러므로 상대의 좋은 점을 따라 배우고, 옳지 못한 점이 있다면 그것을 거울삼아 나부터 고쳐야 한다."[1]

> [1] 처음부터 훌륭한 사람과 우둔한 사람이 있는 것은 아니다. 상대의 좋은 점은 배우고, 나쁜 점은 그것을 거울삼아 고치면 된다. 그러므로 정해진 스승이 있어 배우는 것은 아니다.

원문

子曰: "我三人行①, 必得我師②焉. 擇其善者而從之, 其不善者而改之." 言我三人行, 本無賢愚, 擇善從之, 不善改之, 故無常師. (제9권 『논어(論語)』)

주석

① 삼(三): 여럿, 많다.
② 사(師): 스승, 배우다, 본받다.

Confucius said: "When I walk along with others, they will serve me as my teachers. I will select their good qualities and follow them; but as for their bad qualities I will correct them in myself."

Scroll 9: Lun Yu

05

개과(改過)
실수를 바로잡아라
Correcting our own mistakes

013 진정한 잘못은 잘못을 알고서도 고치지 않는 것

공자께서 말씀하셨다.

"잘못이 있는데도 고치지 않는 것, 이것이야말로 진정한 잘못이다."

원문

子曰: "過而不改, 是謂過矣①." (제9권 『논어(論語)』)
자 왈　　과 이 불 개　시 위 과 의

주석

① 의(矣): 감탄의 뜻을 나타냄.

영역

Confucius said: "To make a mistake and not correct it is a real mistake."

Scroll 9: *Lun Yu*

014 군자의 잘못은 숨기지 못한다

자공이 말했다.

"군자가 범하는 잘못은 일식이나 월식 같아서 모든 사람들이 바로 알게 된다. 그러나 그 잘못을 고친다면 [일식이나 월식 후에 새롭게 나타나는 광명을 보듯] 모든 사람들이 우러러보게 되는 법이다."[1]

[1] 경(更)은 고치다(改)는 뜻이다.

원문

子貢①曰: "君子之過也, 如日月之食②焉: 過也, 人皆見之, 更也, 人
자 공 왈   군 자 지 과 야   여 일 월 지 식 언   과 야   인 개 견 지   경 야   인
皆仰之." 更, 改也. (제9권 『논어(論語)』)
개 앙 지   경   개 야

주석

① 자공(子貢): 중국 춘추시대 위나라 유학자로, 공자 10대 제자 중의 한 사람으로, 재아와 더불어 언어에 뛰어났다고 한다.
② 식(食): 식(蝕), 일식, 월식.

영역

Zigong said: "The faults of a *superior person* are analogous to the eclipses of the sun and the moon. When he is at fault, everyone can see his faults clearly. But when he corrects his faults, everyone will look up to him with respect"

Scroll 9: *Lun Yu*

015 군주의 잘못을 모두 노래하게 하라

지혜로운 군주들은 사관을 두어 왕 앞에서 잘못을 기록하여 군주의 잘못을 기록하게 했고, 전담 관리를 두어 군주의 잘못을 노래하는 시가를 읊도록 했다. 그래서 군주의 잘못을 노래하는 일반 백성의 노래가 널리 퍼지도록 했으며, 장터에서도 군주의 잘잘못을 논하는 상인의 소리가 들리도록 했다. 현명한 군주들은 이런 식으로 자신의 잘잘못을 깨달아 고치고자 하였으며, 일반 백성의 말이든 상인의 말이든 도의에 부합되면 그에 적합한 정책을 만들어 시행했다. 이것이 현명한 군주의 치세가 오래도록 지속된 이유이다.

원문

古者聖王之制, 史①在前書過失, 工②誦箴諫③, 庶人④謗⑤於道, 商旅
⑥議於市, 然後君得聞其過失也. 聞其過失而改之, 見義而從之, 所
以永有天下也. (제17권 『한서(漢書)』 5)

주석

① 사(史): 옛날 왕 옆에서 문서 관리와 기록 등 사무를 보던 관리.
② 공(工): 옛날에는 시문을 책임지고 읽는 관리가 있었는데, 늘 왕 옆에서 간언하였다.
③ 잠간(箴諫): 주의를 환기시키고 간언하는 말.
④ 서인(庶人): 만백성, 일반백성.
⑤ 방(謗): 남의 잘못을 지적하다.
⑥ 상려(商旅): 여러 지방을 돌아다니며 물건을 파는 상인.

The government of the ancient sage-kings had official historians who recorded the mistakes made by the ruler, and official musicians to sing ballads to remind the ruler of his mistakes. Ordinary folk could be heard making criticisms against the ruler on the roadside, and businessmen could be heard discussing the rulers faulty actions in the marketplace. Thus, sage rulers were able to hear about their mistakes and correct them, and to implement sensible policies that were just and honorable. These were factors that contributed to the longevity of their government.

Scroll 17: *Han Shu*, Vol.5

016 가장 큰 허물

인간의 가장 큰 허물은 허물을 알고도 고치지 않는 일이다. 허물을 알고도 고치지 않으면 더 큰 화를 불러오게 되고, 마침내 목숨마저도 잃을 수 있다. 이렇게 되기 때문에 가장 금해야 할 일이라 하는 것이다.

원문

大忌知身之惡而不改也, 以賊①其身, 乃喪其軀, 有行如此, 之謂大忌也. (제31권 『육자(鬻子)』)

주석

① 적(賊): 해(害), 해치다.

영역

The most serious blunder we can make is in knowing we have failings and yet we refuse to correct them until such failings harm and cost our life.

Scroll 31: *Yu Zi*

017 세상에서 가장 어려운 일

옛날 말에 이런 말이 있다.

사람들이 가장 하기 어려운 두 가지 일이 있는데, 하나는 남이 지적하는 자신의 잘못을 즐거이 받아들여 고치는 일이고[1], 다른 하나는 남의 잘못을 기꺼이 지적해 주는 일이다.

 [1] 지(知)는 원래 공(攻)으로 되었다.

원문

先民①有言, 人之所難者二, 樂知(知作攻)其惡者難, 以樂告人者難.
선 민 　 유 언　 　인 지 소 난 자 이　 　락 지 지 작 공 기 악 자 난　 　이 락 고 인 자 난
(제46권『중론(中論)』)

주석

① 선민(先民): 옛날 사람.

영역

The ancients said: "There are two things that individuals will find difficult to achieve in life—One is a willingness to accept and correct their own faults; another is the wisdom to know when to point out and correct the faults of others."

Scroll 46: *Zhong Lun*

제2장

돈친(敦親)

친한 이를 존경하라

Be Respectful of Relatives

018 나의 부모를 공경하면 남의 부모를 함부로 하지 못한다

공자께서 말씀하셨다.

"진정으로 자신의 부모를 사랑한다면 남의 부모도 미워할 수가 없을 것이고[1], 진정으로 자신의 부모를 공경한다면 남의 부모도 불손하게 대하지 못할 것이다.[2] 천자가 극진하게 부모를 섬기고 이러한 덕행으로 백성들을 교화한다면[3], 온 누리에 덕행과 교화가 퍼질 것이다.[4] 온 누리에 덕행과 교화가 퍼지게 하는 것[5], 이것이야말로 천자가 해야 할 효도가 아니겠는가!

『상서·여형(尚書·呂刑)』에서도 이렇게 말했다. '천자가 부모를 공경하는 선덕(善德) 갖추어야만 천하 대중들이 그를 우러러보게 되고 나라도 장기적인 안정을 유지할 수 있다.'[6]"

[1] 자기의 부모를 사랑한다면 다른 사람의 부모를 감히 미워할 수 없다는 말이다.
[2] 자신이 다른 사람의 부모를 오만하게 대한다면 다른 사람 또한 자신의 부모를 오만하게 대할 것이니, 이는 군자가 할 일이 못 된다는 말이다.
[3] 부모에게 사랑과 공경을 다한다는 말이다.
[4] 공경함으로써 안을 바르게 하고 정의로움으로써 밖을 바로잡기에 덕의 교화가 만백성에게 미친다는 말이다.
[5] 형(形)은 원래 형(刑)으로 썼다. 형(形)은 내보이다(見)는 뜻이다. 덕행과 교화를 온 누리에 내보이다는 뜻이다.
[6] 「여형(呂刑)」은 『상서(尚書)』의 편명이다. 일인(一人)은 천자(天子)를 말한다. 천자가 선을 행하면 천하 대중들이 따라 하게 된다.

子曰: "愛親者, 不敢惡於人, 愛其親者, 不敢惡於他人之親. 敬親者, 不敢慢於人. 己慢人之親, 人亦慢己之親, 故君子不爲也. 愛敬盡於事^①親, 盡愛於母, 盡敬於父. 而德教加於百姓, 敬以直內, 義以方外, 故德教加於百姓也. 形^②(形作刑)於四海, 形, 見也. 德教流行, 見四海也. 蓋^③天子之孝也. 『呂刑』云: "一人有慶^④, 兆民^⑤賴之." 『呂刑』, 『尚書』篇名. 一人謂天子. 天子爲善, 天下皆賴之. (제9권 『효경(孝經)』)

① 사(事): 섬기다.

② 형(形): 보(이)다. 『효경(孝經)』에서의 형(刑)은 형(形)과 같음.

③ 개(蓋): 바로……이다, 정말.

④ 경(慶): 어질다.

⑤ 조민(兆民): 옛날에는 천자의 백성을 가리켰으나 일반 백성을 가리킴.

Confucius said: "A leader who loves his parents will not despise the parents of other people, and as he respects his parents he will not be contemptuous of the parents of other people. A leader who is wholeheartedly dedicated, with love and respect, to taking care of his parents will impart the same highest degree of virtuous conducts to teach and reform his people, setting an exemplary standard for the whole world to follow. This is the filial piety of the Son of Heaven(*tian zi*). The book of *Lü-Xing* said: 'When a leader respects and loves his parents, all his people will trust and rely on him, and so the nation will enjoy long and lasting stability.'"

Scroll 9: *Xiao Jing*

019 존중의 의미

옛날 하(夏), 상(商), 주(周) 시대의 현명한 군주들이 아내와 자녀를 그토록 존중하고 사랑한데는 다 이유가 있었다. 아내는 조상에게 제사를 올리고 부모를 돌보아주는 주인이고, 아들은 대를 이을 후손이니, 어찌 존중하지 않을 수 있단 말인가? 그래서 모든 군주들이 아내와 자녀를 존중했던 것이다.

존중으로 말하자면 자신을 존중하는 것이 가장 중요한 일이다. 자신은 부모로부터 나온 곁가지일진대 어찌 존중하지 않을 수 있겠는가? 자신을 존중하지 않는 것은 부모에게 상처를 주는 것과 같다. 부모에게 상처를 주는 것은 근본에 상처를 주는 것이고 근본에 상처를 주면 곁가지도 따라서 말라 시들게 된다. 이 세 가지는 백성들이 본받아야 할 것들이다.[1]

자신을 존중하는 것이 곧 백성을 존중하는 것이고, 자녀를 사랑하는 것이 곧 백성의 자녀를 사랑하는 것이며, 아내를 존중하는 것이 곧 백성의 아내를 존중하는 것인즉, 군왕이 이 세 가지만 잘 지켜도 깊은 교화가 만천하에 널리 행해질 수 있을 것이다.[2]

[1] 백성들이 모범을 삼아 실행해야 한다는 말이다.
[2] 개(愾)는 가득하다(滿)는 뜻이다.

원문

昔三代明王之必敬妻子①也, 蓋有道焉. 妻也者, 親之主也, 子也者, 親之後也, 敢不敬與? 是故君子無不敬也. 敬也者, 敬身爲大. 身也者, 親之支②也, 敢不敬與? 不敬其身, 是傷其親, 傷其親, 是傷其本也, 傷其本, 則支從而亡. 三者, 百姓之象③也. 言百姓之所法而行. 身以及身, 子以及子, 妃以及妃, 君修此三者, 則大化④愾於天下. 愾, 滿也. (제10권 『공자가어(孔子家語)』)

주석

① 처자(妻子): 아내와 자녀.
② 친지지(親之支): 부모의 지파(支派), 『예기(禮記)』에서는 친지지(親之支)를 친지지(親之枝)로 썼는데 분지(分枝)라는 뜻이다.
③ 상(象): 본받다, 모방하다.
④ 대화(大化): 한 없이 넓고 깊은 교화.

영역

There were reasons why the sage kings of Xia, Shang and Zhou dynasties loved and respected their wives and children. For the wife, she was the key lady attending to matters related not only to the rites of remembrance of the ancestors, but also to the kings parents, as well as to the education of his heirs. As for the children, they were the heirs to the kings legacy. So how could the king not be respectful of his wife and children? A king therefore will not be disrespectful toward anybody. With regard to the virtue of respect, a person will first respect his own self, for his life is an extension of his parents. How can he not be respectful of himself? Not respectful of one's self is tantamount to hurting ones's parents. Hurting one's parents is amounting to hurting one's root, and when the root is damaged the branches will die off subsequently. Since the commoners and the king both have these three thing in common-own self, wife and children, they will naturally follow the king's example. As the king respects his own self he extends this respect to other people. As he loves his children he extends this lve to the children of other people. And as he respects his wife he extends this respect to the wives of other people. When a king can manage these three matters well, this profound an far-reaching education will then be able to spread to the whole world.

Scroll 10: *Kong Zi Jia Yu*

020 친인척의 발호를 경계하라

친족에 대한 사랑이 아무리 깊다 해도 군주라면 반드시 위엄을 지켜야 한다. 그렇지 않으면 친족은 곧 교만하게 된다. 친족의 신분이 아무리 존귀하다 해도 반드시 법도로 규제해야 한다. 그렇지 않으면 친족은 곧 아무 거리낌 없이 함부로 굴게 된다.

원문

帝王之於親戚, 愛雖隆①, 必示之以威②, 體雖貴, 必禁之以度③. (제24
권『후한서(後漢書)』4)

주석

① 융(隆): 깊다, 돈독하다.
② 위(威): 존엄, 위엄. 사람들로 하여금 경외하도록 만드는 기세, 태도.
③ 도(度): 법도, 규범.

영역

Although a leader may love his relatives deeply, he should maintain his authority over them or they will become arrogant and disrespectful. The status of the relatives may be privileged but they must be held accountable by law in order to restrain them from behaving wildly and uncontrollably.

Scroll 24: *Hou Han Shu*, Vol.4

선한 행위를 귀하게 여기는 것은 그것이 예의에 부합하기 때문이며, 불량한 행위를 천하게 여기는 것은 그것이 상식적인 도리에 위배되기 때문이다. 그러나 오늘날 백성에게는 선한 행위를 하라고 하면서, 왕실의 천한 행실을 문제 삼지 않으니, 이 어찌 잘못된 일이 아니겠는가?

원문

所貴於善者, 以其有禮義也, 所賤於惡者, 以其有罪過也. 今以所貴
소 귀 어 선 자   이 기 유 예 의 야   소 천 어 악 자   이 기 유 죄 과 야   금 이 소 귀

者敎民, 以所賤者敎親, 不亦悖①乎? (제45권 『창언(昌言)』)
자 교 민   이 소 천 자 교 친   불 역 패 호

주석

① 패(悖): 잘못, 터무니없다.

영역

Good deeds and good people are revered because they embody propriety and justice. Bad deeds and villains are despised because they embody wickedness. Now that we use what is revered to teach and demand the common people to behave well on the one hand, but use what is despised to teach and allow members of the royal family to behave repulsively on the other hand, is this not going against moral and virtue?

Scroll 45: *Chang Yan*

제3장

반신(反身)

자신을 되돌아보라

Self-Reflection

022 지도자가 정의로워야 국가가 정의로워진다

덕을 세우는 근본은 바른 마음에 있고, 마음가짐이 올바를 때 올바르게 행동할 수 있다. 군주의 행동이 올바르면 신하와 관리들이 그에 따라 올바른 행동을 할 것이며, 관리의 행동이 올바를 때 정부의 통치가 정의로울 것이다. 정부가 정의로울 때 국가 역시 정의로울 것이며, 국가가 정의로우면 천하가 바로잡힐 수 있다.

원문

立德之本, 莫尙①乎正心. 心正而後身正, 身正而後左右正, 左右正
임 덕 지 본   막 상   호 정 심   심 정 이 후 신 정   신 정 이 후 좌 우 정   좌 우 정
而後朝廷正, 朝廷正而後國家正, 國家正而後天下正. (제49권 『부자(傅
이 후 조 정 정   조 정 정 이 후 국 가 정   국 가 정 이 후 천 하 정
子)』)

주석

① 상(尙): 넘다, ……보다 낫다.

영역

The foundation of virtue is built upon a mind that is righteous. When the mind of a ruler is righteous, his conduct will be righteous. When his conduct is righteous, the conduct of his ministers will be righteous. When the conduct of his ministers is righteous, the government will be just. When the government is just, the country will be just. And when the country is just, the whole world will be just.

Scroll 49: *Fu Zi*

023 끝없이 반성하라

증자가 말했다.

"나는 매일 여러 번 나 자신을 반성한다. 남을 위해 몸과 마음을 다하여 일하였던가? 친구와의 신의를 지켰던가? 스승님이 전수하고 자신이 전수하려는 학문을 복습하고 몸소 체득하여 실천하였던가?"[1]

[1] 전수하려는 학문이란 평소처럼 강습을 통하지 않고서 전할 수 있는 것을 말한다.

원문

曾子曰: 孔子弟子曾參也. "吾日三省①吾身: 爲人謀②, 而不忠乎? 與朋友交, 而不信乎? 傳③不習乎?" 言凡所傳之事, 得無素不講習而傳之者也. (제9권 『논어(論語)』)

주석

① 삼성(三省): 여러 번 반성하다. 삼(三)은 다수 혹은 여러 차례를 말하고, 성(省)은 반성, 점검하다는 뜻이다.
② 모(謀): 계획적으로 일을 처리하다.
③ 전(傳): 선생님이 가르친 것 또는 자신이나 학생에게 전수하려는 학문.

영역

Zengzi said: "Every day I reflect upon three things: Have I done my best to do my job well? Have I been a trusted friend? Have I put into practice lessons given to me by my teacher, or prepared my lessons before teaching them to my students?"

Scroll 9: Lun Yu

024 신중하게 말하라

천자는 말에 신중해야 한다. 말을 입 밖에 내뱉는 즉시 사관이 그것을 기록하고, 예법에 맞추어 그것을 이루어지게 하며, 노래를 지어서 백성들로 하여금 그것을 칭송하려기 때문이다.

원문

天子無戲言. 言則史書之, 禮①成之, 樂歌之. (제11권『사기(史記)』상)
천 자 무 희 언   언 즉 사 서 지   예 성 지   악 가 지

주석

① 예(禮): 성대하게 거행하는 의식, 행사.

영역

The Son of Heaven does not speak playfully. Once said, official historians will record it; ceremonial proceedings will be held to fulfill it, and songs will be sung to glorify it.

Scroll 11: *Shi Ji* Vol.1

025 자신에게 엄격하라

공자께서 말씀하셨다.

"자신에 대한 요구를 높이고 남을 너그럽게 대하면, 원망을 없앨 수 있다."[1]

[1] 자신에게는 엄격하고 남에게는 너그럽게 하면 원망과 걱정을 멀리할 수 있다.

원문

子曰: "躬自厚①, 而薄責②於人, 則遠③怨矣." 責己厚, 責人薄, 所以遠怨
자 왈   궁 자 후   이 박 책   어 인   즉 원 원 의   책 기 후 책 인 박   소 이 원 원
咎也. (제9권『논어(論語)』)
구 야

주석

① 궁자후(躬自厚): 자책하다. 궁(躬)은 자신, 자기를 말한다.
② 박책(薄責): 표준을 낮추다.
③ 원(遠): 멀리하다, 피하다.

영역

Confucius said: "Reprimand yourself harshly but reprimand others more forgivingly. You will avoid making enemies this way."

Scroll 9: Lun Yu

026 지도자가 나라의 운명을 결정한다

군주가 현명하지 못하면 나라가 멸망의 위기에 처하고 백성들이 반란을 일으키게 된다. 반면 군주가 현명하면 나라가 안정되고 백성들은 질서를 지키게 된다. 나라의 흥망성쇠는 군주의 현명 여부에 의해 결정되는 것이지, 하늘의 뜻에 의해 결정되는 것이 아니다.

원문

君不肖①, 則國危而民亂; 君賢聖, 則國家安而天下治. 禍福在君, 不在天時②. (제31권『육도(六韜)』)

주석

① 불초(不肖): 현명하지 못하다, 재능이 없다. 초(肖)는 흡사하다, 유사하다는 뜻이다. 그래서 불초(不肖)는 남보다 못하다는 뜻이다.

② 천시(天時): 하늘의 뜻.

영역

If a leader is unvirtuous he will bring danger to the nation and chaos to his people. A virtuous leader, on the other hand, will bring stability to the nation and order to his people. The fate of a nation therefore lies in the hands of a good ruler who is capable and wise, independent from the changing of seasons.

Scroll 31: *Liu Tao*

027 자신을 탓하라

[상나라 탕왕이 말했다.]

"**저** 자신에게 죄가 있거늘, 하느님께서는 만방의 백성을 탓하지 마시기를 비나이다. 설사 만방의 백성한테 죄가 있다 하더라도 모두 제의 잘못입니다."[1]

[1] 만방의 백성을 나무라지 말라는 말은 만방의 백성에게 죄를 주지 말라는 말이다. 설사 만방의 백성에게 죄가 있다 하더라도 그것은 자신의 잘못이라는 말이다.

원문

"朕躬①有罪, 無以萬方②, 萬方有罪, 罪在朕躬." 無以萬方, 萬方不與也.
萬方有罪, 我身之過. (제9권『논어(論語)』)

주석

① 짐궁(朕躬): 나, 자신. 천자가 자기 자신을 가리킬 때 많이 쓰인다.
② 만방(萬方): 만방, 여러 지방의 제후나 백성.

영역

King Tang who founded the Shang dynasty said: "If in my person as a king I have committed offenses, oh Lord of heaven, do not hold the people of the myriad regions responsible. If people in the myriad regions committed offenses, let the punishment fall on me alone, for I have not taught people the proper way to behave."

Scroll 9: Lun Yu

028 자신을 탓하는 현명함

현명한 군주는 잘못은 자기에게로 돌리고 선행은 백성에게로 돌리며, 잘못이 있으면 자신을 반성하고 이를 경계한다. 선행을 백성에게로 돌리면 백성들이 즐거워한다. 공로를 백성에게 돌려 백성들을 즐겁게 하고 잘못을 자기에게로 돌려 이를 경계하는 것, 이것이야말로 현명한 군주가 백성들을 잘 다스릴 수 있는 까닭이다.

원문

故明王有過則反^①之於身, 有善則歸之於民. 有過而反之身則身懼^②,
고 명 왕 유 과 즉 반 　 지 어 신 　 유 선 즉 귀 지 어 민 　 유 과 이 반 지 신 즉 신 구

有善而歸之民則民喜. 往喜民, 來懼身, 此明王之所以治民也. (제32
유 선 이 귀 지 민 즉 민 희 　 왕 희 민 　 내 구 신 　 차 명 왕 지 소 이 치 민 야

권『관자(管子)』)

주석

^① 반(反): 돌려보내다, 돌아가다.
^② 구(懼): 경계하다, 두려워하다.

영역

When a sage ruler committed a mistake, he would reflect upon the mistake and correct it. When he accomplished any achievement, he would attribute the achievement to the people. The self-reflection would help him to stay disciplined, while the attribution of success to others would bring great joy and happiness to the people. Making people feel happy while he remained watchful over his own actions is the successful governing principle of a good leader.

Scroll 32: *Guan Zi*

029 자신의 잘못을 인정하라

『좌전(左傳)』에서 말했다.

"하나라 우임금과 상나라 탕왕은 자신의 잘못을 스스로 인정하고 자책하였다. 그랬기에 덕행과 지혜와 능력이 날로 향상되었고, 이 때문에 자연스레 인심을 얻어 나라가 흥하게 되었다. 이와 반대로 하나라 걸(桀)임금과 상나라 주(紂)왕은 자신의 잘못을 남의 탓으로 돌렸다. 그랬기에 자신의 잘못이 날로 늘어났고, 자연스레 인심이 흩어져 나라의 멸망을 재촉했다."

이렇듯, 장기간 사회질서가 안정되고 나라를 태평스레 만드는 근본은 바로 군주 자신에게 있다.

원문

傳曰: "禹湯罪己①, 其興也勃②焉, 桀紂罪人③, 其亡也忽焉." 由是言之, 長民治國之本在身. (제47권 『정요론(政要論)』)

주석

① 죄기(罪己): 잘못을 스스로 인정하고 자책하다, 죄를 자신에게로 돌리다.
② 발(勃): 흥기(興起), 일어나다.
③ 죄인(罪人): 죄를 남의 탓으로 돌리다.

영역

In the book of *Zuo Zhuan*, it was said: "King Yu and King Tang took all blames upon themselves and their countries prospered. King Jie and King Zhou put all blames upon others and their downfall was hastened." Hence, we can see that the key to a good and lasting government is dependent on the virtuous character of the leader.

Scroll 47: *Zheng Yao Lun*

맹자가 제(齊)나라 선왕(宣王)에게 말했다.

"군왕께서 신하를 자신의 수족처럼 긴요하게 부리신다면 신하는 군왕을 자신의 심장으로 여길 것입니다. 그러나 군왕께서 신하를 개나 말처럼 마구 부리신다면 신하는 군왕을 지나가는 길손 대하듯 할 것입니다. 군주께서 신하를 마구 밟아도 되는 흙이나 지푸라기처럼 여기신다면 신하는 군왕을 원수로 여길 것입니다."

원문

孟子告齊宣王曰: "君之視臣如手足, 則臣之視君如復心①, 君之視臣如犬馬, 則臣之視君如國人②, 君之視臣如土芥③, 則臣之視君如寇讎④." 芥, 草芥也. 臣緣君恩(舊無恩字, 補之)以爲差等. (『맹자(孟子)』제37권)

주석

① 복심(腹心): 복부와 심장, 인체의 중요한 기관.
② 국인(國人): 길손.
③ 토개(土芥): 흙과 초개(草芥), 아낄 가치가 없는 미천한 물건을 이르는 말.
④ 구수(寇讎): 원수(寇仇·仇敵), 적.

영역

Mencius said to Duke Xuan of the state of Qi: "When a lord treats his subordinates like brothers, they will pledge allegiance to him in return. When a lord treats his subordinates like slavish animals, they will regard him as a stranger on the street. When a lord treats his subordinates like dirt and weeds, they will regard him as a robber and an enemy."

Scroll 37: Meng Zi

031 풍요와 안정으로 가는 길

제(齊)나라 경공(景公)이 안자(晏子)에 물었다.

"백성들로 하여금 풍족하고 안정된 생활을 누리도록 하는 것이 그토록 어려운 일인가요?"

안자가 대답했다. "아니 아주 쉬운 일입니다. 군주가 탐욕을 절제하면 백성들이 풍족한 생활을 누릴 수 있고, 일을 공정하게 처리하면 백성들이 안정된 생활을 누릴 수 있습니다. 이 두 가지만 잘하시면 됩니다."

원문

景公問晏子曰: "富民安衆難乎?" 對曰: "易. 節欲則民富, 中聽①則民安, 行此兩者而已矣." (제33권 『안자(晏子)』)

주석

① 중청(中聽): 사건 심리가 지극히 합당하다.

영역

Duke Jing of the state of Qi asked Yanzi: "The task to bring wealth to the people and stability to the state—Will this be difficult to achieve?" Yanzi said: "Not difficult at all. Frugality on the part of the ruler will bring prosperity to the people, and fair trials will bring stability to the state. Doing these two things well will suffice."

Scroll 33: Yan Zi

032 군주의 세 가지 두려움

영명한 군주는 세 가지를 두려워한다.

첫째는 높은 자리에 앉았기에 다른 사람들이 자신의 잘못을 의논하는 것을 듣지 못할까 하는 것이며, 둘째는 모든 일이 뜻대로 되기에 오만하게 변할까 하는 것이며, 셋째는 세상에서 가장 일리 있는 말을 들었지만 그대로 실천하지 못할까 하는 것이다.

원문

明主者有三懼: 一曰處尊位而恐不聞其過, 二曰得意①而恐驕, 三曰聞天下之至言②, 而恐不能行. (제43권 『설원(說苑)』)

주석

① 득의(得意): 일이 뜻대로 되어 성취감이 있거나 자랑스럽다.
② 치언(至言): 가장 아름답고 선한 말, 가장 적합한 도리.

영역

A sage ruler worries about three things. His first worry is that his high position may shelter him from hearing criticisms of his mistakes. Next, he worries that his success may spur him to arrogance. And last, he worries that he may not be able to govern based on the truth and reality that he had gathered from all quarters of the society.

Scroll 43: Shuo Yuan

033 자신을 향한 여섯 가지 책망

옛날, 성탕(成湯)은 큰 가뭄이 들었을 때 다음의 여섯 가지로 자신을 책망하였다.

"정사(政事)를 다스림에 법에 어긋나게 하지는 않았던가? 백성을 심하게 부려먹지는 않았던가? 궁실을 너무 호화롭게 꾸미지는 않았던가? 득세한 후궁이 정사에 관여하지는 않았던가? 몰래 뇌물을 받지는 않았던가? 남을 중상모략 하는 사람이 창궐하지는 않았던가?"

원문

昔成湯遭旱, 以六事自責曰: "政不節耶? 使民疾耶? 宮室榮耶? 女謁①盛耶? 苞苴②行耶? 讒夫③昌④耶?" (제22권 『후한서(後漢書)』2)

주석

① 여알(女謁): 궁중의 득세한 후궁이 간언하는 말.
② 포저(苞苴): 회뢰(賄賂), 뇌물. 옛날 사람들은 뇌물을 줄 때 남들 눈에 띌까봐 풀로 싸서 가렸다.
③ 참부(讒夫): 간언하는 사람.
④ 창(昌): 창(猖). 제멋대로 행동함.

영역

Once upon a time, a severe drought hit the land ruled by King Cheng Tang. Cheng Tang then used the following six questions to reproach himself: "Is my governance not in accord with laws and regulations? Have the people been made to labor too hard? Are my palace and dwellings too luxurious? Have the favored court ladies interfered too much in politics? Have briberies become rampant? Have the obsequious and the slanderers become too reckless?"

Scroll 22: *Hou Han Shu*, Vol.2

034 아랫사람을 위로하라

증자가 말했다.

"높은 자리에 앉은 사람이 도리를 상실하여 민심이 떠난 지 이미 오래 되었구나. 백성이 범한 죄상을 알았다 하더라도 그들을 가엽게 여기고 보살펴야지 책벌할 수 있다고 즐거워해서는 아니 된다."[1]

[1] 백성들이 흩어져 달아난 것은 범법하는 것을 가벼이 여겼기 때문이며, 이러한 것은 임금의 과오이지 백성들의 잘못이 아니다. 그래서 가엽게 여기며 보살펴야지 그들에게 그들이 범한 죄상을 알게 되어 벌을 줄 수 있다고 스스로 즐거워해서는 아니 된다는 말이다.

원문

曾子曰: "上①失其道, 民散久矣. 如得其情, 則哀矜②而勿喜." 民之離散, 爲輕漂犯法, 乃上之所爲, 非民之過也. 當哀矜之, 勿自喜能得其情也. (제9권 『논어(論語)』)

주석

① 상(上): 높은 자리에 앉아 정사(政事)를 다스리는 자.
② 애긍(哀矜): 가엽게 생각하여 자상하게 돌보다.

영역

Zengzi said: "The government has deviated from the righteous way of leadership and the people have long been left to their own devices. If you can finally uncover the truth behind the making of a crime, you ought to be sympathetic toward the criminals instead of being delighted in your ability to solve crimes."

Scroll 9: Lun Yu

035 아랫사람에게 관대하라

군왕이 정사를 다스리면서 아랫사람이 실수를 하였다 하여 그들을 죽이는 것은 이치에 맞지 않다. 가르치지 않고서도 효도를 행하게 해야지, 잘못을 범했다고 죄를 묻는다면, 이는 무고한 백성만 죽이는 일이다.

원문

上失其道, 而殺其下, 非理也. 不敎以孝, 而聽①其獄②, 是殺不辜③
상 실 기 도   이 살 기 하   비 리 야   불 교 이 효   이 청 기 옥   시 살 불 고
也. (제10권 『공자가어(孔子家語)』)
야

주석

① 청(聽): 결재하다, 단정하다.
② 옥(獄): 소송사건.
③ 불고(不辜): 죄 없는 사람.

영역

It is not right for a ruler who has deviated from the righteous way of leadership to put his officials and subjects to death. Even though the people are not being taught the way of filial piety and the proper behavior that goes along with it, they are being convicted and put into prisons. To do so amounts to killing the innocent.

Scroll 10: *Kong Zi Jia Yu*

036 네 가지 우환을 없애야 어진 정책을 펼칠 수 있다

훌륭한 정치를 이루는 방법.
네 가지 걱정거리를 없애야만 다섯 가지 훌륭한 정책을 널리 시행할 수 있다.

사환(四患) 즉 네 가지 걱정거리란, 첫째는 속임수를 쓰는 것이고, 둘째는 몰래 사적인 이익을 도모하는 것이며, 셋째는 제멋대로 날뛰는 것이며, 넷째는 사치를 부리고 낭비하는 것이다. 속임수를 쓰면 사회풍기가 어지럽혀지고, 몰래 사적인 이익을 도모하면 법령을 어기게 되며, 제멋대로 하고 날뛰면 탈선행위를 부추기게 되고, 사치를 부리고 낭비하면 규정과 제도를 파괴하게 된다.

이러한 네 가지 걱정거리를 없애지 못하면 어진 정치를 펼칠 수 없다. 풍기가 어지러워지면 도덕관념이 상실되어 무엇으로도 사람들의 본성을 보전할 수 없게 된다. 법제가 파괴되면 사회가 무너지게 되어 군주라 할지라도 법도를 지킬 수 없게 된다. 탈선행위를 하게 되면 도덕규범도 따라서 사라지게 되어 성인이라 할지라도 정도(正道)를 수호할 수 없게 된다. 규정과 제도가 파괴되면 욕망이 거리낌 없이 제멋대로 설치게 되어 아무리 넓은 국토를 소유하였더라도 그 욕구를 충족시키지 못하게 된다. 이를 '네 가지 걱정거리'라고 한다.

오정(五政) 즉 다섯 가지 훌륭한 정책이란, 경작하고 베를 짜는 것을 제창하여 백성을 양육하고, 사람들이 좋아하고 싫어하는 것을 명찰하여 풍속습관을 바로잡고, 예악(禮樂)과 법도를 선양하여 조정의 교화를 명시하며, 군사물자를 비축하여 나라의 위엄을 확보하고, 엄하고 공정한 상벌로 나라의 법률을 일관되게 다스리는 것을 말한다.

致^①治^{②③}之術, 先屛四患, 乃崇五政. 一曰僞, 二曰私, 三曰放, 四曰
奢. 僞亂俗, 私壞法, 放越軌, 奢敗制. 四者不除, 則政無由行矣. 俗
亂則道荒, 雖天地不得保其性矣, 法壞則世傾, 雖人主不得守其度
矣, 軌越則禮亡, 雖聖人不得全其行矣, 制敗則欲肆, 雖四表^④不能
充其求矣. 是謂四患.
興農桑以養其生, 審好惡以正其俗, 宣文敎^⑤以章其化, 立武備以秉
其威, 明賞罰以統其法, 是謂五政. (제46권『신감(申鑒)』)

주석

① 치(致): 도달하다.
② 치(治): 세상을 다스리다. 정치가 청명(淸明)하고 사회가 안정됨을 뜻함.
③ 치치(致治): 나라정치로 하여금 안정과 평화를 가져오도록 하다.
④ 사표(四表): 사방(四方)의 아주 먼 곳, 천하라는 뜻도 포함됨.
⑤ 문교(文敎): 예악(禮樂)과 법도, 문장교화.

영역

A good government must first eradicate the Four Perils before it can carry out the Five Correct Policies. The Four Perils are:

1. Hypocrisy, for it will upset social customs.
2. Bribery, for it will wreck the legal system.
3. Unruliness, for it will overstep propriety.
4. Luxury, for it will breach rules and regulations.

As long as these Four Perils persist, benevolent rule cannot be put into practice because of the following:
When social customs are upset, moral decadence will ensue and no divine beings can hope to safeguard the purity of human nature. When the legal system is wrecked, society will fall apart and no leader can hope to uphold any law at that point. When propriety is overstepped, proper rites will wither away and no saints can hope to defend the path of righteousness. Lastly, when rules

and regulations are breached, a rulers desires will become so unfettered that even the vast territories of the four corners of the world could not hope to satisfy his insatiable appetites. Such are the Four Perils.

As for the Five Correct Policies, they are:

1. Revive farming to provide food for the people.
2. Distinguish what is right from wrong to establish good social customs.
3. Proclaim cultural and educational policies to advocate the education effort made by the government.
4. Establish military facilities to uphold the dignity of the country.
5. Unify the national legal system by being strict and impartial in meting out rewards and punishments.

Scroll 46: Shen Jian

제4장

존현(尊賢)

현명한 자를 존중하라

Be Respectful of Wise and Able Ministers

037 현인의 도움을 받아라

영원히 평안한 나라도 없고, 영원히 순종하는 백성도 없다. 현인이 보좌하게 되면 안정과 번성함을 이룰 수 있지만, 현인을 잃게 되면 멸망의 위기에 이르게 된다. 옛날부터 지금까지 그렇지 않은 경우가 없었다.

원문

無常安之國, 無恆治之民. 得賢者則安昌, 失之者則危亡. 自古及今,
무 상 안 지 국　무 항 치 지 민　 득 현 자 즉 안 창　실 지 자 즉 위 망　　자 고 급 금

未有不然①者也. (제43권 『설원(說苑)』)
미 유 불 연　자 야

주석

① 연(然): 이러하다, 이렇게.

영역

No country will enjoy everlasting peace and no common people will stay forever submissive. When the wise are recruited to serve in the government, the country will enjoy peace and prosperity. To lose them could mean an end to a government. From ancient times until today this recurring theme has not changed at all.

Scroll 43: Shuo Yuan

038 탁월한 신하를 임용하라

옛날 책에서 말했다.

"탁월한 군주는 필연적으로 탁월한 대신을 임용한다. 탁월한 대신을 임용하면 필연적으로 탁월한 업적을 쌓을 수 있다."

원문

書曰: "有不世之君, 必能用不世①之臣. 用不世之臣, 必能立不世之
서 왈　　유 불 세 지 군 　필 능 용 불 세　지 신　용 불 세 지 신　　필 능 립 불 세 지

功." (제26권 『위지(魏志)』 하)
공

주석

① 불세(不世): 세상에서 보기 드문 것, 비범한 것.

영역

The ancients said: "An extraordinary leader will use the services of extraordinary ministers. Together with these extraordinary ministers they will attain extraordinary achievements in history."

Scroll 26: Wei Zhi Vol.2

039 신하를 공경하라

공자께서 말씀하셨다.

"대신을 공경하지 않을 수 없는 것은 그들이 백성의 본보기이기 때문이다. 가까운 신하를 선택하는데 신중하지 않을 수 없는 것은 그들이 백성을 이끄는 존재이기 때문이다."[1]

[1] 백성을 이끄는 자라는 것은 백성들이 따르는 자라는 말이다.

원문

子曰: "大臣不可以不敬也, 是民之表①也. 邇②臣③不可以不愼也, 是民之道④也." 民之道, 言民循從也. (제7권 『예기(禮記)』)

주석

① 표(表): 모범, 본보기.
② 이(邇): 근(近).
③ 이신(邇臣): 근신(近臣). 군주의 좌우에서 시중을 드는 신하.
④ 도(道): 도(導). 인도, 지도하다.

영역

Confucius said: "A leader must respect his ministers because they are the representatives of the people. He must choose ministers close to him carefully because they are the role models for the people."

Scroll 7: *Li Ji*

040 신하를 존중하는 법

주나라 문왕(文王)은 인의와 도덕을 숭상했기에 어진 정치를 펼 수 있었다. 선비들을 존중하였기에 선비들은 그를 위해 충성을 다할 수 있었고, 문왕(文王)도 예의로써 그들을 대했다. 그가 선비를 사랑하고 존중하지 않았더라면 선비들의 믿음을 얻지 못했을 것이고, 그들로 하여금 전력을 다하도록 할 수도 없었을 것이며, 그들의 업적도 이루어 내지 못했을 것이다.

그러므로 고대의 현명한 군주들은 신하를 대할 때 그들의 관작(官爵)과 봉록(俸祿)을 존중하고 그들을 사랑했다. 신하가 병에 걸리면 여러 번 친히 병문안을 하였고, 신하가 세상을 뜨면 곧 제사를 지내고 슬퍼하며 고운 모시 상복을 입고 여러 번 직접 상례와 장례식에 참가했다. 그리고 고인을 입관하기 전까지 군주는 술과 고기를 입에 대지도 않고, 고인을 하관하기 전까지 음악을 연주하고 오락을 즐기지도 않았다. 신하가 종묘제사를 지낼 때 세상을 뜨면 곧 종묘제사를 지낼 때 연주하던 음악도 연주하지 못하도록 했다. 그러므로 고대의 군주들은 자신의 신하에 대해 예의를 다했다고 말할 수 있다. 이러한 군주 앞에서 신하들은 몸과 마음을 다해, 그리고 온 힘을 다하여 군주에게 충성을 다할 수밖에 없었다.

원문

文王好仁, 故仁興, 得士而敬之, 則士用, 用之有禮義. 故不致其愛敬, 則不能盡其心, 則不能盡其力, 則不能成其功.

故古之賢君於其臣也, 尊其爵祿①而親之, 疾則臨視②之無數, 死則弔哭③之, 爲之服錫⑤衰④, 而三臨其喪, 未斂⑥不飮酒食肉, 未葬不擧⑦樂, 當宗廟之祭而死, 爲之廢樂. 故古之君人者於其臣也, 可謂盡禮矣, 故臣下莫敢不竭力盡死, 以報其上. (제17권 『한서(漢書)』 5)

① 작록(爵祿): 관작(官爵)과 봉록(俸祿).
② 임시(臨視): 몸소 방문하다.
③ 조곡(弔哭): 제사를 지내면서 슬피 울다.
④ 석쇠(錫衰): 고운 모시로 만든 상복.
⑤ 석(錫): 석(緆). 고운 베.
⑥ 염(斂): 염(殮). 죽은 자에게 옷을 갈아입히고 입관하는 것.
⑦ 거(擧): 연주하다.

영역

King Wens benevolence had helped him to revive a government that was beneficent to the people. When he obtained the services of virtuous people he paid great respect to them and continued to treat them in accord with the proper rites and protocols. Had he not treasured the virtuous people he would not have been able to gain their confidence, and enabled them to work in peace and maximize their potential to help him secure his objectives.

Likewise, the wise king of antiquity would respect the jurisdictions of his ministers, their stipends, and also take good care of them. He would regularly visit ministers who had been stricken ill. And when a minister passed away he would personally offer condolences to the ministers bereaved family and attend the complete funeral rites conducted in three stages. A king would not drink wine or eat meat until the body of the deceased minister had been placed in the coffin. Neither would he entertain himself with music before the burial rites were done. If a minister passed away during an ancestral offering ceremony, the king would call off the ceremonial music as a sign of mourning for the deceased minister. Thus, the kings in ancient time did everything they could to live up to the requirements of the propriety, and their ministers would repay them with undying devotion.

Scroll 17: Han Shu Vol.5

041 주공의 현자 사랑

주공(周公)이 백금(伯禽)에게 훈계하며 이렇게 말했다.

"나는 문왕(文王)의 아들이고 무왕(武王)의 동생이며 성왕(成王)의 숙부이다. 세속적으로 말하자면 나의 출신이 천한 것도 지위가 낮은 것도 아니다. 그러나 나는 머리를 감으면서 채 빗지 못한 머리카락을 부여 쥔 적도 여러 번 있고, 밥을 먹으면서 입안의 음식물을 내뱉은 적도 여러 번 있었다. 그렇게 나는 몸을 일으켜 나가서 현사(賢士)를 접견하곤 했다. 그렇게 하면서도 늘 세상의 현인(賢人)을 놓칠까 걱정했다. 네가 노(魯)나라에 가거든 절대 국왕의 신분이라고 해서 남에게 교만해서는 아니 될 것이다."

원문

周公戒伯禽①曰: "我文王之子, 武王之弟, 成王之叔父. 我於天下亦
不賤②矣. 然我一沐三捉髮, 一飯三吐哺, 起以待士, 猶恐失天下之
賢人. 子③之魯, 愼④無以國驕人." (제11권『사기(史記)』상)

주석

① 백금(伯禽): 성은 희(姬)요 자字)는 백금(伯禽)으로서 금부(禽父)라고도 부르는데, 주공(周公)의 장남으로서 노나라 제1대 국왕이 되었다.
② 천(賤): 비천한 지위.
③ 자(子): 귀하 혹은 너.
④ 신(愼): 제발, 어쨌든.

The Duke of Zhou taught his son, Bo Qin, this lesson: "I am the son of King Wen, the younger brother of King Wu, and uncle to King Cheng. My position is therefore not lowly. However, there were times when I had to stop several times in the course of washing my hair; or stop several times in the course of eating, so that I could greet virtuous men who came by for a visit. Still, I am afraid that I might have overlooked any virtuous man. When you arrive at the state of Lu, you must remember this—Never regard your status as a king and look down on anybody."

Scroll 11: Shi Ji Vol.1

042 현자를 임용하는 '열 가지 어려움'

현명하고 유능한 인재를 임용하는 데는 열 가지 어려운 점이 있다.

첫째, 사람의 인품과 재능을 알아보는 안목이 없다는 점이다. 둘째, 유능한 인재임을 알면서도 적극적으로 천거하지 않는다는 점이다.[1] 셋째, 인재는 뽑았으나 잘 부리지 못한다는 점이다. 넷째, 임용은 하지만 시종 믿음을 주지 않는다는 점이다. 다섯째, 사소한 감정으로 고귀한 품성을 부정한다는 점이다. 여섯째, 사소한 과실로 큰 공을 말살한다는 점이다. 일곱째, 사소한 단점으로 큰 아름다움을 덮어 가린다는 점이다.[2] 여덟째, 중상모략 하는 사람의 공격으로 충정지사(忠正之士)를 말살한다는 점이다. 아홉째, 사설(邪說)로 정상적인 법도를 어지럽힌다는 점이다. 열째, 참언(讒言)과 질투로 현명하고 유능한 인재를 버린다는 점이다.

이 열 가지 어려운 점을 없애지 않으면 현명하고 유능한 인재를 임용할 수 없으며, 현명하고 유능한 인재를 임용하지 못하면 나라가 어려움에 처하게 된다.

[1] 구(求)는 원래 진(進)으로 적었다.
[2] 단(短)은 원래 실(失)로 적었다.

원문

惟①恤②十難, 以任賢能. 一曰不知, 二曰不求(求作進), 三曰不任, 四曰不終, 五曰以小怨棄大德, 六曰以小過黜③大功, 七曰以小短(短作失)掩大美, 八曰以幹訐④傷忠正, 久曰以邪說亂正度, 十曰以讒嫉廢賢能, 是謂十難. 十難不除, 則賢臣不用, 賢臣不用, 則國非其國也.
(제46권 『신감(申鑒)』)

① 유(惟): 실질적인 뜻이 없는 문장의 첫머리에 쓰이는 어조사(語助詞).
② 휼(恤): 돌보다, 염려하다.
③ 출(黜): 폐제하다.
④ 간알(幹訐): 역대 여러 판본에서 '신감(申鑒)', '알간(訐奸)', '간알(奸訐)' 등으로 썼는데, 악의적으로 비방함을 뜻한다. 간(奸)은 사악하고 바르지 못함을, 알(訐)은 남의 사사로운 비밀을 폭로하고 남의 단점을 들춰내다는 뜻이다.

영역

There are Ten Hindrances that can render difficult the task of appointing virtuous and able people to a government position:

1. The inability to recognize an able person.
2. If such a person is recognized, no appointment is offered to him.
3. If such a person is appointed, his ability is under-utilized.
4. The service of this person is terminated before his term is over.
5. A persons virtues are overlooked and his service is disregarded due to minor resentments from the leader.
6. This persons outstanding contributions are dismissed because of some minor offenses he has committed.
7. This persons overall excellence is concealed because of some minor flaws in his character.
8. This persons integrity is hurt because of disparaging attacks waged against him by malicious parties.
9. Deviant beliefs have disrupted regular laws.
10. A virtuous and able person is dismissed because of unfounded accusations made by back-stabbers who are jealous of his presence.

If these Ten Hindrances are not eradicated, the able and virtuous ministers will not be able to serve and assert any influence within the government. And when good ministers are not put to good use, a country's ability to survive will be challenged.

Scroll 46: Shen Jian

043 강태공의 지혜

주(周)나라 문왕(文王)이 강태공(姜太公)에게 물었다.

"임금이 유능한 인재를 천거하는데 힘쓰는데도 공적이 드러나지 않고 사회는 더욱 혼란에 빠져 나라가 멸망의 위기에 이르게 된 것은 어떤 이유에서입니까?"

강태공이 대답했다. "현명한 인재를 선발만 하고 임용하지 않는 것은 천거한다는 허명만 있을 뿐 현자를 임용한다는 실제가 없기 때문입니다."

주나라 문왕이 다시 물었다. "그럼 어디가 잘못 되었습니까?" 강태공이 답했다. "잘못이라면, 국왕께서 세속에서 칭찬하는 사람만 임용하고 진정으로 현명하고 유능한 인재를 임용하지 않은데 있습니다."

원문

文王問太公曰: "君務擧賢①, 而不獲其功, 世亂愈甚, 以致危亡者,
문 왕 문 태 공 왈   군 무 거 현   이 불 획 기 공   세 난 유 심   이 치 위 망 자,

何也?" 太公曰: "擧賢而不用, 是有擧②賢之名也, 無得賢之實也."
하 야   태 공 왈   거 현 이 불 용   시 유 거 현 지 명 야   무 득 현 지 실 야

文王曰: "其失安③在?" 太公曰: "其失在好用世俗之所譽, 不得其眞
문 왕 왈   기 실 안 재   태 공 왈   기 실 재 호 용 세 속 지 소 예   부 득 기 진

賢." (제31권『육도(六韜)』)
현

주석

① 거현(擧賢): 현명하고 덕을 갖추고 유능한 인재를 추천 임용하다.
② 거(擧): 추천, 임용.
③ 안(安): 어떤 장소, 어디.

King Wen posed this question to his strategist Jiang Tai Gong: "A ruler is enthusiastic in recruiting the best of minds to work in the government but little has been gained. Social disruptions are on the rise and they are threatening the security of the country. How can this happen?" Tai Gong said: "If you select the best of minds but cannot put them in positions of influence, their presence is only useful in name but not useful in practice•" King Wen asked: "So who is at fault here?" Tai Gong replied: "These problems arose because a leader favors a so-called celebrity made famous by worldly standards and not somebody with any ability to do the job properly."

Scroll 31: *Liu Tao*

군주가 신하와 백성을 능욕한다면, 슬기로운 자는 그를 위해 꾀를 보태주지 않을 것이고, 말주변이 좋은 사람은 외교 사절로 가지 않을 것이며, 용감한 자는 목숨 걸고 적진에 뛰어들지 않을 것이다. 슬기로운 자가 꾀를 보태지 않으면 나라가 곤경에 처하게 되고, 말재주가 있는 자가 외교 사절로 가지 않으면 다른 나라와 왕래할 수 없으며, 용감한 자가 목숨 걸고 돌진하지 않으면 변경이 침범 당한다.

원문

爲人君而侮其臣者, 智者不爲謀, 辨①者不爲使②, 勇者不爲鬪. 智者
不爲謀, 則社稷③危, 辨者不爲使, 則使不通, 勇者不爲鬪, 則邊境
侵. (제42권 『신서(新序)』)

주석

① 변(辨): 변(辯). 쟁론(爭論), 변론.
② 사(使): 외교사절로 외국에 가다. 외국 주재 사절로 임용되다.
③ 사직(社稷): 원래는 토지 신과 곡식 신을 가리켰는데, 이후 국가를 통칭하게 되었다.

영역

If a leader habitually humiliates his ministers and subjects, wise strategists will become reluctant to devise plans for him ; eloquent people will become reluctant to embark on diplomatic missions for him; courageous men will become reluctant to engage in warfare for him. Without the advice from the wise strategists, the country will be trapped in danger. Without the services of eloquent diplomats, the relations with other countries will be put under strain. And without the dedication of brave men to fight gallantly, the frontiers will soon become targets of invasion.

Scroll 42: *Xin Xu*

제5장

납간(納諫)

간언을 받아들여라

Be Receptive to Counsels from Ministers

045 여러 의견을 청취하라

나라가 잘 다스려지는 것은 군주가 영명하기 때문이요, 혼란에 빠지는 것은 군주가 멍청하고 어리석기 때문이다. 군주가 영명한 것은 여러 의견을 널리 청취하였기 때문이며, 군주가 멍청하고 어리석은 것은 한쪽 말만 믿었기 때문이다. 그러므로 군주가 마음을 열어 널리 의견을 청취한다면[1] 성덕(聖德)이 날로 확대될 것이지만, 간사하고 아첨을 잘하는 사람의 말만 믿으면 더욱 몽매해질 수밖에 없다.

[1] 필(必)은 원래 심(心)으로 적었다

원문

國之所以治者, 君明也. 其所以亂者, 君暗①也. 君之所以明者, 兼聽②也. 其所以暗者, 偏信③也. 是故人君通必④(必作心)兼聽, 則聖日廣矣, 庸說偏信, 則愚日甚矣. (제44권『잠부론(潛夫論)』)

주석

① 암(暗): 무지몽매하여 사리에 밝지 못하다.
② 겸청(兼聽): 의견을 널리 청취하다.
③ 편신(偏信): 한쪽말만 믿는다.
④ 통필(通必): 통심(通心). 마음이 확 트이다.

영역

A country is governed well because it has a wise leader. A country is in ruin because it has a foolish leader. A wise leader will listen and gauge opinions from all sides, but a foolish leader will only listen to opinions that echo his own mind. So if a leader is broad-minded and able to accept suggestions from all parties, his sagacity will increase day by day. On the contrary, if he insists on listening to the one-sided, sly, and fawning remarks, his foolishness will also increase day by day. *Scroll 44: Qian Fu Lun*

046 아첨하는 말은 달다

저는 이렇게 들었습니다.

충성스럽고 정직한 자를 좋아하지만, 남을 헐뜯으며 달콤하게 아첨하는 자를 싫어하지 않는 군왕은 없었습니다. 그러나 역사적으로 모든 재앙은 충성스럽고 정직한 자가 죄를 덮어쓰고 남을 헐뜯으며 달콤하게 아첨하는 자가 총애를 받는 데서 비롯되었습니다. 이는 충성스럽고 정직한 자의 말은 받아들이기 어려우나 달콤하게 아첨하는 자의 말은 받아들이기가 쉽기 때문입니다.

원문

臣聞人君莫不好忠正而惡讒諛, 然而歷世之患, 莫不以忠正得罪, 讒
신 문 인 군 막 불 호 충 정 이 오 참 유　연 이 역 세 지 환　막 불 이 충 정 득 죄　참
諛蒙幸①者. 蓋聽忠難, 從諛易也. (제23권 『후한서(後漢書)』3)
유 몽 행　자　개 청 충 난　종 유 역 야

주석

① 몽행(蒙幸): 총애를 받다.

영역

We have heard that a good leader will not refuse to hear from the loyal and forthright ministers, and distance himself from the obsequious and the servile. However, government after government had fallen throughout history because forthright and loyal ministers were punished while obsequious ministers were rewarded and favored. Perhaps it is easier to accept flattery than to accept honest advice.

Scroll 23: *Hou Han Shu,* Vol.3

047 비판하는 여론을 들어라

영명한 군주라면 달콤한 말로 아첨하는 자가 너무 많아 자신의 잘못을 깨우쳐 주는 자가 없을까를 걱정한다. 그리하여 마음을 열고 직간(直諫)할 수 있는 자리를 수시로 마련하여 자신을 반대하는 여론을 귀담아 듣는다. 진정 신하가 한 말이 충성심에서 우러나온 것이라면 그 말이 설사 완전히 정확하지 않다 하더라도 기꺼이 받아들인다.[1]

[1] 원래는 연(然)자 다음에 수(受)자가 더 있었다.

원문

明主患諛己者眾, 而無由聞失也, 故開敢諫之路, 納逆己①之言, 苟
명 주 환 유 기 자 중   이 무 유 문 실 야   고 개 감 간 지 로   납 역 기   지 언   구
所言出於忠誠, 雖事不盡, 是猶歡然(然下有受字)之.(제49권『부자(傅子)』)
소 언 출 어 충 성   수 사 부 진   시 유 환 연   연 하 유 수 자   지

주석

① 역기(逆己): 자신의 뜻에 따르지 않음.

영역

A wise leader worries about being surrounded by flatterers, a situation that can isolate him from hearing the truth about his own mistakes. Hence he opens up the channels where people can speak their mind, and he listens to people who defy his wishes. As long as the proponents express their opinions out of loyalty and sincerity for the common good, he will gladly accept them even though their propositions may not be right all the time.

Scroll 49: Fu Zi

048 진언할 수 있게 하라

순(舜)임금이 말했다.

"나에게 잘못이 있으면 경들이 나를 도와 바로잡아주시고, 내 앞에서는 순종하는 척 하면서 돌아서서 비난하는 일은 삼가주시오." 그러므로 나라를 다스리는 이치를 진언할 수 있도록 격려하고 사실대로 말 할 수 있도록 이끌어야만 한다. 그런 다음 군주는 진위를 잘 살필 수 있고 치란의 정황을 훤히 알수 있다.

원문

舜曰: "予違汝弼①. 汝無面從, 退有後言②." 故治國之道, 勸之使諫,
순 왈   여 위 여 필   여 무 면 종   퇴 유 후 언   고 치 국 지 도   권 지 사 간

宣之使言, 然後君明察而治情通矣. (제44권『잠부론(潛夫論)』)
선 지 사 언   연 후 군 명 찰 이 치 정 통 의

주석

① 필(弼): 잘못을 바로잡다.
② 퇴유후언(退有後言): 앞에서는 순종하는 척 하면서 돌아서서는 그 뜻을 거스르는 말을 하다.

영역

Emperor Shun said: "If I made a mistake you must help to correct me. Do not seem agreeable in front of me but stir up negative remarks against me behind my back." Likewise, a good government will encourage people to submit their dissensions to the government and guide them to speak out truthfully. This way a government will be able to get to the bottom of things and draw up sensible policies.

Scroll 44: *Qian Fu Lun*

049 재앙을 막으려면

나라를 번성하게 하는 군주는 남들이 자신의 잘못을 지적해주는 것을 좋아하고, 황음무치하고 무질서한 군주는 자신을 찬미하는 말을 듣기 좋아한다. 남들이 자신의 잘못을 지적해주는 것을 좋아하는 군주는 잘못이 하루하루 줄어들어 행운이 찾아들지만, 찬미하는 말을 듣기 좋아하는 군주는 덕행이 하루하루 손상되어 재앙을 맞게 된다.

원문

興國之君, 樂聞其過, 荒亂之主, 樂聞其譽. 聞其過者, 過日消而福臻①, 聞其譽者, 譽日損而禍至. (제28권 『오지(吳志)』하)

주석

① 진(臻): 이르다, 도달하다.

영역

A leader who brings greatness to his nation welcomes criticism directed at him. A leader who brings chaos to his nation prefers praise that glorifies his name. For the former, good fortune will follow him because he will make fewer mistakes over time. But for the latter, misfortune will beset him as he sinks deeper into the false acclaim that is detrimental to his virtues.

Scroll 28: Wu Zhi, Vol.2

050 나라의 가장 큰 재앙

정직한 자의 지조를 꺾고 간언하는 신하들의 말을 차단하면, 모든 신하들이 그 잘못되었음을 알지만 감히 그 잘못됨을 표명하지 못하게 된다. 세상 사람들 모두가 간언하는 말에 경계심을 갖고 주저하게 되는 것, 그것이 바로 한 나라의 가장 큰 재앙이다.

원문

折^①直士之節^②, 結諫臣之舌, 群臣皆知其非, 然不敢爭. 天下以言爲
절 직사지절   결간신지설   군신개지기비   연불감쟁   천하이언위
戒, 最國家之大患也. 『한서(漢書)』제19권, 7)
계   최국가지대환야

주석

① 절(折): 손상되다, 좌절과 실패.
② 절(節): 포부, 성품.

영역

On seeing men of integrity being dishonored and witnessing officials who dared to speak up being silenced, many ministers knew this was wrong but nobody dared to stand up and fight to remedy this situation. When everybody is wary of admonishing the government, this is indeed the greatest misfortune that besets a nation!

Scroll 19: *Han Shu*y Vol.7

051 좋은 약은 입에 쓰다

공자께서 말씀하셨다.

"좋은 약은 쓰서 넘기기 어렵지만 병을 치료하는데 유익하고[1], 정직하게 간언하는 말은 듣기는 싫지만 자신을 높이는데 유익하다. 상나라 탕 임금과 주나라 무왕은 직언하고 간언하는 자들의 말을 널리 받아들였기에 나라가 번창했고, 하나라 걸 임금과 상나라 주(紂)왕은 교만하고 흉포하여 신하들이 임금 시키는 대로 복종하였기에 나라가 망하고 말았다."

[1] 약주(藥酒)는 원래 양약(良藥)으로 되었다.

원문

孔子曰: "藥酒(藥酒作良藥)苦於口而利於病, 忠言逆於耳而利於行. 湯
공 자 왈   약 주 약 주 작 양 약   고 어 구 이 이 어 병   충 언 역 어 이 이 이 어 행   탕
武①以諤諤②而昌, 桀紂③以唯唯④而亡." (제10권 『공자가어(孔子家語)』)
무   이 악 악   이 창   걸 주   이 유 유   이 망

주석

① 탕무(湯武): 상나라 탕임금(商湯)과 주나라 무왕(周武王).
② 악악(諤諤): 거리낌 없이 직언하다.
③ 걸주(桀紂): 하나라 걸임금(夏桀)과 상나라 주왕(商紂).
④ 유유(唯唯): 공손히 응답하다, 예 예 하면서 따라만 하다.

영역

Confucius said: "Effective medicine is bitter but it can cure sickness. Truthful words are not enticing but they can help people to correct their mistakes. The nation enjoyed prosperity under King Tang and King Wu because they listened to admonitions extensively from all sides. On the contrary, the brutal King Jie and King Zhou preferred to listen to agreeable words that appealed to them, and this eventually led to their downfall."

Scroll 10: *Kong Zi Jia Yu*

제6장

두참사(杜讒邪)

비방과 악의적 충고를 막아라

Be Averse to Slanderous and Malevolent Advice

052 여론의 진위를 판단하라

들리는 여론에 대해 객관적 판단 없이 선과 악에 대한 결론을 쉽게 내린다면 시비가 쉽게 전도될 수 있다. 그렇게 되면 겉만 번지러한 말을 하고 궤변을 늘어놓는 풍기가 일어나게 될 것이다.

원문

聞言未審, 而以定善惡, 則是非有錯, 而飾辯①巧言②之流起矣. (제49
권『부자(傅子)』)

주석

① 식변(飾辯): 겉만 번드르르한 말, 허망한 거짓말.
② 교언(巧言): 듣기 좋게 둘러대는 거짓말.

영역

If we make judgment lightly before all facts have been taken into consideration, what is right or wrong will no longer be clear, and the customs of making false accusations and engaging in flowery rhetoric will soon become fashionable.

Scroll 49: *Fu Zi*

053 아부하는 신하를 버려라

자기를 좋아해 주는 사람을 총애하지 않는 군주는 없다. 그러나 자기를 좋아하는 자들을 총애하지 말아야 한다는 도리는 모르고 있다. 그 때문에 자기에게 아부하는 신하에게 미혹되어 그를 버리지 못하며, 자기를 거스르는 자들이 자기에게 유익한 사람이라는 것을 망각하였기에[1] 그들을 중용하지 못하는 것이다.

[1] 망(忘)은 기(忌: 꺼리다)가 아닐까 한다.

원문

夫①人主莫不愛愛己,　而莫知愛己者之不足愛也.　故惑小臣②之佞③,
부 인 주 막 불 애 애 기,　이 막 지 애 기 자 지 부 족 애 야　고 혹 소 신 지 녕,
而不能廢也, 忘(忘疑忌)違己之益己, 而不能用也.　(제47권 『유이정론(劉
이 불 능 폐 야, 망 (망 의 기) 위 기 지 익 기, 이 불 능 용 야

廙政論)』)

주석

① 부(夫): 문언문에 쓰이는 발어사(發語詞), 제시하는 역할을 한다.
② 소신(小臣): 직위가 낮은 관리.
③ 녕(佞): 감언이설, 비굴하게 남의 비위를 맞추어가며 아부하다.

영역

Rare indeed is a leader who will not favor his admirers. Little does he know that his admirers are not deserving of his unquestioning trust. When a leader is charmed by these scheming ministers and refuses to dismiss them, he will overlook ministers who may oppose his wishes but nonetheless be truly helpful to his government. In the end, the right people will not be appointed to the right positions.

Scroll 40: Liu Yi Zheng Lun

제7장

심단(審斷)

깊이 있게 판단하라

Be Perceptive and Astute

054 공을 세웠을 때 물러나라

금은보화가 집안에 가득하면 이를 지킬 수가 없는 법이다.[1] 부귀하면서 행동이 교만하면 앞날에 스스로 화근을 남길 뿐이다.[2] 공을 세워 명성을 떨치게 되면 그 자리에서 물러나는 것이 하늘의 이치이다.[3]

[1] 욕심은 정신을 상하게 하는 법, 재물이 많이 쌓이면 몸이 피곤해지는 법이다.
[2] 부유하다면 빈한한 자들을 보살피는 것이 당연한 일이고, 귀한 신분이면 천한 사람들을 가련히 여겨야 하는 법, 이와 반대로 교만하고 방자하다면 반드시 화와 근심으로 변하게 될 것이다.
[3] 사람이 일을 하면서 공이 이루어지고 사업이 성공하면 명성도 따라 올라가게 된다. 그러나 그때 몸을 낮추고 자리에서 물러나지 않는다면 해악을 만나게 되는 법이다. 이것이 하늘의 변함없는 이치이다. 비유하자면, 해도 중천에 놓이면 기울기 마련이고, 달고 차면 이지러지기 마련이며, 사물도 성하면 쇠하게 되기 마련이며, 즐거움도 극에 달하면 슬퍼지게 되는 법과 같은 이치이다.

원문

金玉滿堂①, 莫②之能守, 嗜欲傷神, 財多累身. 富貴而驕, 還自遺③咎④.
夫富當振⑤貧, 貴當憐賤. 而反驕恣, 必被禍患也. 功成名遂⑥身退⑦, 天之道
也. 言人所爲, 功成事立, 名跡稱遂, 不退身避位, 則遇於害, 此乃天之常道. 譬
如日中則移, 月滿則虧, 物盛則衰, 樂極則哀也. (제34권『노자(老子)』)

주석

① 금옥만당(金玉滿堂): 금과 옥이 집에 가득하다. 부유하다.
② 막(莫): 대상이 없다.
③ 유(遺): 남기다.
④ 구(咎): 재앙, 불행한 일.
⑤ 진(振): 진(賑).
⑥ 수(遂): 성취, 성공.
⑦ 신퇴(身退): 자리에서 물러나다, 미련을 버리다.

A house full of gold and jade cannot be safely kept forever. When wealth and honor leads to arrogance, it sows the seeds of ones own downfall. To retire at the height of one's own merit and fame, is in accord with the law of nature.

Scroll 34: *Lao Zi*

055 여러 의견을 청취하고 깊이 살펴라

여러 가지 의견을 청취하고 고찰하는 것이 바로 나라의 존망(存亡)이 시작되는 문이요, 안위(安危)와 관계되는 관건적인 문제다. 만약 군주가 의견을 널리 청취하고 제대로 살피지 않은 채 측근들의 말만 믿는다면 방법을 강구함에 빈틈이 생겨 좋은 책략을 얻을 수 없다. 또 의견을 널리 청취하고 자세히 살핀다 하더라도 방법을 제대로 강구하지 못하고 깊이 살피지 못한다면, 꾸민 책략과 계획은 필시 혼란스러워지고 말 것이다.

원문

夫聽察①者, 乃存亡之門戶②, 安危之機要③也. 若人主聽察不博, 偏受所信, 則謀有所漏, 不盡良策; 若博其觀聽, 納受無方④, 考察不精, 則數⑤有所亂矣. (제48권『체론(體論)』)

주석

① 청찰(聽察): 여러 가지 의견을 청취하고 고찰하다.
② 문호(門戶): 가장 중요한 것.
③ 기요(機要): 관건, 요령.
④ 무방(無方): 방법이 없다.
⑤ 수(數): 책략.

영역

The ability to "listen and observe" is the door to life or death, the key to safety or danger. If a leader cannot listen and observe from diverse sources but relies only on opinions provided by his trusted sources, his plans will be deficient and incomplete. On the other hand, if he were to hear from diverse sources, and yet were to embrace this information in an unsuitable manner, or were to fail to evaluate them accurately, the resulting plans would still be disastrous.

Scroll 48: Ti Lun

056 공로가 영원할 방법

공자께서 말씀하셨다.

"많은 사람들이 그를 좋아한다면 반드시 자세한 정황을 살펴야만 할 것이고, 많은 사람들이 그를 싫어한다고 해도 반드시 자세한 정황을 살펴야만 할 것이다."

그래서 성인들은 가부를 결정하고 취사선택을 할 때, 여론만 듣거나 자신만의 의견을 고집하지 않고[1], 자신의 생각과 여론을 전체적으로 고려해 도의에 맞게 판단했다. 그러기에 현명한 인재를 선발함에 누락이 없었고, 그 때문에 공로도 영원히 없어지지 않았다.

[1] 위(謂)는 원래 위(爲)로 적었다.

원문

孔子曰: "衆好之必察焉, 衆惡之必察焉." 故聖人之施舍也, 不必任衆, 亦不必專己①, 必察彼己之謂(謂作爲), 而度②之以義. 故擧③無遺失, 而功無廢滅也. (제44권 『잠부론(潛夫論)』)

주석

① 전기(專己): 자기 의견을 고집하다.
② 도(度): 고려하다, 추측하다.
③ 거(擧): 추천하다, 천거하다, 뽑아 쓰다.

Confucius said: "If everybody likes him, observe and study him carefully. If everybody dislikes him, also observe and study him carefully." A virtuous sage will neither make decisions based on public opinions, nor insist that his personal opinion be the only right way. Instead, he will consider both sides of the argument and measure them by the standards of righteous virtue, so that good candidates will not be omitted from the government, and save the government from becoming corrupt and meeting with its demise.

Scroll 44: Qian Fu Lun

057 군주의 가장 큰 폐단

군주의 가장 큰 폐단은 작은 일에만 열중하고 나라를 다스리는 큰 도리에는 소홀하며, 눈앞에 보이는 것에만 열중하고 원대한 계획을 세우지 않는 것이다. 옛날부터 지금까지 이렇게 하면서도 망하지 않았던 나라는 없다.

원문

人君之大患也, 莫大乎詳於小事, 而略於大道①; 察於近物, 而暗於遠數②. 自古及今, 未有如此而不亡也. (제46권 『중론(中論)』)

주석

① 대도(大道): 최고의 치세(治世) 원칙으로, 여기에는 윤리와 삼강오륜 등이 포함된다.

② 원수(遠數): 원대한 계획.

영역

One of the biggest problems about a leader is that when he spends too much time on minor details and not enough time on what is really important. He can be too concerned about immediate issues but lacks foresight to plan for the future. History has shown us that such a leader will certainly bring forth destruction.

Scroll 46: *Zhong Lun*

058 나라를 망친 군주들의 일상

제(齊)나라 경공(景公)이 안자(晏子)에게 물었다. "옛날, 백성들의 신임을 잃어 나라를 망친 군주의 경우, 평소의 행동은 어떠하였습니까?" 안자가 대답했다.

"나라가 빈궁한데도 겉치레에만 신경을 쓰고, 지혜가 모자라는데도 독단독행하며, 참언(讒言)만 믿고 현명한 자를 배척하고, 업신여기기를 즐겨하여 백성을 무시하고, 나라에는 고정된 법률이 없고, 백성에게는 행위준칙이 없었습니다. 논쟁에 능한 자를 지혜로운 자라 여기고, 백성을 해치는 자를 충신으로 여겼으며, 무절제한 방종으로 나라 일을 망치고, 백성들의 원망에도 아랑곳없이 군대를 마구 부렸습니다. 죄를 묻고 주살하는 데만 관심을 돌렸지, 유공자에게 상 주는 것에는 홀대했습니다.

남의 슬픔을 자신의 즐거움으로 삼고, 남에게 해를 입히면서 자신의 이익을 챙겼습니다. 도덕이 결여되어 백성을 위로하기에 미흡했고, 정령(政令)이 너무 지나쳐 백성을 이끌기에 모자랐습니다. 내리는 상이 미미하여 사람들의 선행을 불러일으키기에 부족했고, 형벌이 위법행위를 막기에 모자랐습니다. 이러한 것들이 바로 나라를 망쳤던 행동들입니다. 백성들로 하여금 나라의 정령(政令)을 적대시하도록 한 이러한 것들이 바로 백성들의 신임을 잃어 나라를 망치게 한 나라에서 일어나는 일상적인 일들입니다."

원문

景公問晏子曰: "古者離散其民而隕失其國者, 其常行①何如?" 對曰: "國貧而好大, 智薄而好專, 尙讒諛②而賤賢人, 樂簡慢②而輕百姓, 國無常法, 民無經紀③. 好辨以爲智, 刻民以爲忠, 流酒④以忘國, 好兵而忘民, 肅於罪誅, 而慢於慶賞, 樂人之哀, 利人之害, 德不足以懷人, 政不足以匡⑤民, 賞不足以勸善, 刑不足以防非. 此亡國之行也.

今民聞公令如寇讎[6], 此古之離其民隕其國常行也." (제33권 『안자(晏
금 민 문 공 령 여 구 수   차 고 지 이 기 민 운 기 국 상 행 야
子)』)

주석

① 상행(常行): 일상적인 행위.
② 간만(簡慢): 등한히 하다.
③ 경기(經紀): 삼강오상, 조리.
④ 유면(流湎): 방종하며 절제가 없다.
⑤ 광(匡): 보조하다, 바로잡다.
⑥ 구수(寇讎): 원수, 적.

영역

Duke Qi asked Yanzi: "In the past, kings who dispersed their citizens and ruined their states—what was their leadership like?" Yanzi said: "While the country struggled in poverty, they craved for greatness and grandiosity. While their ability and intelligence were weak, they craved for absolute power and clung on stubbornly to their own views. They favored the flatterers and disdained those who were virtuous. They were arrogant and contemptuous of the people. They did not impose consistent laws, nor did they set behavioral standards for the people. They misidentified purnacious officials as being intelligent, and assumed that these officials, oppression of the people was a sign of their allegiance. In great lavishness the leaders forgot their duties to the nation and merrily they waged war with no concerns for the welfare of the people. They were quick at convicting and executing the condemned but slow at rewarding those with a fine record of services. They delighted in causing miseries to others and took advantage of others' sufferings. They have so little virtue to speak of that they could not possibly appease the people, and their ironclad rules could do little to transform the people. In other words, the reward system was insufficient to compel people to do good things, while the penalty system was insufficient to deter people from breaking the law. All the above will ruin a country. Now that the people despise the laws imposed on them, this is tantamount to the consequences caused by leaders who dispersed their citizens and lost their states in the past."

Scroll 33: Yan Zi

제2부

신술(臣術)

신하의 기술

THE ART OF A MINISTER

제8장

입절(立節)

절차를 세워라

Uphold Integrity

059 포부를 저버리지 말라

고금을 막론하고 사회와 나라에 공을 세운 인사들을 보면 모두 범상치 않은 업적을 쌓았다. 그들은 몸과 마음을 다하여 어려움을 이겨냈으며, 끊임없이 고민했다. 일상생활에서는 자신이 맡은 일을 등한히 하지 않았으며, 어떠한 어려움을 당해도 포부를 저버리지 않았다.

원문

歷觀古今功名之士, 皆有積累殊異①之跡, 勞身苦體, 契闊②勤思, 平居不惰其業, 窮困不易其素③. (제28권 『오지(吳志)』 하)

주석

① 수이(殊異): 특이하다, 범상치 않다.
② 계활(契闊): 부지런하다.
③ 불역기소(不易其素): 평소의 수양과 포부를 저버리지 않는다.

영역

Looking at the individuals in history who have made great contributions to the society, it is evident that they all had accumulated outstanding and remarkable stories through their endurance against innumerable physical strains and hardships. As well, they were assiduously thoughtful, they never let their studies go to waste, and they never changed their ideals despite poverty.

Scroll 28: *Wu Zhi*, Vol.2

현명한 자가 관리가 되면 아부와 감언이설로 군주의 성덕(聖德)을 훼손하는 일이 없고, 자신의 안위를 지키고자 자신의 뜻을 굽히면서 아첨하지도 않는다. 공의(公義)를 훼손시키는 것으로 사욕을 차리지도 않고, 권세에 억눌리고 사사로운 정에 얽매여 법을 어기지도 않는다. 이들은 명지함으로 간사(奸邪)함을 들추어내고, 도의에 부합되는 행위만 하며 사욕을 위해 패거리를 짓지도 않는다.

원문

夫賢者之爲人臣, 不損君以奉佞, 不阿衆①以取容②, 不墮④公③以聽
부 현 자 지 위 인 신   불 손 군 이 봉 녕   불 아 중 이 취 용   불 타 공 이 청

私, 不撓法以吐剛⑤, 其明能照奸, 而義不比黨⑥. (제44권『잠부론(潛夫論)』)
사   불 요 법 이 토 강   기 명 능 조 간   이 의 불 비 당

주석

① 아중(阿衆): 대중의 비위를 맞추다.
② 취용(取容): 남의 환심을 사는 것으로 자신을 지킨다.
③ 타공(墮公): 공의(公義)를 훼손시키다.
④ 타(墮): 휴(隳), 무너뜨리다.
⑤ 토강(吐剛): 폭행을 두려워함을 비유함.
⑥ 비당(比黨): 패거리를 짓다.

영역

Wise ministers do not fawn upon their leader to the extent that will corrupt his virtues. They also do not fawn upon the masses just to gain their favor. Neither will they benefit themselves at the expense of the public interests, nor do they hinder the enforcement of laws for the fear of powerful adversaries. They are wise enough to recognize the crafty and the evil. They conform to morality and justice, and their integrity prevents them from forming factions to advance their personal interests.

Scroll 44: Qian Fu Lun

061 세상에 비밀은 없다

양진(楊震)은 자가 백기(伯起)이고 홍농(弘農) 사람인데, 동래(東萊) 태수로 부임하러 가는 길이었다. 도중에 창읍(昌邑)에 들렀는데, 이전에 천거한 적이 있는 왕밀(王密)이 만나러 왔다. 창읍현 현령을 맡고 있다고 했다. 저녁이 되자 그가 황금 열 근을 가지고 와서 양진에게 주었다. 그러자 양진이 말했다.

"나는 옛 친구로서 당신의 됨됨이를 알고 있는데 자네는 나의 됨됨이를 모르고 있는 것은 무슨 까닭일까?" 왕밀이 말했다. "밤이라 아무도 보는 사람이 없지 않은가?" 양진이 말했다. "하늘이 알고 천지신명이 알고 내가 알고 자네가 아는데, 어떻게 아무도 모른다고 할 수 있는가?"

원문

楊震字伯起, 弘農人也. 遷東萊太守. 道經昌邑, 故①所擧茂才②王密
爲昌邑令, 謁見, 至夜懷金十斤以遺③震. 震曰: "故人知君, 君不知
故人④何也?" 密曰: "暮夜無知者." 震曰: "天知神知, 我知子知, 何
謂無知?" (제23권 『후한서(後漢書)』 3)

주석

① 고(故): 과거, 종전.
② 무재(茂才): 수재(秀才). 선비. 한나라 광무제의 이름을 피해 '수(秀)'를 '무(茂)'로 고쳤음.
③ 견(遺): 부여하다, 선물하다.
④ 고인(故人): 제자와 관리에 대한 자칭(自稱).

Once upon a time, the great scholar and government minister, Yang Zhen, was promoted to become the prefect of Donglai prefecture. During his travel to Donglai via Changyi county, he was approached in the middle of the night by a man called Wang Mi, who had been nominated by Yang Zhen to become the magistrate of Changyi county. Wang Mi brought with him 10 kilograms of gold as a gift. Yang Zhen was appalled and upset at the sight of this gift. He said to Wang Mi: "As your old friend I understand you very well. But you don't seem to understand this old friend of yours very well." Wang Mi replied: "It is the dead of night. No one will know you received the gold!" Yang Zhen corrected his friend: "Heaven knows, the deities know, I know and you know. How can you say nobody knows?"

Scroll 23: *Hou Han Shu*, Vol.3

옛날, 진(晉)나라 평공(平公)이 숙향(叔向)에게 물었다. "나라의 가장 큰 화근이 무엇이라 생각합니까?"

숙향이 대답했다. "높은 자리에 낮은 대신은 녹봉과 작위에만 눈이 멀어 극력으로 간언하지 않고, 말단의 신하는 죄를 받을까 감히 말할 엄두를 못 내어 아래의 상황이 윗사람에게 전달되지 못하는 것, 이것이 바로 나라의 가장 큰 화근입니다."

원문

昔者晉平公問於叔向曰: "國家之患, 孰①爲大?" 對曰: "大臣重祿不
석 자 진 평 공 문 어 숙 향 왈   국 가 지 환 숙 위 대   대 왈   대 신 중 록 불

極諫②, 小臣畏罪不敢言, 下情不上通, 此患之大者." (제22권 『후한서
극 간   소 신 외 죄 불 감 언   하 정 불 상 통   차 환 지 대 자

(後漢書)』2)

주석

① 숙(孰): 무엇.
② 극간(極諫): 극력 권고하다. 고대사회에서 신하가 군주에게 많이 사용하던 말이다.

영역

Once Duke Jinpin asked Shuxiang: "Of all the misfortunes that can befall a nation, which one is the greatest?" Shuxiang replied: "When a high-ranking official would rather covet wealth and power than to provide sensible counsel, and a low-ranking official would rather refrain from speaking the truth than to offend his superiors, and thus the leader cannot hear the voice of the people. This is the greatest misfortune that can befall a nation."

Scroll 22: *Hou Han Shu*, Vol.2

제9장

진충(盡忠)

충성을 다하라

Serve with Utmost Loyalty

063 여섯 가지 올바름과 여섯 가지 사악함

신하로서 여섯 가지 올바름(六正)을 실행에 옮기면[1] 영예로움을 얻을 수 있고, 여섯 가지 사악함(六邪)를 범하면 치욕을 자초하게 된다.

[1] 이 책에서는 유(有)를 행(行)으로 해석했다

원문

人臣之行, 有(本書有作行)六正①則榮, 犯六邪②則辱. (제43권 『설원(說苑)』)
인 신 지 행 유 본 서 유 작 행 육 정 즉 영 범 육 사 즉 욕

주석

① 육정(六正): 첫째는 성신(聖臣)으로, 어떤 조짐이 나타나기 전에 미리 홀로 환하게 앞을 내다보고 사전에 군주에게 간하여 잘못된 정치를 하지 않고 선정을 베풀 수 있도록 할 수 있는 사람이다. 둘째는 양신(良臣)으로, 군주를 예의로써 권면하고 좋은 계책으로써 보필할 수 있는 사람이다. 셋째는 충신(忠臣)으로, 현인(賢人)의 천거에 힘쓰고 자주 고사(故事)를 들어 군주의 뜻을 고무시켜 힘쓰게 할 수 있는 사람이다. 넷째는 지신(智臣)으로, 밝게 일의 성공과 실패를 살펴 구제하며 화를 돌려 복으로 만들어 군주를 편안하게 할 수 있는 사람이다. 다섯째는 정신(貞臣)으로, 법대로 행동하고 일을 분담하며 절검(節儉)할 수 있는 사람이다. 여섯째는 직신(直臣)으로, 나라가 어지러울 때에 군주의 잘못을 면전에서 말할 수 있는 사람이다.

② 육사(六邪): 첫째는 구신(具臣)으로, 관직에 있으면서 녹봉을 탐하고 공사(公事)에 힘쓰지 않고 관망하는 신하이다. 둘째는 유신(諛臣)으로, 군주가 말하는 것은 다 옳다 하고 군주가 하는 것은 다 좋다 하며 아첨만을 일삼는 신하이다. 셋째는 간신(奸臣)으로, 마음이 음흉하여 착한 사람을 시기하고 어진 사람을 미워하여 군주의 정사(政事)를 흐리게 하는 신하이다. 넷째는 참신(讒臣)으로, 간사한 꾀로써 안으로는 골육 사이를 이간시키고 밖으로는 혼란을 야기해 조정에 큰 피해를 주는 신하이다. 다섯째는 적신(賊臣)으로, 권세만을 생각하여 함부로 왕명을 꾸며서 개인적인 이익만을 추구하는 신하이다. 여섯째는 망국(亡國)의 신으로, 군주를 불의에 빠지게 하고 군주의 악함을 국내외에 드러나게 하여 나라를 망치는 신하이다.

A minister with great moral integrity who follows the Six Good Conducts will enjoy honor and glory. In contrast, a minister who commits any of the Six Evil Conducts will provoke humiliations.

Scroll 43: *Shuo Yuan*

064 군주를 대하는 군자의 자세

공자께서 말씀하셨다.

"군자가 윗사람을 섬기면서, 조정에 나가 집무를 볼 때면 언제나 충성을 다해야 하고, 조정을 나와 집에 돌아와서는 언제나 자신의 잘못을 반성해야 한다. 군주가 좋은 일을 하려한다면 필히 서둘러 성사시켜야 하며, 군주가 잘못을 범하면 필히 바로잡아주고 보완해 주어야 한다. 몸과 마음을 다하여 이렇게 하기에 군주와 신하가[1] 한마음 한뜻으로 서로 친근하게 지낼 수 있는 것이다."[2]

[1] 옛 판본에서는 상하(上下: 군주와 신하) 다음에 치(治)자가 더 들어 있었으나 여기서는 삭제했다.
[2] 임금과 신하가 한마음이 되어야만 서로 친근해질 수가 있는 법이다.

원문

子曰: "君子之事上也, 進思盡忠, 退思補過. 將②順①其美, 匡救其惡, 故上下(上下下舊有治字, 刪之)能相親也." 君臣同心, 故能相親. (제9권 『효경(孝經)』)

주석

① 장순(將順): 추세에 따라서 둘러 성사시키다.
② 장(將): 순종하다, 떠받들다.

영역

Confucius said: "In attendance to the leader, *superior persons* reflect upon the ways in which they can serve with utmost loyalty in their official duties. And on retirement they reflect upon the ways in which they can remedy their leaders mistakes. They will help to advance worthy causes put forward by the leader, and they will not hesitate to remedy his shortcomings. Hence, the relationship between the superior and the subordinate is cordial and amicable."

Scroll 9: *Xiao Jing*

제10장

권간(勸諫)

간언을 하라

Presenting Counsels

065 예방이 최우선

관리가 충성을 다해 일하는 방법에는 세 가지가 있다.

첫째가 예방이고, 둘째는 잘못이나 오류를 바로 잡는 것이며, 가장 마지막이 징계를 하는 것이다.

잘못이나 오류가 발생하기 전에 방법을 강구하여 미리 예방하는 것을 방(防)이라고 하고, 잘못이나 오류가 발생하면 바로 고치는 것을 구(救)라고 하고, 이미 저지른 일에 대해서 징계를 내려서 책임을 묻는 것을 계(戒)라고 한다. 이들 중 으뜸이 되는 방책이 예방이고, 그 다음이 빨리 바로 잡는 것이며, 마지막이 징계를 하는 것이다.

[1] '진간(進諫: 간언하다)'은 원래 '지지(止之: 그치게 하다)'로 되었다.

원문

忠有三術: 一曰防, 二曰救, 三曰戒. 先其未然, 謂之防也, 發而進諫
(進諫作止之), 謂之救也, 行而責之, 謂之戒也. 防爲上, 救次之, 戒爲
下. (제46권 『신감(申鑒)』)

영역

There are three kinds of approach that an official can take to fulfill his duties: Prevent, Rectify, and Reprimand. "Prevent" involves taking precautionary measures to prevent mistakes from happening. "Rectify" involves rectifying mistakes that have been done. "Reprimand" involves giving direct reprimands to the perpetrators. Among the three, "Prevent" is the best approach; followed by "Rectify"; then by "Reprimand".

Scroll 46: Shen Jian

066 범하기 쉬운 세 가지 잘못

공자께서 말씀하셨다.

"군자를 가까이서 모실 때 보통 세 가지 잘못을 범하기 쉽다. 첫째, 자기 차례가 되지 않았는데 앞질러 말하는 것인데, 이를 두고 성급하다(躁)고 한다.[1] 둘째, 해야 할 말을 하지 않는 것인데, 이를 두고 숨긴다(隱)라고 한다.[2] 셋째, 군자의 안색을 살피지 않고서 말하는 것인데, 이를 두고 소경 같다(瞽)라고 한다.[3]"

[1] 조(躁)는 마음이 들떠 안정되지 못함을 말한다.
[2] 은(隱)은 숨기다는 뜻인데, 진실한 마음을 다하지 않음을 말한다.
[3] 군주가 가고자 하는 방향의 표정을 살피지 않은 채 먼저 뜻에 거스르는 말을 하는 것은 소경 같이 상대방을 보지 못하는 일이다.

원문

孔子曰: "侍於君子①有三愆②: 言未及之而言, 謂之躁, 躁, 不安靜. 言及之而不言, 謂之隱, 隱, 匿, 不盡情實. 未見顔色③而言, 謂之瞽④." 未見君子顔色所趨向, 而便逆先意語者, 猶瞽者也. (제9권 『논어(論語)』)

주석

① 군자(君子): 재덕을 겸비한 출중한 사람 혹은 재위해 있는 군왕.
② 건(愆): 죄악, 과오.
③ 안색(顔色): 표정, 안색.
④ 고(瞽): 원래는 눈이 먼 사람을 가리켰는데, 여기에서는 식견이 짧고 관찰력이 없는 사람을 가리킨다.

Confucius said: "For the ones who serve the lords may make the following three errors: To speak when it is not necessary is being rash; not to speak when it is necessary is being evasive; to speak without observing the lords facial expression is being blind."

Scroll 9: *Lun Yu*

067 진정한 충신

제(齊)나라 경공(景公)이 안자(晏子)에게 물었다. "충신이라면 군주를 어떻게 보좌해야 하는가?" 안자가 대답했다. "군주가 난을 당해도 따라 죽지 않으며, 군주가 밖으로 도망칠 때에는 전송조차 하지 않아야 합니다."

이에 경공이 매우 불쾌해하며 말했다. "군주가 땅을 나누어주었기에 신하가 부유해질 수 있었고, 군주가 작위(爵位)를 내렸기에 신하가 고귀해질 수 있었거늘[1], 군주가 위험에 처했는데도 신하가 목숨을 바쳐 구하지 않고, 군주가 나라 밖으로 도망을 칠 때에 신하가 전송도 하지 않아야 한다니 그 무슨 당치도 않은 말이오?"

안자가 대답했다. "신하가 충언을 할 때 군주가 이를 채택했더라면, 군주가 위험에 처할 일도, 신하가 따라 죽을 일도 없을 것입니다. 신하가 시의적절한 책략을 내놓았을 때, 군주가 이를 받아들였더라면 평생 도망치거나 망명할 일이 없을 터인데, 신하가 배웅할 일이 있겠습니까?

군주가 신하들의 충언을 받아들이지 않아 위험에 처할 때, 신하가 군주를 따라 죽는다면, 그것은 허망한 죽음일 뿐입니다. 군주가 신하들의 책략을 받아들이지 않아서 도망을 치거나 망명을 할 수밖에 없다면, 그런 군주를 배웅하는 것은 기만이고 위선입니다! 충신이란 군주에게 좋은 계책을 간언하는 자이지, 군주와 함께 위험에 뛰어드는 자가 아닙니다."

[1] 부(富)는 원래 봉(封)으로 적었다.

> 원문

景公問晏子曰: "忠臣之事君, 何若?" 對曰: "有難不死, 出亡①不送."
경공문안자왈   충신지사군 하약   대왈   유난불사 출망 불송

公不悅曰: "君裂地而富(富作封)之, 疏爵而貴之, 有難不死, 出亡不
공불열왈   군열지이부 부작봉 지   소작이귀지   유난불사   출망불

送, 其說何也?" 對曰: "言而見②用, 終身無難, 臣何死焉, 謀而見終,
송 기 설 하 야　 대 왈　 언 이 견 용　 종 신 무 난　 신 하 사 언　 모 이 견 종

終身不出, 臣何送焉. 若言不用, 有難而死, 是妄死③也, 謀而不終,
종 신 불 출　 신 하 송 언　 약 언 불 용　 유 난 이 사　 시 망 사 야　 모 이 부 종

出亡而送, 是詐偽④也. 忠臣也者, 能納善於君, 而不與君陷於難者
출 망 이 송　 시 사 위 야　 충 신 야 자　 능 납 선 어 군　 이 불 여 군 함 어 난 자

也." (제33권 『안자(晏子)』)
야

주석

① 출망(出亡): 탈출하다, 도망치다. 망(亡)은 탈출하다, 망명하다는 뜻이다.

② 견(見): 동사 앞에 쓰여 피동을 나타낸다. ……에게……를 당하다, 받다는 의미로 쓰인다.

③ 망사(妄死): 의미 없는 죽음.

④ 사위(詐偽): 거짓을 꾸미다, 사칭하다.

영역

Duke Jing asked Yanzi: "How should a loyal minister serve his lord?" Yanzi replied: "A loyal minister will not die for his lord when his lord is in danger, and he will not send his lord away when his lord is about to flee the state." Duke Jing was not very pleased with Yanzi reply and said: "A lord confers land to his minister and thus enables the minister to become rich. He confers title to a minister and thus enables the minister to become noble. And if a minister is not willing to die for his lord, or send his lord away when his lord is about to flee the state, how can this be justified?" Yanzi replied: "Had the lord listened to the loyal ministers advice, the lord would never be exposed to any danger in his life. Therefore, no situation would arise where a loyal minister had to sacrifice his life for his lord. Likewise, a lord who had accepted strategies proposed by the loyal minister would never need to flee the state. So no situation could arise where the minister would have to send the lord on his way to exile. If advice was dismissed and consequently the loyal minister had to accompany his lord to face death, would this not be absurd? And if his lord did not accept good strategies proposed by the loyal minister and consequently the minister had to send the lord on his way to exile, is this not hypocritical? Thus, a loyal minister should be able to provide counsel that can be accepted by his lord and thereby can save both himself and the lord from tragedy."

Scroll 33: Yan Zi

제11장

거현(擧賢)

훌륭한 관리자를 임용하라

Nominating the Right Administrators

공자께서 말씀하셨다.

"자네 생각에, 열심히 일하는 자가 현명한가? 아니면 현명한 인재를 천거하는 자가 현명한가?"

자공(子貢)이 대답했다. "현명한 인재를 천거하는 자가 현명합니다." 공자께서 말씀하셨다. "옳은 말이다."

원문

子曰: "……汝聞用力①爲賢乎? 進賢②爲賢乎?" 子貢曰: "進賢賢哉."
자 왈   여 문 용 력 위 현 호   진 현 위 현 호   자 공 왈   진 현 현 재

子曰: "然." (제10권 『공자가어(孔子家語)』)
자 왈   연

주석

① 용력(用力): 힘쓰다, 정력을 들이다.
② 진현(進賢): 어지고 재능 있는 자를 천거하다.

영역

Confucius asked his student, Zigong: "...Who do you think is wiser—the one working hard for himself, or the one nominating worthy officials to the government?" To this Zigong answered: "The one nominating worthy officials to the government is wiser.55 Confucius said: "You are right."

Scroll 10: Kong Zi Jia Yu

069 원수도 배척하지 말라

충신은 현명하고 재능 있는 자를 천거할 때 자신의 원수조차도 배제하지 않고, 잘못한 자를 해임할 때 자기와 가까운 자도 예외로 삼지 않는다.

忠臣之擧賢也, 不避仇讎①, 其廢不肖②也, 不阿③親近. (제40권 『한자
충 신 지 거 현 야   불 피 구 수   기 폐 불 초   야   불 아   친 근
(韓子)』)

① 구수(仇讎): 원수, 앙숙, 숙적. 수(讎)는 원수를 말한다.
② 불초(不肖): 쓸모없는 사람 혹은 행실이 그른 사람.
③ 아(阿): 사리사욕에 눈이 멀어 불법행위를 하다, 두둔하다.

A loyal official will nominate a competent person for an important post even if that person is his foe. He will also dismiss an unscrupulous character from a task even if that person is his close relative.

Scroll 40: Han Zi

제3부

귀덕(貴德)

덕을 귀하게 여겨라

ESTEEMING TUES

제12장

상도(尙道)

도를 섬겨라

Be Respectful of the Dao

070 잠시라도 멀리 할 수 없는 도(道)

하늘로부터 부여받아 간직하고 있는 깨끗하고 선한 마음을 성(性)이라고 하고, 성(性)에 따라 성현을 그대로 본받는 것을 도(道)라고 하며, 도를 닦아 자연스레 남을 감화시키는 것을 교(敎)라고 한다. 그러므로 도(道)는 잠시라도 멀리할 수 없는 것이며, 멀리할 수 있다면 그것은 도(道)가 아니다.

원문

天命之謂性, 率性之謂道, 脩道之謂敎. 道也者不可須臾[①]離也, 可
천 명 지 위 성   솔 성 지 위 도   수 도 지 위 교   도 야 자 불 가 수 유   리 야   가

離非道也. (제7권 『예기(禮記)』)
리 비 도 야

주석

[①] 수유(須臾): 잠깐, 짧은 시간.

영역

The original good self-nature of humans is called Xing. The right way of behavior following one's nature is called Dao, The teaching and nurturing of human behavior in accordance with these norms is called Jiao. Therefore, Dao is indispensable to all human beings. That which is dispensable is not Dao.

Scroll 7: *Li Ji*

071 우주의 운행 원리

우주의 운행에 있어서 조화롭고 자연적인 관계를 유지해야만 만물이 화목하고 바르게 된다.[1] 세상 만물이 싹을 틔워 올라오고 온 천하가 안녕을 얻을 수 있다.[2]

[1] 조화롭지 못하면 강포하게 된다.
[2] 천하가 평안해 질 수 있는 것은 각기 그 나라를 잘 이끌 훌륭한 임금이 있기 때문이다.

원문

保合大和, 乃利貞①. 不和而剛暴也. 首出庶物②, 萬國咸寧. 萬國所以寧,
보 합 대 화   내 이 정   불 화 이 강 폭 아   수 출 서 물   만 국 함 녕   만 국 소 이 녕

各以有君也. (제1권 『주역(周易)』)
각 이 유 군 야

주석

① 이정(利貞): 화목하고 바르다.
② 서물(庶物): 모든 사물, 만물.

영역

Heaven in its motions preserves great harmony in union, enabling all creations to be peaceful and beneficial, and perpetually correct and firm. Heaven creates all things on the earth, and made every place under it serene and tranquil. Respected leaders in the myriad states follow the virtuous attributes of heaven so they shall run their respective states in stable peace.

Scroll 1: *Zhou Yi*

072 자연을 본받는 도(道)

사람은 땅을 본받고[1], 땅은 하늘을 본받으며[2], 하늘은 도(道)를 본받고[3], 도(道)는 자연(自然)을 본받는다.[4]

[1] 사람은 모름지기 조용하고 온유하며, 아무런 사심과 원망도 없이, 만물을 양육하고도 공로를 자처하지 않는 땅의 덕을 본받아야 한다.
[2] 많은 것을 베풀고도 보답을 바라지 않으며, 만물을 생장하게 하면서도 아무런 이익도 취하지 않는다.
[3] 조용하게 말없이 만물이 스스로 성장하게 해야 한다.
[4] 도의 속성(道性)은 자연스런 것이니 더 본받을 것이 없다.

원문

人法①地, 人當法地, 安靜和柔也, 勞而不怨, 有功而不宣. 地法天, 施而不求
報, 生長萬物, 無所收取. 天法道, 清靜不言, 萬物自成. 道法自然. 道性自然,
無所法也. (제34권 『노자(老子)』)

주석

① 법(法): 본받다, 모방하다.

영역

Man takes his law from the earth, which is serene and gentle, hardworking and uncomplicated, meritorious without showing off. The earth takes its law from the heaven, giving without expecting rewards, allowing all things to grow without expecting returns. Heaven takes its law from the Dao, tranquil and quiet, allowing all things to form naturally, as they should be. The law of Dao follows its nature; the Dao is being what it is.

Scroll 34: *Lao Zi*

073 하늘의 이치

성인은 사심이 없기에 재물을 쌓아두지 않고[1], 이미 가지고 있는 것조차 다 내놓는다. 그러하기에 더욱 많이 가지게 된다.[2] 그러므로 하늘의 이치(天道)는 이로움을 줄 뿐 남을 해치지 않으며[3], 성인의 도(道)는 자연스레 행하며 서로 쟁탈하지 않는다.[4]

[1] 성인은 덕을 쌓아 두지 재물을 쌓아두지 않으며, 덕으로 우매한 것을 교화하며, 재물로 남을 구제한다.

[2] 이미 갖고 있는 것조차 남에게 베풀기에 재산은 더욱 늘어나는데, 이는 햇빛이나 달빛이 다 소진되어 메마를 때가 없는 것과 같은 이치이다.

[3] 하늘은 만물을 낳아 아끼고 키워서 자라나게 할 뿐 해를 입히지는 않는다.

[4] 성인이 하늘을 본받는 법, 베푼 것이 만물로 성장하고 성취를 이루지만, 아랫사람과 공명을 다투는 일은 없다 그래서 그 성스러운 공을 보전할 수 있는 법이다.

원문

聖人不積, 聖人積德不積財, 有德以教愚, 有財以與貧. 旣①以爲人, 己愈有. 旣以財賄布施與人, 財益多. 如日月之光, 無有盡②時. 天之道, 利而不害, 天生萬物, 愛育之令長大, 無所害也. 聖人之道, 爲而不爭. 聖人法天, 所施爲化成事就, 不與下爭功名, 故能全其聖功也. (제34권 『노자(老子)』)

주석

① 기(旣): 이미, 이전의 것.
② 진(盡): 모두, 다.

Sages have no selfish desires. They cultivate virtue instead of amassing wealth for themselves. With virtuous disposition, they teach the ignorant, and with the money they have, they give to the needy. They reserve nothing for themselves. It appears that the more they give to others, the more they receive in return. The law of nature is naturally beneficial and never does any harm to anything; the conduct of sages will benefit people naturally and does not struggle to control along the way.

Scroll 34: Lao Zi

074 배움을 즐기면 지혜와 가까워지고

배움을 즐기면 지혜(智)와 가까워지고, 가르친 대로 힘써 실천하면 인(仁)과 가까워지며, 부끄러움을 알아 뉘우치고 고친다면 용(勇)과 가까워질 수 있다.

지(智)와 인(仁)과 용(勇), 이 세 가지를 알면 자신의 몸을 어떻게 닦아야 할지를 알 수 있게 되고, 자신의 몸을 어떻게 닦아야 할지를 알 수 있으면 남을 어떻게 관리해야 할지를 알 수 있게 되고, 남을 어떻게 관리해야 할지를 알 수 있으면 온 천하를 다 잘 다스릴 수 있게 된다.

원문

好學近於智, 力行①近於仁, 知恥近於勇. 知斯②三者, 則知所以修身, 知所以修身, 則知所以治人, 知所以治人, 則能成天下國家矣. (제10권 『공자가어(孔子家語)』)

주석

① 역행(力行): 힘쓰고 노력하여 실천하다.
② 사(斯): 이것, 여기.

영역

Confucius said: "The eagerness to learn from the sages is an indication of 'wisdom.' Putting lessons into practice is an indication of 'benevolence.' Discovering ones mistakes and generating the determination to correct them is an indication of 'courage.' A man who understands what constitutes wisdom, benevolence and courage will correct his erroneous views, speech and actions. Consequently, he will know how to lead the people, and when he does, he will be able to govern the country properly."

Scroll 10: *Kong Zi Jia Yu*

075 제왕이 지켜야 할 법보

정령을 공표하고 시행하여 천하 백성들의 복지를 도모하는 것을 도의라 하고, 군주와 백성이 한마음이 되어 서로 사랑하는 것을 화목하다고 한다. 백성이 요구하지 않았음에도 군왕이 그 마음을 헤아려 베푸는 것을 성신(誠信)이라고 하고, 천하 백성들의 화근을 제거하는 것을 인애(仁愛)라고 한다. 인애와 성신, 화목과 도의는 모두 제왕이 지켜야할 법보(法寶)이다.

원문

發政①施令②, 爲天下福者, 謂之道; 上下相親, 謂之和; 民不求而得
발 정　시 영　 위 천 하 복 자　 위 지 도　 상 하 상 친　 위 지 화　 민 불 구 이 득
所欲, 謂之信; 除天下之害, 謂之仁. 仁與信, 和與道, 帝王之器③也.
소 욕　 위 지 신　 제 천 하 지 해　 위 지 인　 인 여 신　 화 여 도　 제 왕 지 기　 야
(제31권 『육자(鬻子)』)

주석

① 발정(發政): 정령(政令)을 발포하다, 정치적 조치를 시행하다.
② 시령(施令): 정령(政令)을 시행하다, 교령(敎令)을 시행하다.
③ 기(器): 보배스런 기물(寶器).

영역

When a ruler declares and carries out laws in order to pursue welfare for the people, this is called "righteousness." When a ruler and his people respect and love each other, this is called "harmony." When a ruler can meet the peoples needs before the people have to plead for their attention, this is called "trustworthiness." When a ruler can eliminate troubles for his people, this is called "benevolence." Benevolence and trustworthiness, harmony and righteousness are the valuable implements of a ruler.

Scroll 31: Yu Zi

076 천자가 갖추어야 할 여섯 가지 조건

문왕이 태공에게 물었다. "어떻게 해야 천하를 잘 다스릴 수 있습니까?"

태공이 대답했다. "천하를 포용할 수 있는 도량을 갖추어야만 천하를 포용할 수 있고, 천하가 성실함으로 가득차야만 천하를 통괄할 수 있습니다. 또 천하가 인덕(仁德)으로 충만 되어야만 천하를 품을 수 있고, 천하가 은혜로 가득차야만 천하를 통솔할 수 있습니다. 그리고 권위가 온 천하에 퍼져야만 천하를 잃지 않게 되며, 일을 처리할 때는 제때에 결단을 내리고 망설이지 말아야만 천하가 의존하게 됩니다. 이 여섯 가지 조건이 구비되어야만 천하를 잘 다스릴 수 있습니다."

원문

文王①曰: "何如而可以爲天下?" 太公對曰: "大蓋天下, 然後能容天下, 信蓋天下, 然後可約天下, 仁蓋天下, 然後可以求天下, 恩蓋天下, 然後王天下, 權蓋天下, 然後可以不失天下, 事而不疑②, 然後天下恃③. 此六者備, 然後可以爲天下政." (제31권 『육도(六韜)』)

주석

① 왕(王): 통치자, 왕.
② 의(疑): 망설이다, 머뭇거리다.
③ 시(恃): 의지하다, ……에 힘입어.

King Wen asked Tai Gong: "What should one do so that he can govern all under heaven(*tian-xia*)?" Tai Gong said: "When your magnanimity encompasses *tian-xia*, you will be able to accommodate it. When your trustworthiness encompasses *tian-xia*, you will be able to make covenants with it. When your benevolence encompasses *tian- xia*, you will be able to embrace it. When your generosity and kindness encompasses *tian-xia*, you will be able to command it. When your authority encompasses *tian-xia*, you will not lose it to others. Take decisive actions and your subjects will be able to depend upon your decisiveness. If a ruler has all the six elements, he can then govern all under heaven."

Scroll 31: *Liu Tao*

077 군자가 해야 할 일

군자는 늙어 힘이 약해질까를 걱정하는 것이 아니라 큰 뜻을 이루지 못할까를 걱정한다. 도업(道業)이 황폐해져 멈추지 않도록 해야 하고, 의리가 방치되지 않도록 해야 한다. 말로만 하고 실천에 옮기지 않으면 도업(道業)이 황폐해지고, 제때에 행동하지 않으면 의리는 방치되고 만다.

원문

故君子不恤①年之將衰, 而憂志之有倦. 不寢②道焉, 不宿③義焉. 言
고 군 자 불 휼   년 지 장 쇠   이 우 지 지 유 권   불 침   도 언   불 숙   의 언   언

而不行, 斯寢道矣, 行而不時④, 斯宿義矣. (제46권『중론(中論)』)
이 불 행   사 침 도 의   행 이 불 시   사 숙 의 의

주석

① 휼(恤): 우려하다, 우환.
② 침(寢): 멈추다, 방치하다.
③ 숙(宿): 지연되다, 머물다.
④ 불시(不時): 제때에 하지 않다.

영역

Therefore, a *superior person* will not worry about becoming old and frail. Instead, he worries about his mind becoming weary and dull. He will neither let virtuous causes lie dormant nor let righteous causes lie still. For a man of words and not of actions will let virtuous causes lie dormant; a man of actions who cannot persevere to the end will let righteous causes lie still. Thus, a *superior person* must persevere in putting his words into action.

Scroll 46: *Zhong Lun*

078 자강불식, 천도의 원리

「건괘」. "상전(象傳)"에서 말했다.

"천도(天道)의 운행이 굳건하고 영원하니, 군자는 이를 본받아 끊임없이 스스로를 굳세게 해야 하느니라."

원문

乾……『象』曰: 天行①健②, 君子以自强不息. (제1권 『주역(周易)』)
건   상 왈 천 행 건 군 자 이 자 강 불 식

주석

① 천행(天行): 천체의 운행.
② 건(健): 강하다.

영역

The book of *Xiang Zhuan* said: "The oracle Qian symbolizes the strength and eternity of heaven in its motion. A *superior person* should learn from the attributes of heaven, to be self-reliant and vow to work hard, never giving up."

Scroll 1: *Zhou Yi*

079 후덕재물, 땅의 원리

「곤괘」. "상전(象傳)"에서 말했다.

"땅의 기세가 만물을 길러내니, 군자는 이를 본받아 두터운 은덕으로 만물을 품어야 하느니라."

원문

坤. 『象』曰: 地勢坤. 君子以厚德載物. (제1권 『주역(周易)』)
곤   상 왈 지 세 곤   군 자 이 후 덕 재 물

영역

The book of *Xiang Zhuan* said: "The oracle Kun symbolizes the gentle terrain of the earth. The *superior person* should learn from the earth, carry and support all things in the world with his great virtue."

Scroll 1: Zhou Yi

080 군자의 조건

선한 일을 하지 않는 자가 바로 악인이며, 웃어른을 섬기지 않는 자가 바로 소인이다.[1] 상(商)나라 주왕(紂王)은 포악무도하여 독부(獨夫)로 불리지만, 공자는 제후의 대부(大夫)로서 소왕(素王)으로 불린다. 이로써 알 수 있는바, 권세와 재부가 있어야만 군자가 될 수 있는 것은 아니다.

[1] 옛날 판본에서는 '무인(無人)'부터 '즉위(則爲)'까지 7글자가 없었는데, 보충해 넣었다.

원문

不修善事, 卽爲惡人, 無事於大, 則爲(舊無人無至則爲七字, 補之.)小人.
紂爲無道, 見①稱獨夫②, 仲尼陪臣, 謂爲素王③. 卽君子不在乎富貴矣. (제50권 『포박자(抱朴子)』)

주석

① 견(見): 동사 앞에 쓰여 피동의 뜻을 나타내는데, ······에게······를 당하다, 받다의 뜻으로 쓰인다.
② 독부(獨夫): 포악무도한 군주.
③ 소왕(素王): 군주로서의 덕을 갖추고는 있으나 군주의 자리에 앉아있지 않는 자.

영역

One who does not cultivate good deeds is a malicious man. One who does not assist his elders is a petty person. King Zhou was known as a despot because he was cruel and oppressive. But Confucius, a man who served only as a counsel to many feudal lords, was reckoned as a "commoner king"—a man with kingly virtues but not with kingly rank. This demonstrates clearly that noble status and wealth is not the measure of a *superior person*.

Scroll 50: *Bao Pu Zi*

제13장

효제(孝悌)

효도와 우애

Filial Piety and Kinship

081 효도와 우애

효도하는 마음과 형제간의 우애심이 지극하면 천지신명도 감화시킬 수 있으며, 온 천하를 도덕의 빛으로 넘치게 할 수도 있으며, 온 세상사람 모두를 감화시킬 수 있을 것이다.[1]

[1] 효도가 하늘에 이르면 바람과 비가 때에 맞추어 불고 내릴 것이요, 효도가 땅에 이르면 만물이 제대로 성장할 것이며, 효행이 사람에게 이르면 다른 나라에서 사신을 공물을 보내 올 것이다. 그래서 통하지 않는 것이 없게 된다.

원문

孝悌①之至, 通於神明, 光於四海, 無所不通. 孝至於天, 卽風雨時, 孝至
於地, 則萬物成, 孝至於人, 則重譯來貢, 故無所不通也. (제9권 『효경(孝經)』)

주석

① 효제(孝悌): 부모에게 효도하다, 우애심이 깊은 형제.

영역

If one were able to perfect his filial piety and attention to fraternal duties, he would move the gods and divinities in heaven and earth, and will reach to the spiritual intelligence. The light of his great virtue would illuminate the whole world and all would be touched by the virtues of filial piety.

Scroll 9: *Xiao Jing*

082 효도하는 마음

"**마음**속이 슬픔으로 가득하니 개사철 쑥도 미나리로 보이는구나.[1] 가엾은 나의 부모님, 자식 키우신 노고로 초췌해진 그 모습이여.[2] 부모님이 계시지 않으면 이제 누구에게 의지해야 합니까? 슬픈 마음으로 온종일 밖으로 돌다가 돌아오니 텅 빈 집안에 부모님이 계시지 않네.[3] 아버님 저를 낳아주시고, 어머님 저를 키워주시고, 사랑해주시고 교육하여주시고, 염려하여주시고 뜨거운 가슴으로 껴안아주셨습니다.[4] 온갖 고생 참고 견디며 키워주신 부모님의 깊은 은혜, 보답하려 하니 더는 기회가 없어졌습니다. 무심한 하늘이시여, 뼈에 사무치는 그리움과 추억만이 마음을 파고듭니다.[5]"

[1] 흥(興)이다. 료료(蓼蓼)는 길고 크게 자란 모습을 말한다. 개사철 쑥(莪)이 길고 크게 자라 오히려 미나리(蒿)처럼 보인다는 말이다. 흥(興)이라고 한 것은 근심스런 마음 때문에 일을 정확하게 보지 못함을 '비유'했기 때문이다.

[2] 애애(哀哀)는 끝까지 부모를 봉양하지 못해 자신을 이렇게 키워주신 공에 보답하지 못하는 고충을 한스러워 함을 말한다.

[3] 휼(恤)은 걱정하다(憂)는 뜻이다. 효자의 마음이란 여태껏 부모에게 의지해 왔기에 잠시라도 안 계시는 것이 안타깝고 아쉬울 뿐이다. 집을 나서도 걱정이고, 집으로 들어와도 안 계시니 집으로 들어왔지만 들어온 것 같지 않다는 말이다.

[4] 국(鞠)은 기르다(養)는 뜻이며, 고(顧)는 둘러보다는 뜻이며, 부(復)는 반복하다는 뜻이며, 복(腹)은 가슴에 품다는 뜻이다.

[5] 지(之)는 시(是)와 같은 뜻이며, 부모의 이러한 덕에 보답하고자 하나 이미 계시지 않아, 끝없는 하늘처럼 나의 마음만 한없이 떠다닌다는 말이다.

蓼蓼者莪, 匪①莪伊蒿. 興也. 蓼蓼, 長大貌也. 莪已蓼蓼長大, 莪視之反謂之
요 료 자 아　비　 아 이 호　흥야　요료　장 대 모 야　 아 이 요 료 장 대　아 시 지 반 위 지

蒿, 興者, 喩憂思心不精識其事也. 哀哀父母, 生我劬勞②. 哀哀者, 恨不得終
호　흥 자　유 우 사 심 부 정 식 기 사 야　애 애 부 모　생 아 구 로　애 애 자　한 부 득 종

養父母, 報其生長己之苦也. 無父何怙③? 無母何恃? 出則啣恤④, 入則
양 부 모　보 기 생 장 기 지 고 야　무 부 하 호　무 모 하 시　출 즉 함 휼　입 즉

靡⑤至. 恤, 憂也, 孝子之心, 怙恃父母, 依依然以爲不可斯須無也, 出門則思之
미　지　휼　우 야　효 자 지 심　호 시 부 모　의 의 연 이 위 불 가 사 수 무 야　출 문 즉 사 지

憂, 旋入門又不見, 如入無所至也. 父兮生我, 母兮鞠我, 拊我畜我, 長我
우　선 입 문 우 불 견　여 입 무 소 지 야　부 혜 생 아　모 혜 국 아　부 아 축 아　장 아

育我, 顧我復我, 出入腹我. 鞠, 養也. 顧, 旋視也. 復, 反覆也. 腹, 懷抱.
육 아　고 아 부 아　출 입 복 아　국　양 야　고　선 시 야　복　반 복 야　복　회 포

欲報之德, 昊天罔極. 之猶是也, 我欲報父母是德, 昊天乎我心無極也. (제3
욕 보 지 덕　호 천 망 극　지 유 시 야　아 욕 보 부 모 시 덕　호 천 호 아 심 무 극 야

권『모시(毛詩)』)

① 비(匪): 비(非). ……이 아니다.
② 구로(劬勞): 지치다, 고생스럽다.
③ 호(怙): 의지하다, 기대다.
④ 함휼(啣恤): 슬픔을 머금다, 고뇌에 잠기다.
⑤ 미(靡): ……이 아니다. 없다.

Long and large grows the *e*; it is not the *e* but the *hao*. I am saddened by the loss of my parents, who gave me birth and brought me up at great personal cost. Fatherless, who is there to rely on? Motherless, who is there to depend on? When I go abroad, I carry my grief with me. When I came home, I have no one to go to. Oh my father, who begat me! Oh my mother, who nurtured me! You raised me, you loved me; you brought me up, and you taught me. You cared for me and you worried for me; everywhere you went you held me in your arms. If I would return your kindness, it is like great heaven, illimitable.

Scroll 3: Mao Shi

083 효도의 세 단계

효를 실행하는 데는 세 단계가 있다. 첫 단계는 부모님을 위해 육체적으로 일을 하는 것이고[1], 두 번째 단계는 칭찬받을 행동을 하는 것이고 세 번째이자 가장 큰 효도의 단계는 부족함이 없게 하는 것이다.

첫 단계는 나를 키워주신 부모님의 사랑과 희생을 생각하며, 부모를 봉양하기 위해 힘든 일을 하는 피곤을 잊을 수 있다는 뜻이며, 두 번째 단계는 도의를 존중하고 정의롭게 행동함으로써 칭찬받을 행동을 하는 것이다. 그리고 세 번째이자 가장 큰 효도는 덕을 널리 보급하고, 이익을 나누며 필요한 모든 것을 제공하여, 모든 사람이 자신의 부모와 조상을 봉양할 수 있게 하는 것이다.[2]

부모님이 사랑을 주면 자녀들은 즐거운 마음으로 그 사랑을 영원히 마음속에 간직해야 하고, 부모님들이 불쾌하게 생각하면 자녀들은 자신의 잘못을 반성하고 원망하지 말아야 한다.[3]

부모님이 과오를 범하면 자녀들은 완곡한 말로 간언하되 반항하지 않아야 하고[4], 부모님이 돌아가신 후에는 정당한 수단으로 번 돈으로 장만한 음식물로 제사를 올려야 한다. 이것이 효도의 완성이다.[5]

[1] 노(勞)는 공(功)을 들이다는 뜻이다.
[2] 자애로움을 생각하며 힘든 것을 잊는다는 것은 부모님께서 자신을 사랑해준 정을 생각하며 힘들고 어려운 것을 잊는다는 말이다.
[3] 원망하지 않아야 한다는 말은 부모님의 마음에 원망을 두지 않는다는 말이다.
[4] 뜻을 거스르지 않게 간언을 해야 한다는 말이다.
[5] 설사 빈한하다 하더라도 나쁜 사람의 물건을 갖고서 자신의 부모를 모시지 말라는 말이다. 기(己)는 원래 망(亡)으로 되었다.

孝有三: 小孝用力, 中孝用勞①, 大孝不匱②. 勞, 猶功. 思慈愛忘勞,
효유삼 소효용력 중효용로 대효불궤 노 유공 사자애망로

可謂用力矣; 尊仁安義, 可謂用勞矣; 博施備物, 可謂不匱矣. 思慈愛
가위용력의 존인안의 가위용로의 박시비물 가위불궤의 사자애

忘勞, 思父母之慈愛己, 而自忘己之勞苦. 父母愛之, 喜而弗忘, 父母惡之,
망로 사부모지자애기 이자망기지노고 부모애지 희이불망 부모오지

懼而無怨, 無怨, 無怨於父母之心也. 父母有過, 諫而不逆, 順而諫之. 父
구이무원 무원 무원어부모지심야 부모유과 간이불역 순이간지 부

母既③沒④, 必求仁者之粟以祀之. 此之謂禮終. 喩貧困猶不取惡人之物
모기 몰 필구인자지속이사지 차지위예종 유빈곤유불취악인지물

以事己(己作亡)親. (제7권『예기(禮記)』)
이사기 기작망 친

① 노(勞): 공로, 공적.
② 불궤(不匱): 끊임없다, 부족하지 않다.
③ 기(既): 이미.
④ 몰(沒): 몰(歿). 죽다.

There are three levels of filial piety in action: A minor filial piety that takes the form of physical labor; an intermediate filial piety that applies meritorious deeds; a greater filial piety that holds back nothing. When I remember the love my parents gave me and the sacrifices they had to make in bringing me up, I am able to forget my own physical fatigue when I make ends meet to serve them. Such is the minor filial piety that takes the form of physical labor. When I revere benevolent virtues and enable society to abide contentedly in righteousness, such is the intermediate filial piety that applies meritorious deeds. Propagating moral and ethical teachings across the lands, dispensing benefits, and providing for all things necessary to enable every person to support their parents and prepare adequate offerings to their ancestors, such is the greater filial piety that holds back nothing. If my parents love me I will rejoice and never forget their kindness. If they dislike me I will be even more vigilant against any wrong doings that I may commit and bear no resentment against my parents. If they commit a mistake I will persuade them to change but I will not rebel against them. When my parents pass away, I will pay my respects to them with food I obtained with legitimate means. Such is the complete fulfillment of propriety.

Scroll 7: Li Ji

084 우리 몸은 모두 부모에게서 받은 것이다

신체발부 즉 우리의 몸, 사지, 모발, 피부는 모두 부모님에게서 받은 것이기에 그 무엇보다도 소중히 여겨 아끼고 다치지 않게 해야 한다. 이것이 바로 효를 행하는 첫걸음이다.

공적을 쌓고 정도(正道)를 실행하여 후세에 이름을 떨쳐 부모님에게 영광을 안겨드리는 것, 이것이 바로 효를 행하는 마지막 단계이다. 그러므로 효도는 부모님을 잘 모시는 것에서부터 시작하며, 군주를 잘 섬기는 과정을 거치고, 몸을 닦아 이름을 날리는 것에서 끝난다.

원문

身體髮膚, 受之父母, 不敢毀傷, 孝之始也. 立身行道①, 揚名於後世, 以顯父母, 孝之終也. 夫孝, 始於事親, 中於事君, 終於立身②.

(제9권 『효경(孝經)』)

주석

① 입신행도(立身行道): 자신을 수양하고 도의를 행하다.
② 입신(立身): 처세를 위한 토대를 마련하다.

영역

Our bodies, to every hair and every bit of skin, are given to us by our parents, and we must not presume to injure or wound them. This is the beginning of filial piety. When we have established a virtuous character by the practice of the filial course, so as to make our name revered in future ages and thereby glorify our parents, this is the ultimate goal of filial piety. It commences with the service of parents; it proceeds to the service of the ruler; it ends with the establishment of a virtuous character.

Scroll 9: Xiao Jing

085 다섯 가지 효도

공자께서 말씀하셨다.

"효자라면 부모님을 모실 때 이렇게 해야 한다. 함께 살림을 꾸릴 때는 공경하는 마음을 다 해야 하고, 봉양할 때는 즐거운 마음을 다 해야 한다. 또 병에 걸리면 우려하는 마음으로 정성껏 돌보아 드려야 하고, 돌아가시면 비통한 마음으로 후사를 처리해야 하며, 제사를 올릴 때는 근엄한 마음으로 해야 한다. 이 다섯 가지를 제대로 행해야만 부모님에 대한 의무를 다했다고 할 수 있다."

원문

子曰: "孝子之事親, 居則致①其敬, 養則致其樂, 樂竭歡心以事其親.
病則致其憂, 喪則致其哀, 祭則致其嚴②. 五者備矣, 然後能事親."
(제9권 『효경(孝經)』)

주석

① 치(致): 다하다.
② 엄(嚴): 존경하다, 존중하다.

영역

Confucius said: "When filial children serve their parents at home they will do so with utmost respects. When they tend to the needs of their parents they will do so with utmost gladness. When they take care of their parents who are ill they will do so with utmost concern. When their parents pass away they will take care of the funeral services with the greatest grief, and in offering memorials to their parents they will show utmost solemnity. It can be said that children have truly fulfilled their duties to their parents when these five things are complete."

Scroll 9: Xiao Jing

086 다섯 가지 불효

증자가 말했다.

"몸이라는 것은 부모님이 남겨주신 귀한 것이다. 부모님이 주신 귀한 몸으로 움직이는데 어찌 신중하지 않을 수 있겠는가? 일상생활에 장중하지 못하면 그것이 불효요, 군주에게 충성을 다하지 않으면 그것도 불효이며, 관직에 있으면서 직책을 다하지 않으면 그것도 불효요, 친구와 교제함에 있어서 신용을 지키지 않으면 그것도 불효이며, 싸울 때 용감한 정신으로 싸우지 않으면 그것도 불효이다. 이 다섯 가지를 제대로 행하지 않으면 부모님의 명예에까지 손상을 주게 되는 법, 어찌 신중하지 않을 수 있겠는가?"[1]

[1] 수(遂)는 이루다(成)는 뜻이다.

원문

曾子曰: "身也者, 父母之遺體①也. 行父母之遺體, 敢不敬乎? 居處
증 자 왈   신 야 자   부 모 지 유 체 야   행 부 모 지 유 체   감 불 경 호   거 처
不莊, 非孝也, 事君不忠, 非孝也, 涖官②不敬, 非孝也, 朋友不信,
불 장   비 효 야   사 군 불 충   비 효 야   이 관   불 경   비 효 야   붕 우 불 신
非孝也, 戰陳③無勇, 非孝也. 五者不遂⑤, 災及於親, 敢不敬乎?" 遂,
비 효 야   전 진 무 용   비 효 야   오 자 불 수   재 급 어 친   감 불 경 호   수
猶成也. (제7권 『예기(禮記)』)
유 성 야

주석

① 유체(遺體): 사람의 몸은 모두 부모님이 주신 골육이라 하여 유체(遺體)라고 한다.
② 이관(涖官): 취임하다, 관직에 임하다.
③ 전진(戰陳): 진영을 치고 싸우다.
④ 진(陳): 진(陣). 진을 치다.
⑤ 수(遂): 완성하다.

Zengzi said: "Our bodies came from our parents. How can any person not be prudent in using this body to conduct his affairs? Leading a frivolous lifestyle is unfilial. Serving one's superior disloyally is unfilial. Working as government officials but not being serious and responsible is unfilial. Not being trustworthy toward friends is unfilial, and being cowardly when at war is unfilial. Failure to fulfill these five filial duties will be detrimental to our parents' reputation. How can we not be prudent in using this body to conduct our affairs?"

Scroll 7: *Li Ji*

높은 지위에 있어도 교만하지 않으면 아무리 지위가 높아도 위태롭지 않을 것이며[1], 아무리 많은 재부를 소유하더라도 검소하게 살고 법과 규칙을 잘 지킨다면 넘치지 않게 된다.[2] 높은 지위에 있는데도 위태롭지 않기 때문에 존귀한 지위를 계속 유지할 수 있고, 많은 재부를 소유하고 있는데도 넘치지 않기 때문에 재부를 계속 유지할 수 있다.[3] 재부와 존귀함을 몸에서 떨어지지 않게 한 다음이라야[4] 비로소 나라를 잘 보존할 수 있으며[5], 백성들과도 화목하게 지낼 수 있을 것이다.[6]

이것이 바로 제후들이 백성들에게 바치는 효도이다. 『시경』에서 말했다. "두려워하듯 조심하기를, 깊은 못에 가까이 가듯 하고, 엷은 얼음판 밟고 가듯 해야 하네."[7][8]

[1] 제후가 백성들의 위에 있기 때문에 '위에 있다'고 표현한 것이고, 위에 있는 사람을 공경하고 아래에 있는 사람을 사랑하며 보살피는 것 이것을 두고 '교만하지 않다'고 한다. 이렇게 되면 높은 자리에 앉아 있다 해도 위태롭지가 않다.

[2] 비용을 절약하고 검소하게 하는 것을 두고 '절제하고 절약한다'라고 한다. 천자의 법도를 받들어 행하는 것을 두고 '대도를 근엄하게 한다'라고 한다. 이렇게 하기 때문에 법을 지키면서도 교만하고 안일하지 않게 된다.

[3] 한 나라 전체에 해당하는 재부를 소유했다 하더라도 사치하지 않기 때문에 그 부를 길이길이 지킬 수 있다.

[4] 사치하지 없을 수가 없고 귀한 자리에 있으면서도 교만하지 않을 수 있기에 자신의 몸에서 떨어지지 않는다고 표현했다.

[5] 윗사람이 부귀를 길이길이 지킬 수 있어야만 사직도 평안하게 유지할 수 있는 법이다.

[6] 세금을 가볍게 해주고 부역을 줄여주어야만 백성들이 평화롭고 화합할 수 있다.

[7] 전전(戰戰)은 두려워 떠는 모양이고, 긍긍(兢兢)은 삼가 경계하는 모양이다. 깊은 연못가에 이르러 빠질까 경계하고 조심하며, 얇은 얼음을 밟으면서 빠질까 조심하는 듯 하는 것을 말한다.

[8] 다시 말해서, 모든 일에서 신중하고 조심하고 경계해야 한다는 것이다.

在上不驕, 高而不危, 諸侯在民上, 故言在上, 敬上愛下, 謂之不驕, 故居高
位而不危殆也. 制節謹度, 滿而不溢. 費用約儉, 謂之制節. 奉行天子法度,
謂之謹度. 故能守法而不驕逸也. 高而不危, 所以長①守貴也, 居高位能不
驕, 所以長守貴也. 滿而不溢, 所以長守富也. 雖有一國之財而不奢泰, 故能
長守富. 富貴不離其身, 不能不奢, 貴能不驕, 故云不離其身. 然後能保其
社稷, 上能長守富貴, 然後乃能安其社稷. 而和其民人. 薄賦斂, 省徭役, 是以
民人和也. 蓋諸侯之孝也. 『詩』云: "戰戰兢兢, 如臨深淵, 如履薄氷."
戰戰, 恐懼. 兢兢, 戒愼. 如臨深淵, 恐墮. 如履薄氷, 恐陷. (제9권 『효경(孝經)』)

① 장(長): 장구하다, 영원하다.

Above others, and yet free from conceit, even when they live in high-status position, they will not invite perils to themselves. They live with economy and carefully observe the rules and laws, thus even when they are wealthy, they will not spend wastefully. To live in a high- status position without peril is the way to preserve lasting nobility. To possess wealth without wastefulness is the way to preserve lasting riches. When their riches and nobility do not leave their persons, they are able to preserve their land and bring harmony to their people. This is the filial piety of the lords. It is said in the book of *Shi-Jing: Xiao Ya(Book of Odes):* "Be apprehensive, be cautious, as if on the brink of a deep abyss, as if treading on thin ice."

Scroll 9: *Xiao Jing*

옛 성인과 선왕들의 예법에 맞지 않는 옷은 감히 입지도 않고, 옛 성인과 선왕들의 예법에 맞지 않는 언론은 감히 내비치지도 않는다. 『시경』이나 『서경』에 합치되지 않는 말은 감히 입에 올리지도 않으며, 옛 성인과 선왕들의 예법에 맞지 않는 도덕행위는 감히 하지도 않는다. 그러므로 예법에 맞지 않는 말은 하지도 말고[1], 도덕에 맞지 않는 행위는 하지도 말아야 한다.[2]

그렇게 하면 말을 할 때도 애써 선택하지 않지만 모든 도리에 맞고, 행동을 할 때도 애써 선택하지 않지만 모든 법도에 맞으며, 내뱉은 말이 온 천하에 퍼지더라도 잘못된 말이 없고, 모든 행위가 온 천하에 알려지더라도 원망과 혐오를 초래하지 않게 된다. 복장, 언어, 행위 이 세 가지가 모두 예법과 도덕에 맞고 완벽해야만 조상의 종묘를 지킬 수 있다.[3] 이것이 바로 경대부(卿大夫)의 효도이다.

『시경』에서 이렇게 말했다. "아침 일찍부터 늦게까지 쉬지 않고 임금님 한 사람만 섬기네."[4]

[1] 『시경』과 『서경』에 있는 말이 아니면 하지도 않는다.
[2] 『예경』과 『악경』에 있는 말이 아니면 하지도 않는다.
[3] 선왕의 복제를 따르고 선왕의 도를 말하고 선왕의 덕을 행하면 모든 것이 갖추어지게 된다.
[4] 숙(夙)은 아침 일찍(早)이라는 뜻이고, 야(夜)는 밤(暮)이라는 뜻이며, 일인(一人)은 천자를 말한다. 경대부는 아침 일찍 일어나고 저녁 늦게 잠자리에 들면서 천자를 모셔야 하고 그럼에 나태함이 없어야 한다.

원문

非先王之法服①不敢服, 非先王之法言②不敢道, 不合詩書不敢道.
비 선 왕 지 법 복 불 감 복　비 선 왕 지 법 언 불 감 도　불 합 시 서 불 감 도

非先王之德行不敢行. 不合禮樂, 則不敢行. 是故非法不言, 非詩書,
비 선 왕 지 덕 행 불 감 행　불 합 예 악 즉 불 감 행　시 고 비 법 불 언　비 시 서

則不言. 非道不行. 非禮樂, 則不行. 口無擇言③, 身無擇行④, 言滿天下
즉 불 언　비 도 불 행　비 예 악 즉 불 행　구 무 택 언　신 무 택 행　언 만 천 하

無口過, 行滿天下無怨惡. 三者備矣, 然後能守其宗廟. 法先王服, 言
무 구 과 행 만 천 하 무 원 악 삼 자 비 의 연 후 능 수 기 종 묘 법 선 왕 복 언

先王道, 行先王德, 則爲備矣. 蓋卿大夫之孝也.『詩』云: "夙夜匪⑤懈, 以
선 왕 도 행 선 왕 덕 즉 위 비 의 개 경 대 부 지 효 야 시 운 숙 야 비 해 이

事一人." 夙, 早也. 夜, 暮也. 一人, 天子也. 卿大夫當早起夜臥, 以事天子, 勿
사 일 인 숙 조 야 야 모 야 인 인 천 자 야 경 대 부 당 조 기 야 와 이 사 천 자 물

懈惰. (제9권『효경(孝經)』)
해 타

주석

① 법복(法服): 고대의 예법에 근거하여 규정한 부동한 등급의 복장. 복(服)은 옷차
림을 말한다.
② 법언(法言): 예법에 부합되는 언론.
③ 구무택언(口無擇言): 하는 말이 모두 도리에 맞아 선택의 여지가 없다.
④ 신무택행(身無擇行): 하는 일이 모두 법도에 부합되고 자연적인 습관으로 형성되
어 애써 선택할 필요가 없다.
⑤ 비(匪): 비(非). ……이 아니다.

영역

Senior ministers do not presume to wear robes other than those appointed by
the laws of the ancient kings, or to speak words other than those sanctioned by
the ancient kings, or to exhibit conduct other than that exemplified by the
ancient kings. Thus none of their words are contrary to those sanctions and
none of their actions are contrary to the virtuous way. From their mouths there
comes no exceptionable speech, and in their conduct there are no exceptionable
actions. Their words may spread all over the world and no error of speech will
be found in them. Their actions may spread all over the world, and no
grievances or dislikes will be awakened by them. When these three
things—their robes, their words, and their conduct—are all complete as they
should be, they can then preserve their ancestral shrines. This is the filial piety
of the high ministers and great officers. It is said in the book of *Shi Jing*. "He
is never idle, day or night, in the service of the Son of Heaven."

Scroll 9: *Xiao Jing*

089 선비의 효도

부모를 섬기는 효심으로 군주를 섬기면 필히 충성을 다할 수 있을 것이고[1], 형을 섬기는 효심으로 윗사람을 섬기면 필히 순종할 수 있을 것이다.[2] 아무런 유감과 과실이 없이 충성하고 순종하는 태도로 군주와 윗사람을 섬겨야 한다.[3] 그런 다음에라야 자신의 녹봉과 지위를 지킬 수 있고, 사당의 제사도 지킬 수 있다. 이것이 바로 선비가 해야 할 효도이다.

[1] 부모를 섬기는 마음을 옮겨와 임금을 섬길 수 있다면 충성을 다할 수 있을 것이다.

[2] 형을 섬기는 마음을 옮겨와 선배를 섬길 수 있다면 순종할 수 있을 것이다.

[3] 임금을 섬김에 충성을 다하고 나이 많은 사람을 모심에 순종할 수 있는 것, 이 두 가지를 잃지 않아야 윗사람을 잘 모실 수 있다.

원문

故以孝事君則忠, 移事父孝, 以事於君, 則爲忠也. 以敬事長則順. 移事兄
敬, 以事於長, 則爲順矣. 忠順不失, 以事其上, 事君能忠, 事長能順, 二者不
失, 可以事上也. 然後能保其祿位, 而守其祭祀, 蓋士之孝也. (제9권 『효
경(孝經)』)

영역

Servicing a leader with the heart of a filial child will enable one to perform his duties to the leader loyally. Servicing a superior with the heart of a respectful sibling will enable one to comply with duties given by that superior. When subordinates can engage loyalty and comply flawlessly in the service of the leader and superior, they will be able to maintain their earnings and positions as well as preserve the ritual services of their ancestors. This is the filial piety of a lower ranking officer.

Scroll 9: *Xiao Jing*

090 서민의 효도

자연법칙에 잘 순응하고[1][2] 땅의 이로움을 잘 구분하여야만 한다.[3] 신중하고 예의를 갖추며 근검절약하며 부모를 부양하는 것[4], 이것이 바로 일반 백성들이 해야 할 효도이다. 그러므로 임금에서 백성에 이르기까지 효도에는 존비의 구별도 시작도 끝도 없는 것이다. 그러니 효도란 누구나 할 수 있는 것이며, 할 수 없는 사람은 없다.[5][6]

[1] 옛날 판본에서는 인(因)자 앞에 '유자(有子)'라는 두 글자가 더 있었으나, 여기서는 삭제했다.

[2] 봄이면 자라나고 여름이면 성장하여 가을이면 거두어들이고 겨울이면 저장하는 것이 사계절의 흐름에 순응하는 것이듯, 이로써 하늘의 이치를 받든다.

[3] 오방의 토질을 분별하고 높고 낮은 지형을 잘 살피는 것을 두고 땅의 이로움을 잘 구분한다고 한다.

[4] 옳지 않은 것은 하지 않으면 몸을 삼가게 되고, 부유하면서 사치하지 않으면 씀씀이가 절약된다. 재산을 살펴가며 써야만 부모의 재산도 부족해지지 않는 법이다.

[5] 이 다섯 가지 효도를 총괄해보자면 위로는 천자로부터 아래로는 모두 효도에는 끝이 없다는 말이다. 효도를 행할 수 있다면 근심과 걱정이 자신의 몸에 미치지 않게 된다.

[6] "미유지언(未之有言者), 언미지유(言未之有也)"로 되어야 하는데 미(未)자 다음의 9자는 아마도 잘못 탈락한 것으로 보인다.

원문

因①(因上舊有子曰二字. 刪之.)天之道, 春生夏長, 秋收冬藏, 順四時以奉事天道. 分地之利. 分別五土, 視其高下, 此分地之利. 謹身節用, 以養父母. 行不爲非, 爲謹身, 富不奢泰, 爲節用. 度財爲費, 父母不乏也. 此庶人之孝也. 故自天子至於庶人, 孝無終始, 而患不及己者, 未之有也. 總說五孝, 上從天子, 下至庶人, 皆當孝無終始. 能行孝道, 故患難不及其身. 未(未下九字恐有脫誤)之有者, 言未之有也. (제9권 『효경(孝經)』)

영역

By following and making the most out of the changing seasons, common people distinguish the advantages afforded by different soils in order to reap the biggest harvest. They are careful in their conduct and frugal with their expenses so that they may support their parents. This is the filial piety that common people should fulfill. Thus from the Son of Heaven down to the common people, starting with serving parents reverently to the end when a name is established in honor of the family, the filial duties are not difficult to fulfill. The way of filial piety sees no divisions of superiority or inferiority; it transcends time and space; it is eternal, without beginning or an end. No one should worry that they would not be able to fulfill their filial duties.

Scroll 9: *Xiao Jing*

091 진정한 효도란?

한 걸음 한 걸음을 내디딜 때마다 부모님을 감히 잊을 수 없으며, 말 한 마디 한 마디 할 때마다 부모님을 감히 잊을 수 없다. 한 걸음 한 걸음을 내디딜 때마다 부모님을 감히 잊을 수 없기에 길을 갈 때에도 샛길 걷지 않으며, 배를 탈 때도 멀리 나가 놀지 않으며, 부모님이 우리에게 남겨주신 몸으로 감히 위험한 짓을 하지 않는다. 입을 열어 말을 할 때마다 부모님을 감히 잊을 수 없기에 나쁜 말을 하여 남의 분노가 제 몸에 미치지 않도록 한다.[1] 자신의 명성을 더럽히지 않으며 부모님께도 치욕을 안기지 않는 것, 이것이야말로 '효'라 할 수 있다.[2]

[1] 급(及)은 원래 반(反)으로 적었다.
[2] 경(徑)은 지름길을 말한다. 지름길은 빠르지만 큰 길에 비해 위험하다. 유(遊)는 멀리 나가 논다는 뜻이다. 지름길을 가거나 멀리 나가 놀면 위험해지기 쉽고, 그렇게 되면 자신의 몸을 잘 보전하기 어렵나니, 이는 효도에 위배되는 일이다.

원문

壹舉足而不敢忘父母, 壹出言而不敢忘父母. 壹舉足而不敢忘父母,
是故道而弗徑, 舟而不遊, 不敢以先父母之遺體行危殆. 壹出言而不
敢忘父母, 是故惡言不出語口, 忿言不及(及作反)於身. 不辱其身, 不
羞其親, 可謂孝矣! 徑, 步邪趨疾也. (제7권 『예기(禮記)』)

I dare not forget my parents in every step I take, and I dare not forget my parents in every word I say. As I remember my parents in every step I take, I will choose the right course of actions in preference to a devious short cut. If there is a boat I can ride I will not choose to wade across the river—all for the fear of putting this body given to me by my parents at risk. As I remember my parents in every word I say, I will not use abusive language and cause revile words to be thrown back at me. Not subjecting myself to indignities and causing my parents shame, this can be considered as filial piety.

Scroll 7: *Li Ji*

092 자신의 부모부터 사랑하라

자신의 부모조차 사랑하지 않으면서 다른 사람을 사랑하는 것은 도덕을 어기는 일이며[1], 자신의 부모조차 존경하지 않으면서 다른 사람을 존경하는 것은 예법에 어긋나는 일이다.[2]

[1] 사람으로 태어나 자신의 부모조차 사랑할 수 없으면서 다른 사람의 부모를 사랑하는 것을 두고 패덕(悖德)이라 한다.
[2] 사람으로 태어나 자신의 부모조차 공경할 수 없으면서 다른 사람의 부모를 공경하는 것을 두고 패례(悖禮)라고 한다.

원문

故不愛其親, 而愛他人者, 謂之悖①德. 人不能愛其親, 而愛他人親者, 謂之悖德. 不敬其親 而敬他人者, 謂之悖禮. 不能敬其親, 而敬他人之親者, 謂之悖禮也. (제9권 『효경(孝經)』)

주석

① 패(悖): 거스르다, 위배되다.

영역

He who does not love his parents but loves others rejects virtue. He who does not revere his parents but reveres others rejects propriety.

Scroll 9: Xiao Jing

제14장

인의(仁義)

자비롭고 정의로와라
Benevolence and Righteousness

093 막중한 임무

증자가 말했다.

"배운 사람으로서 포부가 크고 굳세지 않을 수 없는 것은 짊어진 책임이 크고 가야 할 길이 멀기 때문이다.[1] 인덕 수행이 자신의 임무일진대 그 책임이 어찌 크다 하지 않겠는가? 이 막중한 임무는 죽어야 끝이 나는 것일진대 그 길이 어찌 아득하지 않다 하겠는가?"[2]

[1] 홍(弘)은 크다는 뜻이며, 의(毅)는 강단이 있다는 뜻이다. 의연해야만 중요한 임무를 맡을 수 있으며, 먼 길을 갈 수가 있다.

[2] 인(仁)을 자신의 책임이라고 여긴다면 그 무거움은 어떤 것보다 무거울 것이며, 죽은 다음에서야 끝난다고 생각한다면 그 끝은 끝도 없을 것이다.

원문

曾子曰: "士不可以不弘毅①, 任重而道遠. 弘, 大也. 毅, 强而能斷也. 士弘毅然後能負重任, 致遠路也. 仁以爲己②任, 不亦重乎? 死而後已, 不亦遠乎?" 仁以爲己任, 重莫重焉, 死而後已, 遠莫遠焉. (제9권 『논어(論語)』)

주석

① 홍의(弘毅): 아량이 넓고 굳세다. 포부가 크고 의지가 강하다.

② 기(已): 정지되다, 끝나다.

영역

Zengzi said: "An officer cannot be without breadth of mind and vigorous endurance. His responsibilities are heavy and his journey ahead is far and long indeed. When committed to practicing the virtue of benevolence as a personal goal, is this not a heavy responsibility? Only with death will this commitment end. Is this not a journey that is far and long indeed?"

Scroll 9: *Lun Yu*

094 용서와 올바름

늘 수행해야만 하는 한 가지 말씀이 있는데, 그것은 바로 '용서'이다. 늘 실천해야 하는 한 가지 행실이 있는데, 그것은 바로 '올바름(正)'이다.

용서는 인덕을 수행하는 방법이고, 올바름은 의리를 지키는 요체이다. 이들은 너무나 중요한 것들이다.

원문

有一言而可常行者, 恕也, 一行而可常履①者, 正也. 恕者仁之術也,
유 일 언 이 가 상 행 자   서 야   일 행 이 가 상 리   자   정 야   서 자 인 지 술 야

正者義之要也. 至矣哉! (제46권『신감(申鑒)』)
정 자 의 지 요 야   지 의 재

주석

① 이(履): 집행하다, 실행하다.

영역

If there is one word that you should hold permanently to your heart, it is this word, *Shu*—"What you do not want done to yourself, do not do to others." If there is one standard of conduct that you should always exemplify, it is this, *Zheng*—"Integrity". *Shu* is the practice that leads to benevolence, and *Zheng* is the key to righteousness.

Scroll 46: *Shen Jian*

095 예에 맞지 않는 것은 보지도 듣지도 말라

인덕을 어떻게 실천해야 하는지 안연(顔淵)이 가르침을 청했다. 그러자 공자께서 말씀하셨다.

"자신의 욕망을 자제하고 예(禮)로 되돌아가게 하는 것이 인(仁)이다.[1] 하루라도 자신의 욕망을 극복하고 예로 되돌아갈 수 있는 공을 닦았다면, 온 천하 사람들도 감화되어 인으로 되돌아 갈 것이다. 하루만 해도 이럴진대 종신토록 행할 수 있다면 어떠하겠는가? 인덕의 실천은 자신으로부터 시작되는 것이지 결코 남에게서 시작되는 것이 아니다."[2]

이에 안연이 말했다. "구체적인 방법이 무엇인지 여쭈어도 되겠습니까?"[3] 공자께서 말씀하셨다. "예법에 맞지 않는 것은 보지도 말고, 예법에 맞지 않는 것은 듣지도 말며, 예법에 맞지 않는 것은 말하지도 말며, 예법에 맞지 않으면 마음조차 흔들리지 말라."[4]

[1] 극기(克己)는 자신의 욕망을 절제하다는 뜻이다.
[2] 선을 행하는 것은 자신의 문제이지 남의 문제가 아니다.
[3] 실천할 구체적 목록이 있다는 것을 알았으므로 청하여 여쭈었다.
[4] 이 네 가지가 바로 인덕을 실천하는 구체적 요목이다.

원문

顔淵問仁. 子曰: "克己復禮①爲仁. 克己, 約身. 一日克己復禮天下歸仁焉. 一日猶見歸, 況終身乎. 爲仁由己, 而由人乎哉?" 行善在己不在人. 曰: "請問其目②." 知其必有條目, 故請問之. 子曰: "非禮勿視, 非禮勿聽, 非禮勿言, 非禮勿動." 此四者, 克己復禮之目. (제9권 『논어(論語)』)

① 극기복례(克己復禮): 자신의 욕망을 자제하고 예(禮)의 본질로 되돌아가는 것을 말한다. 만약 예의 본질이 존중이라면, 자기의 욕심을 절제하여 자기중심으로 세상을 살 것이 아니라 상대를 존중하여 상대를 먼저 생각하며 함께 살아가야 한다.

② 목(目): 조목, 요목, 세칙.

영역

Yan Yuan asked Confucius about the definition of "benevolence." Confucius answered: "To be able to control your desires and to let your words and deeds to be steadfast in propriety is benevolence. Once you can do this you will be able to affect the world to become benevolent also. Take the initiatives upon yourself and do not expect initiation from someone else." Yan Yuan asked again: "How can one carry on such a practice?" Confucius replied: "Do not look at things that do not accord with propriety. Do not listen to things that do not accord with propriety. Do not say things that do not accord with propriety, and do not do anything that does not accord with propriety."

Scroll 9: Lun Yu

096 공경이 인덕의 실천이다

인덕을 어떻게 실천해야 하는 지 중궁(仲弓)이 가르침을 청했다. 그러자 공자께서 말씀하셨다. "문을 나서서 사람을 만나면 마치 국빈을 대하듯 존경해야 하며, 사람을 부릴 때에는 중대한 제사를 지내듯 공손해야 하며[1], 자신이 받아들이기 싫은 일을 남에게 강요하지도 말아야 한다. 이렇게 되면 제후국에서도 원한을 품을 사람이 없고, 대부들의 봉지(封地)에서도 원한을 품을 사람이 없을 것이다."[2]

[1] 인덕을 행하는 도리 중 공경보다 더한 것은 없다.
[2] 그렇다면 어디에 가서 일을 하던지 원망을 사지 않을 것이니, 그것이 바로 인덕이다. 방(邦)은 제후를 뜻하고, 가(家)는 경대부를 말한다.

원문

仲弓問仁. 子曰: "出門如見大賓①, 使民如承大祭②. 仁之道莫尙乎敬.
중 궁 문 인   자 왈   출 문 여 견 대 빈   사 민 여 승 대 제   인 지 도 막 상 호 경.
己所不欲, 勿視於仁. 在邦無怨, 在家無怨." 在邦爲諸侯, 在家爲卿大夫.
기 소 불 욕   물 시 어 인   재 방 무 원   재 가 무 원   재 방 위 제 후   재 가 위 경 대 부
(제9권 『논어(論語)』)

주석

① 대빈(大賓): 국빈.
② 대제(大祭): 고대에 중대한 제사를 이르는 말로서, 천지에 제사와 체(禘)제사와 협(祫)제사 등이 이에 해당한다.

영역

Zhong-gong asked about benevolence. Confucius said: "When you face the public, act as if you were greeting prestigious guests. While employing the services of the common people, act as if you were officiating a major ceremony. What you do not want done to yourself, do not do to others. In this way, you will not incur any bitter feelings from anybody."

Scroll 9: *Lun Yu*

097 어려웠던 시절의 친구를 잊지 말라

[아무리 벼락출세를 했다 하더라도] **옛날** 빈천했을 때의 친구를 잊어서는 아니되며, 손발이 닳도록 함께 고생한 아내를 내쳐서는 아니 된다.

원문

貧賤之知不可忘, 糟糠之妻①不下堂②. (제22권 『후한서(後漢書)』 2)
빈 천 지 지 불 가 망   조 강 지 처   불 하 당

주석

① 조강지처(糟糠之妻): 고난을 함께 해온 아내. 조(糟)는 술 찌꺼기를, 강(糠)은 겨를 말한다. 그래서 조강(糟糠)은 조잡한 음식물을 뜻한다.
② 하당(下堂): 여성이 남편에게 버림받거나 남편과 헤어짐.

영역

A man should not forget the friends he made when he was poor. A wife who has shared her husband's hardships must never be cast aside.

Scroll 22: Hou Han Shu, Vol.2

제15장

성신(誠信)
성실하고 신의를 지켜라

Be Sincere and Trustworthy

098 진정성의 힘

세상천지에는 기강이라는 것이 있는 법, 그래서 정성을 다하지 않으면 만물을 키워낼 수 없다. 임금과 신하 사이에는 도의(道義)가 있는 법, 그래서 정성이 없으면 함께 일을 할 수 없다. 부자 사이에는 예절이 있는 법, 그래서 정성이 없으면 예절이 사라지고 멀어진다. 부부 사이에는 은정이 있는 법, 그래서 정성이 없으면 은정을 잃고 이혼을 하게 된다. 친구와의 사귐에는 정분이 있는 법, 그래서 정성이 없으면 무정해지고 왕래가 끊기고 만다.

모든 일을 도의에 따라 합당하게 하면 상대방의 진정한 뜻을 곡진하게 얻을 수 있다. 오직 진실한 마음만이 그렇게 할 수 있다.

원문

天地有紀矣, 不誠則不能化育; 君臣有義矣, 不誠則不能相臨; 父子有禮矣, 不誠則疏; 夫婦有恩矣, 不誠則離; 交接①有分矣, 不誠則絶. 以義應當②, 曲得其情, 其唯誠乎. (제48권 『체론(體論)』)

주석

① 교접(交接): 교제하다, 친교를 맺다.
② 응당(應當): 하는 일이 합당하다.

Heaven and earth are bound within the natural order, but when actualities are absent they cannot transform and nourish all things. A leader and his subordinates are bound by a mutual commitment, but when sincerity is absent, they cannot work together in mutual admiration. Parents and children are bound by propriety, but when sincerity is absent, they become estranged from each other. Husband and wife are bonded in a relation of gratefulness, but when sincerity is absent, they will end up leaving each other. Friendship is founded on ties of affection, but when sincerity is absent, all ties will be severed. Morality and ethics can help us to manage our tasks appropriately, but it is through sincerity that we can earnestly understand the needs of others as well as the truth of things.

Scroll 48: *Ti Lun*

099 지극 정성을 다하는 방법

군자가 심성을 닦는데 정성보다 더 좋은 것은 없다. 지극 정성을 다 하는 데는 다른 방법이 없고, 오로지 인덕을 성실히 지키고 도의를 실천하는 것뿐이다.

지극 정성으로 인덕을 지키면 백성을 교화할 수 있고, 지극 정성으로 도의를 행하면 풍속과 민심을 바꿀 수 있다. 풍속과 민심이 변하여 대대로 흥행하는 것, 이를 두고 하늘과 함께 덕을 쌓는다고 한다.

원문

君子養心, 莫善於誠. 致誠①無他, 唯仁之守, 唯義之行. 誠心守仁則
군 자 양 심   막 선 어 성   치 성   무 타   유 인 지 수   유 의 지 행   성 심 수 인 즉
能化, 誠心行義則能變. 變化代興②, 謂之天德. (『손경자(孫卿子)』 제38
능 화   성 심 행 의 즉 능 변   변 화 대 흥   위 지 천 덕
권)

주석

① 치성(致誠): 성실함이 극에 달하도록 하다.
② 대흥(代興): 번갈아 가며 흥기하고 성행하다.

영역

In the cultivation of a good character, nothing can surpass the value of sincerity. Utmost sincerity can only be achieved through upholding benevolence and implementing righteousness. By being most sincere in upholding benevolence we can right ourselves and influence people to do the same. By being most sincere in implementing righteous deeds we can transform social customs from bad to good. Using benevolent and righteous values to educate people, the habits of self-correction and doing good deeds will eventually become an acceptable social norm. In this respect, the society will progress in line with the moral principles of heaven.

Scroll 38: Sun Qing Zi

100 신의를 지켜라

오직 군자만이 신의를 군건히 지킬 수 있다. 한번 신의를 지키지 않게 되면 평생 해 왔던 행동이 세상 사람들에 의해 부정되고 버림받게 된다. 이 때문에 군자는 신의를 매우 중시한다.

원문

唯君子爲能信, 一不信則終身之行廢矣, 故君子重之. (제50권 『원자정서(袁子正書)』)

영역

Only a *superior person* can be trusted to act in good faith. As soon as he loses his trustworthiness, everything he did in his life will be invalidated. Hence, a *superior person* takes his reputation for being honest very seriously.

Scroll 50: Yuan Zi Zheng Shu

101 말보다 행동을 중시하라

공자께서 말씀하셨다.

"남이 자신을 믿게 하려면 적게 말하고 믿음 있게 행동해야 한다. 믿음 있게 행동하면 효과가 오래 가고, 효과가 오래 가면 사리가 더욱 확연히 드러난다. 사리가 더욱 확연하게 드러나면, 눈이 있는 자라면 모두 보게 되고, 귀가 있는 자라면 모두 듣게 되는 법이다. 그렇게 되는데 어찌 진상을 왜곡할 수 있겠는가?"

원문

孔子曰: "欲人之信己, 則微言而篤行①之. 篤行之, 則用日久; 用日久, 則事著明; 事著明, 則有目者莫不見也, 有耳者莫不聞也, 其可誣乎?" (제46권 『중론(中論)』)

주석

① 독행(篤行): 절실하게 이행하다, 마음을 다하여 실행하다. 독(篤)은 신실하다, 한결같다는 뜻이다.

영역

Confucius said: "If you want others to have confidence in you, you should speak little and carry out your words. Your actions will speak for themselves. After a period of time, the results become so evident that no one else could distort the truth from the eyes and ears of the public."

Scroll 46: Zhong Lun

102 신뢰부터 얻어라

자하(子夏)가 말했다.

"군자라면 우선 대중의 신뢰부터 얻어야 하며 그런 다음에야 민중을 부릴 수 있다. 대중의 신뢰를 얻지 못하면 대중은 그들이 학대한다고 생각한다.[1] [또 임금에 대해서도] 임금의 신임을 먼저 얻어야 하며, 그런 다음에 충고를 해야 한다. 믿음을 얻지 못하면 임금은 자신을 비방한다고 여긴다."

[1] 려(厲)는 괴롭히다는 뜻이다.

원문

子夏曰: "君子信而後勞其民, 未信則以爲厲①己也.(厲, 病.) 信而後
자 하 왈   군 자 신 이 후 노 기 민   미 신 즉 이 위 려 기 야 여   병   신 이 후
諫, 未信則以爲謗己也." (제9권 『논어(論語)』)
간   미 신 즉 이 위 방 기 야

주석

① 여(厲): 잔인하다, 억압하다.

영역

Zixia said: "When a *superior person* assumes the position of an official he must first earn the trust of the people before he gives orders to them. Otherwise, people will regard him as oppressive. When a *superior person* assumes the position of a subordinate he must first earn the trust of his superior before he offers any advice to the latter. Otherwise, the superior will take it as an insult."

Scroll 9: *Lun Yu*

103 신뢰는 윗사람부터 지켜라

신뢰는 윗사람에 의해 맺어지는 것이다. 그래서 임금이 신용이 있는 언행과 태도로 신하를 가르치면 신하도 성실과 신용으로 임금에게 충성한다. 아버지가 신용으로 자녀를 가르치면 자녀도 성심으로 아버지에게 효도한다. 남편이 성심으로 아내를 대하면 아내도 성심으로 남편에게 충성을 한다. 윗사람이 윤리와 도리로 아랫사람을 교화하면 아랫사람은 자연히 일상 도리에 따라 윗사람에게 순응한다. 이처럼 윗사람이 모범을 보이면 본을 받아 교화되지 않는 아랫사람이 하나도 없을 것이다.

원문

夫信由上而結者也. 故君以信訓其臣, 則臣以信忠其君; 父以信誨其子, 則子以信孝其父; 夫以信先其婦, 則婦以信順其夫. 上秉常①以化下, 下服常而應上, 其不化者, 百未有一也. (제49권 『부자(傅子)』)

주석

① 병상(秉常): 도리를 지키다.

영역

If a leader instructs his minister in good faith, the ministers will also serve him in good faith. If a father teaches his children in good faith, his children will also show filial obedience in good faith. If a husband honors his wife in good faith, the wife will also submit to him in good faith. The leaders who adhere to virtuous principles will gain the faithful submission of their subjects in return. With this, all can be educated and transformed without exception.

Scroll 49: Fu Zi

겉으로는 인의(仁義)적인 체 하지만 실제는 그렇지 않은 것을 '허위'라 한다. 자신의 신하를 진심으로 대하지 않으면서 신하가 자신을 받들어 성심으로 섬기기를 바라는 것을 두고 '우둔하다'고 한다. 허위적이고 우둔한 임금은 목숨 바쳐 혼신을 다하는 신하를 얻을 수 없다.

그래서 『상서(尙書)』에서 임금은 사람의 머리에 해당하고 신하는 팔과 다리와 같다고 비유했던 것이다. 바로 임금과 신하가 일체가 되어 서로 협력하여 나라가 잘 다스려지기를 바란 것이다.

원문

色①取仁而實違之者, 謂之虛; 不以誠待其臣, 而望其臣以誠事己, 謂之愚. 虛愚之君, 未有能得人之死力者也. 故書稱君爲元首, 臣爲股肱. 期其一體相須而成也. (제48권 『체론(體論)』)

주석

① 색(色): 외모, 겉.

영역

A ruler who pretends to be benevolent is a hypocrite, and he who expects the ministers to serve him earnestly while he treats them insincerely is ignorant. A hypocritical and ignorant leader will not attract ministers who will serve him with undying loyalty. Hence it was said in the book of *Shang Shu*: "A leader is analogous to the head of a man, and his ministers, the arms and the legs." It is hoped that the leader and his ministers can work amicably as one body so that they will be able to govern the country properly.

Scroll 48: Ti Lun

105 소박하고 성실하라

교활함과 간사함은 소박함과 성실함보다 못하다.

원문

巧詐不如拙誠. (제40권 『한자(韓子)』)
교 사 불 여 졸 성

영역

Simple honesty is better than subtle hypocrisy.

Scroll 40: *Han Zi*

106 덕행의 즐거움

덕을 행하면 마음이 안정되고 평온하여 날로 즐겁고 기뻐진다. 그러나 억지로 하게 되면 온갖 계책을 다 쓰지만 날로 곤경에 빠진다.[1]

[1] 덕을 쌓으면 도를 향해 바로 나아가게 되어 마음이 안정되고 심정이 여유로워 날로 즐겁고 아름답다. 그러나 거짓을 행하면 온갖 계책을 다 쓰지만 마음은 힘들고 괴로워 날로 곤경에 빠지니, 해서는 아니 될 일이다.

원문

作德, 心逸日休①, 作爲, 心勞日拙. 爲德, 直道而行, 於心逸豫, 而明日美.
作德 심일일휴   작위 심로일졸 위덕 직도이행   어심일예 이명일미

爲偽, 飾巧百端, 於心勞苦, 而事日拙, 不可爲之也. (제2권 『상서(尚書)』)
위위   식교백단   어심로고   이사일졸   불가위지야

주석

① 휴(休): 즐겁고 경사스럽다, 아름답고 선량하다.

영역

Practice virtue and you will calm the mind and become more restful day after day. Practice hypocrisy and you will wear out your mind only to worsen the situation day after day.

Scroll 2: *Shang Shu*

제16장

정기(正리)

자신을 바로 세워라

Righting Oneself

107 일곱 가지 가르침

증자가 여쭈었다. "칠교(七教) 즉 일곱 가지 가르침이란 무엇입니까?"

공자께서 말씀하셨다. "임금이 노인을 존경하면 신하와 백성은 부모에게 더욱 효도할 것이며, 임금이 연장자를 존경하면 신하와 백성은 손윗사람을 더욱 사랑할 것이다. 임금이 선행을 잘 베풀면 신하와 백성은 더욱 너그러워지게 될 것이며, 임금이 현인과 가까이 하면 신하와 백성은 친구를 사귀는 것을 중시하게 될 것이다. 임금이 도덕수양을 중시하면 신하와 백성은 유치한 일을 하지 않게 될 것이며, 임금이 탐욕을 혐오하면 신하와 백성은 싸우는 것을 수치로 여기게 될 것이다. 또 임금이 청렴하고 겸손하면 신하와 백성은 절개를 꿋꿋이 지키게 될 것이다.

이것이 바로 '칠교'이다. '칠교'는 백성을 다스리는 근본이다. 정치와 교화의 원칙이 확정되면 근본이 바로잡히는 법이다. 임금의 자리에 있는 사람은 모든 국민의 본보기일진대, 본보기가 단정하면 어떤 것이 단정해지지 않겠는가!"

원문

曾子曰: "敢問何謂七教?" 孔子曰: "上敬老, 則下益孝; 上尊齒①, 則
下益悌; 上樂施, 則下益寬; 上親賢, 則下擇友; 上好德, 則下無隱;
上惡貪, 則下恥爭; 上廉讓, 則下知節. 此之謂七教也. 七教者, 治民
之本也. 政教定, 則本正矣. 凡上者, 民之表也, 表正則何物不正!"
(제10권 『공자가어(孔子家語)』)

주석

① 치(齒): 사람의 나이.

Zengzi said: "May I ask what the Seven Lessons are about?" Confucius said: "If a leader respects old people, his subjects will show more filial obedience toward their parents. If a leader respects the elderly, his subjects will show more respect toward their elder siblings. If a leader is kind and giving, his subjects will become more tolerant and generous. If a leader favors the virtuous, his subjects will attach more importance to choosing their friends wisely. If a leader places great importance on ethical conducts, his subjects will not commit acts that cannot be revealed to the public. If a leader is not greedy, his subjects will be ashamed of fighting with each other for profits. If a leader is honorable and humble, his subjects will uphold integrity firmly. These are the Seven Lessons, the foundation of governing. Once the principles of governing are established, the government will become stable and strong. Since people look up to all the senior ministers and bureaucrats as examples to follow, and as long as they are upright, what else cannot be upright?"

Scroll 10: *Kong Zi Jia Yu*

108 명령하지 않고도 행하는 법

공자께서 말씀하셨다.

"정치를 하는 사람이 언행이 단정하고 본보기가 되어준다면 명령을 내리지 않아도 잘 행해질 것이다. 그러나 정치를 하는 사람이 언행이 단정하지 못하고 본보기가 되지 못하면 명령을 내려도 사람들은 복종하지 않을 것이다."[1]

[1] 영(令)은 임금의 명령을 말한다.

원문

子曰: "其身正, 不令而行, 其身不正, 雖令不從." 令, 教令也. (제9권 『논어(論語)』)

영역

Confucius said: "When a leaders personal conduct is upright, his government is effective without the issuing of orders. If his personal conduct is not upright, he may issue orders but they will not be followed."

Scroll 9: *Lun Yu*

109 먼저 자신을 바로 잡아라

군자가 정치를 잘 하려면 자신의 사상과 언행을 바로 잡는 것이 우선이며,
교화와 금령의 시행은 그 다음이다.

원문

故君子爲政, 以正己爲先, 敎禁①爲次. (제47권 『정요론(政要論)』)
고 군 자 위 정   이 정 기 위 선   교 금   위 차

주석

① 교금(敎禁): 교화와 금령.

영역

A *superior person* must first and foremost be an exemplar of integrity in his
official duties. Giving instructions and punishment are secondary measures.

Scroll 47: *Zheng Yao Lun*

110 호불호에 신중하라

공자께서 말씀하셨다.

"아랫사람이 윗사람을 위해 일을 할 때는 단지 기계적으로 그의 명령대로 하는 것이 아니라 윗사람의 품행을 본받는다.[1] 그래서 윗사람이 어떤 것을 좋아하게 되면 아랫사람은 분명 윗사람보다 더 심하게 좋아할 것이다.[2] 그러므로 윗사람은 좋아하거나 싫어하는 태도에 신중하지 않을 수 없다. 그 모든 것이 민중의 본보기가 되기 때문이다."[3]

[1] 이는 백성들의 교화와 행동이 말에 구애받는 것이 아니라는 말이다.
[2] 심하다는 것은 윗사람보다 더 심하게 한다는 뜻이다.
[3] 백성들이 임금을 따르는 것은 그림자가 몸체를 따라다니는 것과 같다는 말이다.

원문

子曰: "下之事上也, 不從其所令, 而從其所行. 言民化行, 不拘於言也.
자왈   하지사상야   부종기소령   이종기소행   언민화행   불구어언야
上好是物, 下必有甚矣. 甚者, 甚於君也. 故上之所好惡, 不可不慎也,
상호시물   하필유심의   심자   심어군야   고상지소호오   불가불신야
是民之表也." 言民之從君, 如影之逐表. (제7권『예기(禮記)』)
시민지표야   언민지종군   여영지축표

영역

Confucius said: "In serving a superior, the subordinates will not only follow by obeying the commands of his superior but also follow by observing the superior's conduct. Whatever preferences shown by a superior will be exceeded by the preferences of his subordinates. Therefore, a leader must be careful with what he likes or dislikes for he is the role model for the people."

Scroll 7: *Li Ji*

111 솔선수범의 이유

윗사람이 공정한 마음을 가지면 아래의 관리와 백성들이 감히 사리사욕을 꾀하려 들지 못하며, 윗사람이 평등한 마음을 가지면 아래의 관리와 백성들은 감히 모험과 요행을 바라지 못하며, 윗사람이 절약하는 마음을 가지면 아래의 관리와 백성들은 감히 방종을 즐기거나 사치와 낭비를 하지 못한다. 이것이 바로 윗사람이 솔선수범해야 하는 이유이다.

원문

我有公心焉, 則士民不敢念其私矣; 我有平心焉, 則士民不敢行其險
矣; 我有儉心焉, 則士民不敢放其奢矣. 此躬行之所徵者也. (제45권 『
창언(昌言)』)

영역

If a superior is impartial, his subjects will not dare to profiteer. If he is honest and fair, his subjects will not dare to engage in dishonest enterprises, thinking they can get away without punishment. If he is frugal, his subjects will not dare to spend lavishly. These are the effects of a leadership that practices what he preaches.

Scroll 45: Chang Yan

112 세 가지 예법

태공께서 말씀하셨다.

"장수는 삼례(三禮), 즉 세 가지 예법을 갖추어야 한다. 겨울철에는 가죽옷을 입지 않고, 여름철에는 부채질을 하지 않고, 비오는 날에는 우산을 들지 않아야 한다. 이것을 두고 세 가지 예법이라 한다."

원문

太公曰: "將有三禮. 冬日不服裘, 下日不操扇, 天雨不張蓋幕, 名曰
태 공 왈   장 유 삼 례   동 일 불 복 구   하 일 부 조 선   천 우 부 장 개 막   명 왈
三禮也." (제31권 『육도(六韜)』)
삼 례 야

영역

Tai Gong said: "There are three protocols for generals and commanders of an army: Do not wear fur coats in the winter; do not use fans in the summer; do not open umbrellas on rainy days."

Scroll 31: *Liu Tao*

113 용서의 도

공자께서 말씀하셨다.

"군자는 세 가지 측면에서 [자기 마음에 비추어 다른 사람의 마음을 헤아리는] '용서의 도(恕道)'를 갖춰야 한다. 임금에게 충성심을 갖추지 않은 채 일을 보면서 부하를 부려먹는 것은 '용서의 도'가 아니다. 부모에게 효도를 다 하지 않으면서 자식에게 은덕에 보답할 것을 요구하는 것도 '용서의 도'가 아니다. 형님에게 존경심을 갖지 않으면서 동생들에게 순종할 것을 요구하는 것도 '용서의 도'가 아니다.

배운 사람이 이 세 가지 '용서의 도'의 근본을 잘 실행한다면, 자신을 단정히 하였다고 할 수 있다."[1]

[1] 단(端)은 바르게 하다는 뜻이다.

원문

孔子曰: "君子有三恕. 有君不能事, 有臣而求其使, 非恕也; 有親不能孝, 有子而求其報, 非恕也; 有兄不能敬, 有弟而求其順, 非恕也. 士能明於三恕之本, 則可謂端身矣." 端, 正也. (제10권『공자가어(孔子家語)』)

영역

Confucius said: "A *superior person* shows his consideration for others in three ways: Not serving his leader wholeheartedly while ordering his own subordinates around is inconsiderate. Not fulfilling his filial duties to his parents but demanding that his own children be filial to him is inconsiderate. Not respecting his elder siblings but demanding his own younger siblings to respect him is inconsiderate. If he can understand that consideration for others stems from loyalty to his own leader, filial obedience to his own parents, and reverence to his elder siblings, he is truly a person who has an upright character."

Scroll 10: *Kong Zi Jia Yu*

114 먼저 행동하라

군자는 반드시 자기 자신에게 먼저 행동하기를 요구하고 그런 다음 다른 사람에게 그러기를 요구한다. 또 자신에게 먼저 악행이 없도록 하고 그런 다음에 다른 사람을 비난하는 법이다.

원문

是故君子有諸①己, 而後求諸人, 無諸己, 而後非諸人. (제7권 『예기(禮記)』)
시 고 군 자 유 저 기   이 후 구 저 인   무 저 기   이 후 비 저 인

주석

① 제(諸): '之於'의 준말. ……에 대하여……하다.

영역

A virtuous leader will lead the way to do good deeds before he asks others to do the same. He will expect himself to be devoid of wrongdoing before he can stop others from wrongdoing.

Scroll 7: *Li Ji*

115 남이 나를 알아주지 않는 것을 수치로 여기지 말라

군자는 남의 존중을 받을 수는 있으나 남에게 자신을 존중해줘야 한다고 강요할 수는 없다. 남이 믿을 수 있도록 일을 할 수는 있지만 남에게 자신을 믿어주어야 한다고 강요할 수는 없다. 임용될 수 있을 만한 일을 할 수는 있으나 남이 자신을 임용해줘야 한다고 강요할 수는 없다.

그러므로 군자는 품성과 수양을 갖추지 않는 것을 수치로 여기지 모욕당한 것을 수치로 생각하지는 않으며, 신용을 지키지 않는 것을 수치로 여기지 신뢰를 얻지 못한 것을 수치로 여기지는 않으며, 재능이 없는 것을 수치로 여기지 임용되지 못한 것을 수치로 여기지는 않는다.

이 때문에 군자는 허구적인 명성에 유혹되지 않으며, 비방을 두려워하지도 않으며, 올바른 길만 따라 가며, 자신을 단정하게 바로잡고, 다른 것에 의해 동요하지도 않는다. 바로 이러한 것을 두고서 진정한 군자라 한다.

원문

君子能爲可貴, 不能使人必貴己; 能爲可信, 不能使人必信己; 能爲可用, 不能使人必用己. 故君子恥不修, 不恥見①汙; 恥不信, 不恥不見信; 恥不能, 不恥不見用. 是以不誘於譽, 不恐於誹, 率道而行, 端然正己, 不爲物傾側③. 夫是之謂誠④君子. (제38권 『손경자(孫卿子)』)

주석

① 견(見): 동사 앞에 쓰여 피동의 뜻을 나타내는데, ……에게……를 당하다, 받다의 뜻으로 쓰인다.
② 준행(遵行): 따르다.
③ 경측(傾側): 한쪽으로 기울어져 바르지 못하다.
④ 성(誠): 진정한, 확실하다.

영역

A *superior person* can work on earning respect, but he cannot expect others to respect him. He can work on being trustworthy but he cannot expect others to trust him. He can be worthy of appointment to a post but he cannot expect the post to be given to him. Therefore, a *superior person* is ashamed of not being a man of character but he is not ashamed of being insulted. He is ashamed of breaking his promise but he is not ashamed of being distrusted. He is ashamed of being unskillful but he is not ashamed of missing the chance to get appointed. In short, he is not tempted by superficial reputation, or intimidated by slanders. He is honorable and upright, unwavering in his convictions.

Scroll 38: *Sun Qing Zi*

116 책임은 자신에게 있다

영광이든 치욕이든 그것을 초래하는 책임은 모두 자기 자신에게 있지, 남에게 있는 것이 아니다.

원문

榮辱之責, 在乎己, 而不在乎人. (제40권 『한자(韓子)』)
영 욕 지 책   재 호 기   이 부 재 호 인

영역

The responsibility for honor and disgrace rests with nobody but oneself.

Scroll 40: Han Zi

117 군자의 조건

「가인」괘. 「상전(象傳)」에서 말했다.

군자의 말에는 진실이 들어있어야 하고, 행동에는 일관됨이 있어야 한다.[1]

[1] 가인의 도리, 즉 집안을 바르게 하는 도리는 가깝고 작은 것부터 닦아야 함을 잊지 않는 것이다. 그러므로 군자의 말은 언제나 진실하고 간곡해야지 유리한 말을 선택해서 해서는 아니 되고, 행동은 반드시 일관됨이 있어야지 유리한 행동을 선택해서는 아니 된다.

원문

家人.『象』曰: …… 君子以言有物①, 而行有恆. 家人之道, 修於近小而
가 인   상 왈   군자이언유물   이행유항   가인지도 수어근소이
不妄者也. 故君子言必有物, 而口無擇言, 行必有恆, 而身無擇行也. (제1권『주역
불 망 자 야   고군자언필유물   이구무택언   행필유항   이신무택행야
(周易)』)

주석

① 물(物): 사물의 내용, 실질, 진실.

영역

The book of Xiang Zhuan interprets the oracle of Jia Ren (family members) as: "...A *superior person* speaks meaningful words and his conduct is uniformly consistent."

Scroll 1: *Zhou Yi*

118 국왕이 지켜야 할 세 가지 규범

국왕의 의관이 규정에 부합해야만 조정에 괴상망측한 복장이 나타나지 않고, 말이 도의에 부합되어야만 신하들이 거짓으로 보고하지 않으며, 도의에 맞게 행동하고 공정하게 일을 처리해야만 나라에 아첨하거나 파당 짓는 무리가 없게 된다. 이 세 가지는 국왕이 항상 지켜야 할 행동규범이다.

원문

衣冠中, 故朝無奇僻之服; 所言義, 故下無僞上之報; 身行順, 治事
의 관 중　고 조 무 기 벽 지 복　소 언 의　고 하 무 위 상 지 보　신 행 순　치 사
公, 故國無阿黨①之義. 三者, 君子常行也. (제33권 『안자(晏子)』)
공　고 국 무 아 당　지 의　삼 자　군 자 상 행 야

주석

① 아당(阿黨): 상급자에게 아부하고 사사로운 정에 얽매여 법을 어기다. 아랫사람을 업신여기고 당파를 지어 사리사욕을 도모하다.

영역

When a leader dresses in a manner that befits his status, no eccentric attire will be worn by his officials. When a leaders words are just, no fabricated reports will be produced by his subordinates. When a leader is honorable and fair, no servile official or factionalism will arise in the civil service. These three points should serve as a guideline for the leader.

Scroll 33: Yan Zi

119 덕행은 감춘다고 해서 드러나지 않는 것이 아니다

목소리가 작다고 해서 사람들이 듣지 못하는 것이 아니며, 덕행을 감춘다고 해서 드러나지 않는 것이 아니다. 옥이 산에 있으면 초목에도 윤기가 흐르고, 진주가 나오는 연못은 물가가 마르는 법이 없다. 선만 잘 쌓는다면 어찌 그것이 다른 사람들의 귀에 들리지 않겠는가!

원문

故聲無小而不聞, 行無隱而不形. 玉在山而木草潤, 淵生珠而崖不
고 성 무 소 이 불 문   행 무 은 이 불 형   옥 재 산 이 목 초 윤   연 생 주 이 애 불
枯. 爲善積也, 安有不聞者乎? (제38권 『손경자(孫卿子)』)
고   위 선 적 야   안 유 불 문 자 호

영역

No matter how slight a sound may be, it will still be heard. No matter how carefully a good deed is concealed, it will still be known. When jade is embedded deep in the mountain, the mountain grass and wood will be moistened. When a deep pool produces pearls, the edge around the deep pool will not dry up. If one persists in doing good, how can people not know his good deeds?

Scroll 38: Sun Qing Zi

제17장

도량(度量)

아량을 가져라

Magnanimity

120 원한을 마음에 두지 말라

한나라 광무제가 말했다.

"위대한 업적을 이루는 사람은 작은 원한을 마음에 두지 않는다."

원문

帝曰: "夫建大事者, 不忌小怨." (제21권『후한서(後漢書)』1)
제 왈　　부 건 대 사 자　　불 기 소 원

영역

Emperor Guang Wu of the Han dynasty said: "He who dreams of great success will not hold a grudge over minor hostilities."

Scroll 21: *Hou Han Shu*, Vol.1

121 원수를 은덕으로 보답하라

노자가 말했다.

"원수를 은덕으로 보답하라."

원문

老子曰: "報怨以德." (제40권 『가자(賈子)』)
노 자 왈　　　보 원 이 덕

영역

Laozi said: "Respond to anger with virtue. Recompense injury with kindness."

Scroll 40: Jia Zi

제18장

겸허(謙虛)

겸손하라

Humility

122 겸손이 모든 것을 통하게 한다

「단전(彖傳)」에 이런 말이 있다. "겸손하면 만사가 형통한다." 하늘의 법도 (天道)는 천하 만물을 구제하며 천하를 빛으로 골고루 비추는 것이다. 땅의 법도(地道)는 낮은 위치에 있지만 위로 올라와 가도록 하는 것이다.[1]

하늘의 법도는 극에 달한 자를 약화시키고 겸손한 자에게 이익을 더해주는 것이다. 땅의 법도는 극에 달한 자를 바꾸고 겸손한 자를 채워주는 것이다. 귀신의 법도는 극에 달한 자에게 상처를 입히고 겸손한 자에게 복을 베푸는 것이다.

인간의 법도는 극에 달한 자를 미워하고 겸손한 자를 좋아하는 것이다. 겸손한 자가 존귀한 위치에 있으면 그의 도덕은 더욱 밝으며, 천한 위치에 있더라도 그의 도덕을 초월할 수 없다. 이것이 군자가 추구하는 귀결점이다.

 [1] 천지가 소통하고 음양이 화합하는 것을 '형통'이라 한다.

원문

『彖』曰: 謙亨①. 天道下濟而光明, 地道卑而上行. 天道虧盈而益謙, 地道變盈而流謙, 鬼神害盈而福謙, 人道惡盈而好謙. 謙尊而光, 卑而不可踰②, 君子之終也. (제1권 『주역(周易)』)

주석

① 형(亨): 형통하다, 통달하다, 순조롭다.
② 유(踰): 초월하다.

According to the book of T*uan Zhuan*, the oracle of Humility (*Qian*) —"gets through"—indicates "progress and success." In the way of heaven, to send down its beneficial influences below, where they are brilliantly displayed. In the way of earth, lying low, to send its influences upwards and (there) to act. It is the way of heaven to diminish the full and augment the humble. It is the way of earth to overthrow the full and replenish the humble. Spiritual Beings inflict calamity on the full and bless the humble. It is the way of men to dislike the full and love the humble. Humility in a position of honor makes that still more brilliant; and in a low position its virtuous accomplishment is unsurpassable. This is the result attained by a superior person through the cultivation of moral character.

Scroll 1: *Zhou Yi*

123 겸손의 위대함

덕행만이 천지를 감동시키며, 아무리 먼 곳에 있는 사람일지라도 모두 와서 귀순하게 만든다. 자만은 손해를 초래하고, 겸손은 이득을 가져다준다. 이것이 바로 자연의 법칙이다.[1]

> [1] 자만으로 가득한 사람은 남들이 손해나게 할 것이며, 스스로 겸손한 자는 남들이 이득을 줄 것이다. 이것이 변함없는 천지의 이치이다.

원문

惟德動天, 無遠弗屆①. 滿招損, 謙受益, 時②乃天道. 自滿者人損之, 自
유 덕 동 천　무 원 불 계　　　만 초 손　겸 수 익　시　내 천 도　　자 만 자 인 손 지　자
謙者人益之, 是天道之常. (제2권 『상서(尚書)』)
겸 자 인 익 지　시 천 도 지 상

주석

① 계(屆): 이르다, 도착하다.
② 시(時): 시(是).
③ 차(此): 여기.

영역

Only virtuous conducts can touch the heart of heaven and earth. And people, irrespective of where they live, will come and pledge their allegiance to the virtuous. Complacency brings harm; humility brings benefits. This is the law of nature.

Scroll 2: *Shang Shu*

124 부지런하고 겸손하라

「상전」에 이런 말이 있다.

"부지런하고 겸손한 군자라면 반드시 만백성들이 숭상하고 따르게 된다."

원문

『象』曰: 勞謙①君子, 萬民服也. (제1권 『주역(周易)』)
　　　　상　왈　노 겸　군 자　만 민 복 야

주석

① 노겸(勞謙): 부지런하고 겸손하다.

영역

The book of *Xiang Zhuan* states that: "A diligent and humble superior person draws admiration and respect from tens of thousands of people to come and pledge their allegiance."

Scroll 1: *Zhou Yi*

125 덕행을 쌓아라

덕행을 매일 매일 새롭게 쌓으면 세상 모든 나라가 감화되어 먼 길도 마다 않고 와서 귀순한다. 그러나 심성이 거만하여 우쭐대면 가장 가까이 있는 가족조차 떠나 갈 것이다.[1]

[1] 매일 새로이 쌓는다는 것은 게으르지 않는다는 것이다. 거만하여 우쭐대는 것 은 욕심이 넘쳐흐르기 때문이다.

원문

德日新, 萬邦惟懷, 志自滿, 九族①乃離. 日新, 不懈怠也. 自滿, 志盈溢 也. (제2권 『상서(尙書)』)

주석

① 구족(九族): 한나라 유학자들이 일컫는 9족에는 다음의 두 가지가 있다. 첫째, 9 대의 직계친족을 말하는데, 고조, 증조, 조부, 부친, 자기, 아들, 손자, 증손, 현손 이 그것이다. 둘째, 부족(父族), 모족(母族), 처족(妻族)의 아홉을 말하는데, 부족 (父族)은 자신의 직계를 비롯해 출가한 고모 및 그 아들, 출가한 자매 및 생질, 출가한 딸 및 외손 등 4가지이고, 모족(母族)은 외조부, 외조모, 이모 및 그 아들 등 세 가지이다. 처족(妻族)은 장인과 장모 등 2가지이다. 이를 9족이라 한다.

영역

When the virtues of a leader are renewed daily, the myriad states harbor affection for him. When he is self- satisfied and conceited, even his relatives will abandon him.

Scroll 2: *Shang Shu*

126 겸손이 모든 것을 지켜낸다

『역경』에 이런 말이 있다.

"위대한 법도가 하나 있는데, 그것을 그대로 따르면 크게는 천하를 지켜낼 수 있고, 중간 정도만 되도 나라를 지킬 수 있고, 적다해도 자신을 보전할 수가 있다. 바로 '겸손'이 그 법도이다."

원문

故『易』曰: "有一道, 大足以守天下, 中足以守國家, 小足以守其身, 謙之謂也." (제43권『설원(說苑)』)

영역

The book of *Yi Jing* says: "There is a Way which, if adhered to, at best can keep the world at peace; to a lesser degree can safeguard the country; at the least can keep oneself from harm. The Way is—Humility."

Scroll 43: Shuo Yuan

127 천리 길도 한걸음부터

높은 곳에 오르려면 반드시 낮은 곳에서부터 시작해야 하며, 먼 길도 반드시 가까운 곳에서부터 발걸음을 떼야 한다.[1]

[1] 학문을 닦든 일을 처리하든 반드시 쉽고 가까운 것부터 손을 대야 한다. 그런 다음 순차적으로 진행하여 차츰 깊이 파고들어가야 하지 비현실적인 이상만 추구해서는 아니 된다.

원문

若升高, 必自下, 若陟遐①②, 必自邇③. 言善政有漸, 如登高升遠, 必用下近爲始, 然後致高遠也. (제2권 『상서(尙書)』)

주석

① 척하(陟遐): 먼 길을 가다.
② 하(遐): 멀다.
③ 이(邇): 가깝다.

영역

To climb up a mountain, one must start from the bottom. To journey afar, one must start from the closest step.

Scroll 2: *Shang Shu*

128 강과 바다가 물의 왕이 되는 이유

강과 바다로 모든 계곡물이 모여드는 것은 그들이 낮은 곳에 자리하기 때문이다.[1]

[1] 이로부터 알 수 있듯, 군자는 겸허한 마음이 산골짜기만큼 커야 하며 겸손하게 자기수양을 닦아야 덕행이 날로 높아진다.

원문

江海所以能爲百谷王, 以其善下之. 江海以卑下, 故衆流歸之, 若民歸就王
강 해 소 이 능 위 백 곡 왕   이 기 선 하 지   강 해 이 비 하   고 중 류 귀 지   약 민 귀 취 왕
者. (제34권 『노자(老子)』)
자

영역

The reason why the rivers and seas are able to receive the homage and tribute of all the valley streams is that they are lower than all the others. It is thus that they are the kings of them all.

Scroll 34: *Lao Zi*

129 욕망을 비워라

진정한 군자는 늘 자신의 욕망을 비우고 용모를 공손하게 하지, 출중한 재
능을 가졌다 하여 뭇사람들의 위에 자리하지 않는다. 오히려 다른 사람을 재
덕을 겸비한 사람으로 보며, 자신을 모자라는 사람으로 간주한다. 그리하여
다른 사람들이 스스로 약점을 일러 주게 만들며 그렇게 해도 짜증하나 내지
않으며, 그들을 깨우쳐주면서도 힘든 줄 몰라 한다.

원문

君子常虛其心志, 恭其容貌, 不以逸群①之才加乎衆人之上, 視彼猶
賢, 自視猶不肖②也. 故人願告之而不厭, 誨之而不倦. (제46권『중론
(中論)』)

주석

① 일군(逸群): 출중하다.
② 불초(不肖): 겸손함을 나타내는 말씨. 스스로를 재능이 없고 현명하지 못하다고
낮추어 하는 말.

영역

A superior person is always humble and respectful, and his behavior is in
accordance with propriety. Moreover, he never puts himself above others despite
his outstanding abilities. He regards others as able and virtuous and sees himself
as a less than capable person. Hence, other people are never tired of giving him
advice or teaching him.

Scroll 46: Zhong Lun

130 스스로 자랑하지 말라

스스로 자신을 자랑삼지 않아야 천하의 그 누구도 자신과 능력을 다투지 않게 된다. 스스로 자신을 뽐내지 말아야 천하의 그 누구도 자신과 공을 다투지 않게 된다.[1]

[1] 스스로 현명하다고 생각하는 것을 '자랑삼는다'라고 하고, 스스로 공을 내세우는 것을 '뽐낸다'라고 한다. 예를 들자면, 우 임금은 훌륭한 사람을 추천하고 자리를 다른 사람에게 양보하였기에, 자신의 현능함을 잃지 않았고 스스로 수고롭지 않았으며 공을 잃지도 않았다. 이것이 바로 모든 사람들을 잃지 않은 까닭이다.

원문

汝惟弗矜①, 天下莫與汝爭能. 汝惟弗伐②, 天下莫與汝爭功. 自賢曰
여 유 불 긍   천 하 막 여 여 쟁 능   여 유 불 벌   천 하 막 여 여 쟁 공   자 현 왈

矜. 自功曰伐. 言禹推善讓人, 而不失其能, 不有其勞, 而不失其功, 所以能絶衆
긍   자 공 왈 벌   언 우 추 선 양 인   이 부 실 기 능   불 유 기 로   이 부 실 기 공   소 이 능 절 중

人也. (제2권 『상서(尚書)』)
인 야

주석

① 긍(矜): 스스로 과시하다, 뽐내다.
② 벌(伐): 자기 장점을 자랑하다.

영역

If you were not conceited, no one in the world would strive to surpass your position. If you were not boastful, no one in the world would strive to surpass your contributions.

Scroll 2: Shang Shu

131 스스로 뽐내지 말라

선을 행하면서 스스로 뽐내지 않는 사람은 극히 드물고, 능력이 있으면서 스스로 자랑하지 않는 사람도 매우 적다. 그러나 자신을 뽐내면 남의 장점을 가리게 되며, 스스로 자랑하면 다른 사람을 업신여기게 된다. 남을 가리면 남도 자신을 가리게 되고, 다른 사람을 업신여기게 되면 남도 똑같이 자신을 업신여기게 된다.

원문

夫人有善鮮①不自伐, 有能者寡不自矜. 伐則俺人②, 矜則陵人③. 俺
부 인 유 선 선 불 자 벌   유 능 자 과 불 자 긍   벌 즉 엄 인   긍 즉 능 인   엄
人者人亦俺之, 陵人者人亦陵之. (제26권 『위지(魏志)』하)
인 자 인 역 엄 지   능 인 자 인 역 능 지

주석

① 선(鮮): 적다, 드물다.
② 엄인(俺人): 남의 장점을 감추다.
③ 능인(陵人): 세력으로 남을 내리누르다, 사람을 업신여기다.

영역

Not many people can stop themselves from bragging about the good deeds that they have performed, and very few talented people can stop themselves from becoming egotistical. A boastful person will neglect the strengths of others, and an egotistical person will certainly dominate others. However, he who neglects others will also be neglected by others, and he who dominates others will also be dominated by others.

Scroll 26: Wei Zhi, Vol.2

132 거만하고 인색하지 말라

공자께서 말씀하셨다.

"주공(周公)처럼 뛰어난 재주와 능력을 갖고 있다 하더라도 거만하고 인색하다면 그 나머지는 볼 필요도 없다."

원문

子曰: "如有周公之才之美, 使驕且吝, 其餘不足觀也已." (제9권 『논어
자 왈 　 여 유 주 공 지 재 지 미 　 사 교 차 인 　 기 여 부 족 관 야 이

(論語)』)

영역

Confucius said: "If a person had the talent and administrative ability as splendid as the Duke of Zhou, but then grew to become conceited and miserly, the rest of his good qualities would not be worth a glance."

Scroll 9: *Lun Yu*

133 낮은 곳을 향하라

"**하늘** 끝까지 올라가 내려올 줄 모르는 용은 반드시 후회할 때가 있는 법이다." 왜 이렇게 말했을까? 이에 공자께서 말씀하셨다.

"너무나 귀하여 그보다 더 높은 위치는 없고, 너무나 높아 그와 함께 할 백성들이 없으며, 그 아래로는 그늘이 없다. 현인이 낮은 지위에 있으니 곁에서 보좌할 수가 없다.[1] 이 때문에 움직이지만 후회할 일이 생기는 것이다." …… '항(亢)'자의 뜻은 나아갈 줄만 알고 물러설 줄 모르며, 존재할 것만 알고 망할 것은 모르며, 얻는 것만 알고 잃을 것을 모르는 것이다. 오직 성인만이 진퇴존망의 이치를 알고 있다.[2]

[1] 현인이 비록 아랫자리에 있으나 자리만 지킬 뿐 도움을 주지 못한다는 말이다.
[2] 진퇴존망의 길을 알아 정도를 잃지 않는 자는 오직 성인뿐이라는 말이다.

원문

"亢龍有悔①", 何謂也? 子曰: "貴而無位, 高而無民, 下無陰也. 賢人在下位而無輔, 賢人雖在下而當位, 不爲之助. 是以動而有悔也." … "亢"之爲言也, 知進而不知退, 知存而不知亡, 知得而不知喪. 其唯聖人乎! 知進退存亡, 而不失其正者, 其唯聖人乎! (제1권 『주역(周易)』)

주석

① 항룡유회(亢龍有悔): 항(亢)은 가장 높다. 용(龍)은 왕위를 뜻한다. 가장 높은 지위에 있으므로 겸손하지 않으면 패망을 초래하고 만다.

The Book of Yi Jing divinized: "In the oracle *Qian*, the dragon seated at the highest position will have cause to repent" Confucius interpreted this as being said: "When a man seeks to climb so high that he loses his place in the world, he becomes isolated. Nobody from below can reach him, so in every move he makes, he is bound to make mistakes, as no one can help him." ...His foretells a person whose only ambition is to move ahead, and for that he discharges any possibility that calls for a retreat. He knows about existence but he ignores death; he wants success but cannot accept failure. Only a wise man will understand the law of advance, retreat, existence and death; yet remain on the right path. Only a wise man can do this.

Scroll 1: *Zhou Yi*

제19장

근신(謹愼)
신중하라

Be Discreet

134 망념을 버려라

성인이라도 망념에 휩싸이게 되면 미치광이가 되고, 미치광이라도 망념을 극복하면 성인이 될 수 있다.[1]

[1] 성인이라도 선을 행하는데 생각을 두지 않으면 미치광이가 되고, 미치광이라도 선을 행하는데 몰두하면 성인이 될 수 있다. 예를 들면, 걸(桀) 임금이나 주(紂) 임금은 본디부터 미치광이거나 우둔한 임금이었던 것이 아니라, 선을 행하는데 염두를 두지 않았기 때문에 멸망한 것이다.

원문

惟聖罔念①作狂, 惟狂②克念③作聖. 惟聖人無念於善, 則爲狂人. 惟狂人能
유 성 망 념   작 광   유 광   극 념   작 성   유 성 인 무 념 어 선,   즉 위 광 인   유 광 인 능
念善, 則爲聖人. 言桀紂非實狂愚, 以不念善故滅亡也. (제2권 『상서(尚書)』)
념 선,   즉 위 성 인   언 걸 주 비 실 광 우   이 불 념 선 고 멸 망 야

주석

① 망념(罔念): 개인적 욕망에 사로잡히다. 분별력을 상실하다.
② 광(狂): 교만하고 우매한 사람.
③ 극념(克念): 망념을 극복하다.

영역

When a sage lost sight of the truth, he became an unruly person. When an unruly person overcame his delusions, he became a sage.

Scroll 2: *Shang Shu*

135 이루는 것은 어려우나 무너지는 것은 한 순간이다

『국어』에서 말했다

"선을 행하는 것은 산을 오르는 것처럼 더디지만[1], 악을 행하는 것은 산이 무너지는 것처럼 신속하게 이루어진다.[2]"

[1] 어려운 일이기에 늘 자신의 습성을 극복하여야 한다.
[2] 한 발자국만 잘못 내디뎌도 천고의 한이 된다.

원문

傳曰: "從善如登, 從惡如崩." (제27권 『오지(吳志)』상)
전 왈   종 선 여 등   종 악 여 붕

영역

It was said in the book of *Guo Yu*, "Becoming virtuous is like a struggling uphill but committing vice is like collapsing in a landslide." [In other words, it is difficult to follow the path of virtue but easy to succumb to vice.]

Scroll 27: *Wu Zhi*, Vol.1

136 항상 공경하라

『곡례(曲禮)』에 이런 말이 있다.

어떤 존재라도 공경을 다하지 않으면 아니 된다.[1] 용모는 뭔가를 사색하듯 의젓해야 하고[2], 말투는 차분하고 안정돼야 한다.[3] 그래야만 백성들을 안정시킬 수 있다.[4]

[1] 예의 주된 정신이 바로 공경에 있기 때문이다.
[2] 앉아서 신중하게 사색하듯 하면 그 모습은 의젓할 것이요,
[3] 말을 신중하게 해야 한다.
[4] 이 세 마디가 바로 백성들을 안정시킬 수 있다.

원문

『曲禮』曰: 毋不敬, 禮主於敬. 儼①若思, 言人坐思, 貌必儼然. 安定辭, 審言語也. 安民哉! 此三句加以安民也. (제7권 『예기(禮記)』)

주석

① 엄(儼): 겸손하고 정중한 태도.

영역

The Book of *Qu Li* said: "Always, and in everything, let there be reverence. Be dignified as if one is thinking deeply, and speak whit composure clarity. This way will put people at ease."

Scroll 7: Li Ji

137 높은 지위에 오를수록 겸손해야

더 높은 지위에 오를수록 더 겸손해야 하며, 관직이 높아질수록 행동거지를 더 조심해야 할 것이다. 녹봉을 많이 받을수록 더 절제해야 한다.

원문

位已高而意益下, 官益大而心益小, 祿已厚而愼不敢取. (제43권『설원
위 이 고 이 의 익 하 관 익 대 이 심 익 소 녹 이 후 이 신 불 감 취
(說苑)』)

영역

The higher one goes the more humble he should become. The more important one`s official role becomes the more cautious he should be. And the higher a salary he draws the more he should not be wanting for more.

Scroll 43: Shuo Yuan

138 교만과 사치를 버려라

태어나면서부터 귀한 사람은 교만하기 쉽고, 태어나면서부터 풍족한 사람은 사치를 부리기 쉽다. 그런 까닭에 부귀하지만 인간의 도리를 깨우쳐 자신을 잘 살피지 못한다면, 잘못을 저지르지 않을 사람은 극히 드문 법이다.

원문

生而貴者驕, 生而富者奢. 故富貴不以明道自鑒, 而能無爲非者寡
생 이 귀 자 교   생 이 부 자 사   고 부 귀 불 이 명 도 자 감   이 능 무 위 비 자 과

矣. (제35『문자(文子)』)
의

영역

It is easy for a person born to a privileged family to acquire an air of arrogance, and a person born to a rich family to acquire a taste for extravagance. If the privileged and the rich do not follow the right way to guard against arrogance and wastefulness, seldom will they not commit wrong doings.

Scroll 35: *Wen Zi*

139 '자강불식'하라

「건괘(乾卦)」93효사(九三爻辭)에 이런 말이 있다.

"군자는 온 종일 내내 부지런하여 자강불식하며 한 밤중일지라도 경각심을 갖고 두려워하지 말아야 한다. 그래야 위험에 처해도 화를 피할 수 있다."

이는 무엇을 두고 한 말인가? 공자께서 말씀하셨다.

"이것은 군자가 도덕을 증진시키고 위업을 세우는 것을 비유한 말이다. 충성과 신실하기에 도덕을 증진시킬 수 있으며, 대중에 대해 문화교육을 진행하고 그 성실함을 이룰 수 있기에 위업이 이루어지는 것이다.

그러므로 윗자리에 있다고 교만하지 않아야 하고 아랫자리에 있더라도 근심걱정하지 말아야 한다.[1] 그래야만 근심걱정거리가 없게 된다. 그래서 하루 종일 열심히 일하며 수시로 경각성을 높인다면 위험에 처해도 화를 피할 수 있는 것이다."[2]

[1] 아랫사람의 위에 자리하는 자를 말하고, 윗사람이 아래에 자리하는 사람을 말한다. 현명한 자는 끝내 헤지지 않는 법, 그래서 교만하지 않는다. 최고의 경지를 알고 있기 때문에 그래서 걱정거리가 없는 법이다.

[2] 척(惕)은 두려워하여 경각심을 높이다는 뜻이다.

원문

九三: "君子終日乾乾①, 夕惕若②厲③, 無咎④." 何謂也? 子曰: "君子
구삼   군자종일건건   석척약   여 무구   하위야   자왈   군자
進德修業. 忠信, 所以進德也, 修辭立其誠, 所以居業也. 是故居上
진덕수업   충신   소이진덕야   수사입기성   소이거업야   시고거상
位而不驕, 在下位而不憂. 居下體之上, 在上體之下. 明夫終敝, 故不驕也,
위이불교   재하위이불우   거하체지상   재상체지하   명부종폐   고불교야
知夫至至, 故不憂也. 故乾乾因其時而惕, 雖危無咎矣." 惕, 怵惕之謂也.
지부지지   고불우야   고건건인기시이척   수위무구의   척   출척지위야

(제1권 『주역(周易)』)

주석

① 건건(乾乾): 자강불식하다.

② 척약(惕若): 경계하고 두려워하다. 약(若)은 어조사로 별다른 뜻이 없다.

③ 여(厲): 위험하다.

④ 구(咎): 과오, 질병, 죄과.

영역

In the oracle of *Qian*: "A *superior person* works hard and remains vigilant all day, and in the evening he is still careful and apprehensive as if he is in danger. Hence there is no bad fortune." What does this mean? Confucius said: "This is a metaphor about how a person advances in virtue and cultivates all the sphere of his duties. His devotion and trustworthiness are the means by which he advances in virtue. His attention to his words and establishing his sincerity are the means by which he excels in his duties. Therefore he occupies a high position without pride, and a low position without anxiety. Thus it is that, being diligent and vigilant, and forever careful and apprehensive, he will be safe from danger even when his position is perilous."

Scroll 1: Zhou Yi

140 잠시라도 벗어나서는 아니 되는 도(道)

도(道)라는 것은 잠시 한 순간이라도 벗어나서는 아니 된다. 잠시라도 벗어날 수 있는 것이라면 그것은 도(道)가 아니다.[1]

그러므로 군자는 남들이 보지 못하는 곳에서도 늘 경각성을 높이고 신중해야 하며, 남들이 듣지 못하는 곳에서도 늘 무서워하고 두려워해야 한다. 가장 은폐되고 보이지 않는 곳일수록 가장 쉽게 발견되며, 가장 미세하고 보이지 않는 사물일수록 가장 쉽게 드러난다는 법이다. 그러므로 군자는 특히 혼자 있을 때 각별히 신중해야 한다.[2]

[1] 도라는 것은 사람이 걸어야 하는 길과 같은 것이다. 모든 출입과 동작이 이로부터 이루어지는데, 잠시라도 이탈이 가능하다면 어떻게 따를 수가 있겠는가?

[2] 혼자 있을 때 더욱 신중해야 한다는 것은 혼자 한가롭게 있으면서 하는 행동에 더욱 신중해야 한다는 말이다. 소인은 은밀하게 있을 때 말하고 행동하면 아무도 보지 않고 아무도 듣지 않을 것이라 생각한다. 그래서 그런 곳에서 속마음을 제멋대로 풀어버린다. 그러나 만약 보고 듣는 자가 있다면 이는 드러나게 되는 것일 것인즉, 오히려 여러 사람들이 있는 곳에서 하는 것보다 더한 것이 되고 만다.

원문

道也者, 不可須臾離也, 可離非道也. 道, 猶道路也. 出入動作由之, 須臾
도야자 불가수유리야 가리비도야 도 유도노야 출입동작유지 수유

離之, 惡乎從? 是故君子戒愼乎其所不睹, 恐懼乎其所不聞. 莫見乎隱,
리지 오호종 시고군자계신호기소불도 공구호기소불문 막현호은

莫顯乎微, 故君子愼其獨也. 愼其獨者, 愼其閑居之所爲也. 小人於隱者,
막현호미 고군자신기독야 신기독자 신기한거지소위야 소인어은자

動作言語, 自以爲不見睹不見聞, 則必肆盡其情. 若有觀聽之者, 是爲顯見, 甚於
동작언어 자이위불견도불견문 즉필사진기정 약유관청지자 시위현견 심어

衆人之中爲之也. (제7권『예기(禮記)』)
중인지중위지야

영역

We cannot for one moment leave the Dao (righteous path). What can be left out is not Dao, A *superior person* will remain discreet even at places where nobody is around, and he will remain apprehensive at places where nobody can be heard. Beware that the most secretive place is also the easiest place to be found, and the tiniest thing is also the easiest thing to be seen, whenever ones thoughts are most unguarded. A *superior person* therefore is most watchful when he is alone by himself.

Scroll 7: *Li Ji*

141 언행의 네 가지 준칙

언행에는 네 가지 준칙이 있다.

첫째 포부를 실행할 때 인애(仁愛)를 잊지 않는 것이며, 둘째 전문지식을 사용할 때 도의(道義)를 잊지 않는 것이며, 셋째 힘써 일을 할 때 충성(忠誠)을 잊지 않는 것이며, 넷째 입을 열어 말을 할 때 신용(信用)을 잃지 않는 것이다.

이 네 가지 준칙을 신중히 준수하며 죽을 때까지 잊지 않는다면 명예와 공적은 자연히 따라올 것이다. 이는 그림자가 몸을 따라 다니는 것과 같고, 소리를 내면 메아리가 돌아오는 것과 같은 이치이다.

원문

行有四儀①: 一曰, 志動不忘仁; 二曰, 智用不忘義; 三曰, 力事不忘忠; 四曰, 口言不忘信. 愼守四儀, 以終其身, 名功之從之也, 猶形之有影, 聲之有響②也. (제36권 『시자(屍子)』)

주석

① 의(儀): 법칙, 표준, 준칙.
② 향(響): 메아리.

영역

Thus, the conduct of a *superior person* bears four features: He follows through his plans and never forgets to be kind. He deploys his expertise and never forgets to be righteous. He works hard and never forgets to be faithful. When he speaks he never forgets to be truthful. If he can keep these features all his life, honor will follow him like a shadow to his form and an echo to his callings.

Scroll 36: *Shi Zi*

142 자신을 먼저 바로 세우라

군자는 입으로는 희롱 섞인 말을 하지 않아야 하며, 말을 할 때는 언제나 경계해야 한다. 몸으로는 희롱 섞인 행동을 하지 않아야 하며, 행동할 때는 언제나 신중해야 한다. 말과 행동이 언제나 신중하다면, 가장 은밀한 아내나 가장 친밀한 친구에게조차도 신중하지 않은 말을 내뱉지 않는다. 그러므로 군자는 화를 내거나 분노하지 않아도 그 가르침이 가정 에서 자연스레 행해지며, 충고나 훈계가 없어도 소문과 이름만으로 마을 전체 사람들을 교화시키게 된다.

『맹자』에서 "성인이 자신을 바로 세우니 주변의 만사만물은 따라서 바로 잡히게 된다."라고 하였는데, 아마도 이를 두고 한 말일 것이다.

원문

君子口無戲謔①之言, 言必有防; 身無戲謔之行, 行必有撿②. 言必有防, 行必有撿, 雖妻妾不可得而黷③也, 雖朋友不可得而狎也. 是以不慍怒④, 而敎行於閨門; 不諫諭, 而風聲化乎鄕黨. 傳稱"大人正己而物正"者, 蓋⑤此之謂也. (제46권 『중론(中論)』)

주석

① 희학(戲謔): 농담, 희롱.
② 검(撿): 구속하다, 조신하다.
③ 독(黷): 경솔하고 겸손하지 못하다.
④ 온노(慍怒): 성내다, 화내다.
⑤ 개(蓋): 대개.

A *superior person* does not make jokes and his words are in line with propriety. He does not play pranks and his behavior is prudent. If his speech and his behavior are prudent, his wife will not act contemptuously toward him despite their intimate relation, and his friends will not slight him despite their close affiliation. Thus, a *superior person*'s behavior is sufficient to influence the behavior of his family members without any need for harsh reprimands, and moral social customs will be spread across the land without any need for remonstrations. Thus, in *Mencius* it was said: "When a sage is upright, all the things around him will follow suit."

Scroll 46: *Zhong Lun*

143 우리 모두가 경계해야 할 일

우리 모두 경계하고 경계해야 할 것이다! 말을 많이 하지 말아야지, 말이 많으면 결국에는 화를 초래하게 된다. 사단을 일으키지 말아야지, 사단을 일으키면 결국에는 걱정거리가 생기게 된다. 편안하고 즐거울 때 경계심을 높여야 하며[1], 자신이 후회할 일을 하지 말아야 한다.[2]

[1] 비록 편안하고 즐거울 때이지만 반드시 경각심을 높여야 한다.
[2] 후회하는 일이 또 다시 생겨서는 아니 된다.

원문

戒之哉! 無多言, 多言多敗; 無多事, 多事多患. 安樂必誡, 雖處安樂,
계 지 재　무 다 언　다 언 다 패　무 다 사　다 사 다 환　안 락 필 계　수 처 안 락
必警誡也. 無行所悔. 所悔之事, 不可復行. (제10권『공자가어(孔子家語)』)
필 경 계 야　무 행 소 회　소 회 지 사　불 가 부 행

영역

Be warned! Do not talk too much. Much talk incurs much trouble. Do not be too inquisitive. Much prying will incur much harm. Stay alert even at a comfortable place and refrain from doing anything that will cause regrets.

Scroll 10: *Kong Zi Jia Yu*

144 말이 혼란의 근원이다

공자께서 말씀하셨다.

"재앙과 변란은 바로 말 때문에 일어난다. 임금의 말이 신중하지 못하면 신하를 잃게 되며, 신하의 말이 신중하지 못하면 화를 입게 되며, 중대한 기밀을 비밀로 하지 못하면 해가 일어난다. 그렇기에 군자는 기밀을 신중하게 지켜야지 말을 함부로 해서는 아니 된다."

원문

子曰: "亂之所生也, 則言語爲之階①. 君不密則失臣, 臣不密則失身,
자 왈   난 지 소 생 야   즉 언 어 위 지 계   군 불 밀 즉 실 신   신 불 밀 즉 실 신

機事不密則害成. 是以君子愼密而不出也." (제1권『주역(周易)』)
기 사 불 밀 즉 해 성   시 이 군 자 신 밀 이 불 출 야

주석

① 계(階): 원인, 까닭, 의거.

영역

Confucius said: "Chaos is created by indiscreet utterances. When a leader speaks indiscriminately he loses his ministers. If ministers speak indiscriminately they will bring troubles upon themselves. If classified information cannot be kept safe, catastrophes will happen. A *superior person* therefore is most discreet in keeping confidential matters unrevealed."

Scroll 1: *Zhou Yi*

145 항상 어렵다고 생각하라

약속을 아무렇게나 하면 반드시 신용을 잃게 되고[1], 일을 너무 쉽게 생각하면 반드시 많은 어려움에 직면하게 된다.[2]

이 때문에 성인이 일을 할 때는 오히려 어렵다는 마음으로 한다.[3] 언제나 그렇게 하기에 결국에는 어려움을 겪지 않게 된다.[4]

[1] 말이 무겁지 못하기 때문이다.
[2] 근심될 일을 신중하게 생각지 못했기 때문이다.
[3] 성인의 일거수일투족은 오히려 진퇴에 여러 어려움이 있는 듯 고심하는데, 그것은 이러날 문제를 근원부터 뿌리 뽑기 위해서이다.
[4] 성인이 끝까지 화를 당하거나 어려움이 없는 것은 그 해 될 것을 대단히 철저하게 피하기 때문이다.

원문

夫輕諾必寡信, 不重言也. 多易必多難. 不愼患也. 是以聖人猶難之, 聖人動作擧事, 猶進退重難之, 欲塞其源也. 故終無難. 聖人終身無患難之事, 由避害甚也. (제34권 『노자(老子)』)

영역

Laozi said: "One who makes promises lightly seldom keeps good faith. One who makes light of many things will encounter many difficulties. Therefore the sage sees difficulty even in what seems easy, and so never has any difficulties."

Scroll 34: *Lao Zi*

146 유익한 즐거움과 해로운 즐거움

공자께서 말씀하셨다.

"사람에게 유익함을 주는 즐거움도 세 가지가 있고, 해로움을 주는 즐거움도 세 가지가 있다. 예악(禮樂)으로 절제하기를 즐기며[1], 남의 선행을 칭찬하기를 좋아하고, 현덕을 겸비한 친구 사귀기 좋아하는 것, 이들은 모두 유익함을 가져다주는 즐거움이다. 그러나 존귀하고 재능 있다고 뽐내며[2], 산만하고 빈둥거리며 돌아다니기 좋아하며[3], 연회를 즐기는 것, 이들은 모두 해로움을 가져다주는 즐거움이다.[4]"

[1] 행동거지에 예악으로 절제하다는 뜻이다.
[2] 존귀함을 믿고 스스로 방자한 것을 말한다.
[3] 산만하고 빈둥거리며 돌아다닌다는 것은 행동거지에 절제가 없음을 말한다.
[4] 연회 석상에서 술 마시며 쾌락을 추구하는 것을 말한다. 이 세 가지는 해를 초래하는 길이다.

원문

孔子曰: "益者三樂, 損者三樂. 樂節禮樂, 動則得禮樂之節. 樂道人之善, 樂多賢友, 益矣. 樂驕樂, 恃尊貴以自恣. 樂佚遊①, 佚遊, 出入不節. 樂宴樂, 損矣." 宴樂, 沉荒淫瀆也. 三者, 自損之道. (제9권 『논어(論語)』)

주석

① 일유(佚遊): 방종하고 방탕하고 무절제하다.

Confucius said: "There are three kinds of enjoyment which are beneficial and three kinds of enjoyment which are harmful. The enjoyment of cultivation in music and ritual, the enjoyment of speaking of the goodness of others, and the enjoyment of having many friends of good character are all beneficial. The enjoyment of taking pleasure in arrogance, the enjoyment of aimless idling, and the enjoyment of drinking and feasting are all harmful."

Scroll 9: *Lun Yu*

147 검약의 미덕

군자는 검소한 미덕으로써 어려움을 피해야지, 재산과 녹봉을 추구하는 것을 영광으로 여겨서는 아니 된다.

원문

君子以儉德避難, 不可榮以祿. (제1권 『주역(周易)』)
군 자 이 검 덕 피 난　불 가 영 이 록

영역

A *superior person* remains steadfast in the virtue of humility to avoid calamity. He should not take pride in chasing after fame and fortune.

Scroll 1: *Zhou Yi*

제20장

교우(交友)
친구 사귀기
Making Friends

148 물 같이 담담한 교류

군자 간의 교류는 물처럼 맑고, 소인 간의 친분은 단술처럼 달콤하다. 그래서 군자 간의 우정은 담담하지만 서로 성과를 내고, 소인 간의 왕래는 친밀하지만 서로를 손상시킨다.[1]

[1] 그렇기에 군자는 신중하게 친구를 선택하여 덕행을 이루고 도를 닦아야 한다.

원문

故君子之接如水, 小人之接如醴①, 君子淡以成, 小人甘以壞. 水相得
고 군 자 지 접 여 수   소 인 지 접 여 예   군 자 담 이 성   소 인 감 이 괴   수 상 득
合而已, 酒醴相得則敗. 淡, 無酸酢少味也. (제7권 『예기(禮)』)
합 이 이   주 례 상 득 즉 패   담   무 산 초 소 미 야

주석

① 예(醴): 단술, 단맛이 나는 음료.

영역

The friendship offered by a *superior person* is plain like water; the friendship offered by a petty person is pleasing like sweet wine. Being friends with a *superior person* may not be exciting but the interactions are nevertheless beneficial to both sides. Being friends with a petty person may be exciting but may hurt in the end when no more selfish gains are to be made from it.

Scroll 7: *Li Ji*

149 향기로운 사귐

착한 사람과 사귀면 마치 향초 가득한 집안에 들어서는 것과 같다. 시간이 오래되면 그 향기를 느끼지 못하는데, 그것은 자신이 이미 그 향기에 동화되었기 때문이다.

그러나 착하지 못한 사람과 사귀면 마치 절인 생선 가게에 들어간 것과 같다. 시간이 오래되면 썩은 냄새를 맡지 못하는데, 그것은 자신이 이미 그 썩은 냄새에 동화되었기 때문이다. 그렇기에 군자는 언제나 함께 할 친구를 선택함에 신중해야 한다.

원문

故曰: 與善人居, 如入芝蘭之室①, 久而不聞其香, 卽與之化矣; 與不善人居, 如入鮑魚之肆②, 久而不聞其臭, 亦與之化矣. 是以君子必愼其所與者焉. (제10권 『공자가어(孔子家語)』)

주석

① 지란지실(芝蘭之室): 향초(芝)와 난초(蘭) 등이 놓여있는 방, 덕행이 고상한 곳을 비유함.
② 포어지사(鮑魚之肆): 절인 생선을 파는 가게. 소인들이 모이는 곳을 비유함.

영역

Walking in the company of good people is like walking into a room full of fragrant lilies. After a while we cannot smell the fragrance as if we have become part of the fragrance. Walking in the company of unsavory people is like walking into a shop that sells salted fish. After a while we cannot smell the salted fish as if we have become part of the smell. Therefore, a *superior person* must choose carefully whom he befriends.

Scroll 10: *Kong Zi Jia Yu*

150 유익한 친구와 해로운 친구

공자께서 말씀하셨다.

"유익함을 주는 친구에도 세 가지가 있으며, 해로움을 주는 친구에도 세 가지가 있다. 정직하고 사심이 없는 사람, 너그러이 용서하는 사람, 견문이 넓은 사람, 이 세 가지가 유익한 친구이다. 그러나 아첨하고 알랑거리는 사람[1], 위선적이고 비위를 맞추는 사람[2], 교묘하게 말을 둘러대는 사람, 이 세 가지는 해로운 친구이다.[3]"

[1] 편벽은 꺼려하는 바를 교묘한 말로 피하여 아첨하는 자를 말한다.
[2] 얼굴을 잘 부드럽게 하는 사람을 말한다.
[3] 편(便)은 말을 잘 하다(辯)는 뜻이다. 아첨하며 말을 잘 둘러대는 것을 말한다.

원문

孔子曰: "益者三友, 損者三友. 友直, 友諒①, 友多聞, 益矣. 友便辟②, 便辟, 巧避人所忌, 以求容媚. 友善柔③, 面柔者也. 友便佞④, 損矣." 便, 辯也. 謂佞而辯. (제9권 『논어(論語)』)

주석

① 양(諒): 용서하다.
② 편벽(便辟): 교묘하게 남에게 아부를 잘하는 사람.
③ 선유(善柔): 선하고 상냥하고 유순한 태도로 남을 섬기다.
④ 편녕(便佞): 교묘하게 둘러대고 말로 아첨하다.

영역

Confucius said: "There are three kinds of friendship which are beneficial and three kinds of friendship which are harmful. Being friends with people who are fair-minded, sincere, and knowledgeable, are beneficial. Being friends with people who are deceptive, unprincipled and smooth talking, are harmful."

Scroll 9: Lun Yu

제21장

학문(學問)

공부하기

The Art of Learning

151 공부에 싫증내지 말라

공부에 싫증을 느끼지 않는 것이야 말로 자신을 다스리는 길이며, 가르침에
게으르지 않는 것이야말로 남을 다스리는 길이다.

원문

學不倦, 所以治己也; 敎不厭, 所以治人也. (제36권『시자(屍子)』)
학 불 권　소 이 치 기 야　교 불 염　소 이 치 인 야

영역

Never tire of learning for it will subdue our bad habits; never tire of teaching
for it will educate and transform people.

Scroll 36: Shi Zi

152 배움으로 쌓아라

군자는 부지런히 공부함으로써 학문과 도덕을 쌓아야 하며, 허심탄회하게 물어봄으로써 참뜻을 명백히 밝혀야 하며[1], 너그럽게 용서하는 마음으로 처세해야 하며, 인자한 박애정신으로 행동해야 한다.

[1] 군자의 덕으로 몸을 낮추어 아래에 처함으로써 모든 사람들이 자신을 받아들이게 만든다.

원문

君子學以聚之, 問以辨之, 以君德而處下體, 資納於物者也. 寬以居之, 仁
군 자 학 이 취 지   문 이 변 지   이 군 덕 이 처 하 체   자 납 어 물 자 야   관 이 거 지   인
以行之. (제1권 『주역(周易)』)
이 행 지

영역

A *superior person* will study hard so that he can accumulate knowledge and improve his moral standing. He will ask questions to find out about the truth. He is considerate in his dealings with people, and he uses benevolence and compassion to guide his actions.

Scroll 1: *Zhou Yi*

153 먼저 도구를 날카롭게 갈아라

장인이 일을 잘 하려면 먼저 도구를 날카롭게 갈아야 하며, 선비가 정의를 널리 알리려면 먼저 성현의 서적을 깊이 읽어야 한다. 『역경』에 이런 말이 있다. "군자는 선인의 훌륭한 말씀과 선행을 따라 배움으로써 자신의 덕행을 쌓아나간다."

원문

工欲善其事, 必先利其器; 士欲宣其義, 必先讀其書. 『易』曰: "君子
공 욕 선 기 사   필 선 이 기 기   사 욕 선 기 의   필 선 독 기 서   역 왈   군 자
以多志①前言往行, 以畜②其德." (제44권『잠부론(潛夫論)』)
이 다 지   전 언 왕 행   이 축 기 덕

주석

① 지(志): 기억하다, 기록하다.
② 축(畜): 배양하다, 쌓다.

영역

If a craftsman wishes to perfect his skills he must first sharpen his tools. If a scholar wishes to promote the teachings of righteous virtues he must first study the classics written by the sages. The book of *Yi Jing* said: "*A superior person* must remember and learn from the many paths taken by the forefathers so that he can enrich his own moral cultivation."

Scroll 44: Qian Fu Lun

154 진실한 학문

증자(曾子)가 말했다.

"군자는 힘써 자신의 나쁜 습관을 고치고, 자신의 잘못을 반성하며, 자신이 할 수 없는 일도 최선을 다해 극복해야 하며, 사사로운 욕망을 없애고, 도의에 부합되는 일이라면 미루지 말고 즉시 행해야 한다. 이렇게 해야만 진실한 학문을 한다고 할 수 있다."

원문

曾子曰: "君子攻其惡, 求其過, 强①其所不能, 去私欲, 從事②於義, 可謂學矣." (제35권『증자(曾子)』)

주석

① 강(強): 격려하다.
② 종사(從事): 어떠한 일에 참여하다, 어떠한 일에 주력하다.

영역

Zengzi said: "A *superior person* will exhaust all efforts to correct his own faults. He will examine his own shortcomings, break through his limitations, get rid of his selfish desires, and do what is right in accordance to the righteous principles. This can be said to be true scholarship•"

Scroll 35: ZengZi

155 틈나는 대로 배워라

공자께서 말씀하셨다.

"나는 일찍이 하루 종일 밥도 먹지 않고 밤새도록 잠도 자지 않으며 생각에 생각을 끝없이 해 본 적이 있다. 하지만 아무런 소득도 얻지 못했다. 그 시간에 차라리 성현의 경전을 배우는 것이 더 나았을 것이다."

원문

子曰: "吾嘗終日不食, 終夜不寢, 以思, 無益, 不如學也." (제9권 『논어(論語)』)
자 왈   오 상 종 일 불 식   종 야 불 침   이 사   무 익   불 여 학 야

영역

Confucius said: "I have tried to spend a whole day without eating and a whole night without sleeping in order to meditate but I got nothing out of it. I might just as well study the classics written by the sages."

Scroll 9: *Lun Yu*

156 나의 스승과 적

선한 것을 보면 조금의 간극도 없이 배우고 본받아 자신의 것으로 만들어야 하며, 선하지 못한 것을 보면 반드시 경계하고 반성하여 반면교사로 삼아야 한다.

그렇기에 나를 비판하더라도 정당한 사람이면 바로 나의 스승이고, 나를 옳다 할 때도 정당한 사람이 바로 나의 진정한 친구이다. 그러나 나에게 아첨하고 알랑거리는 사람이라면 그가 바로 나의 적이다.

원문

見善, 必以自存也; 見不善, 必以自省也. 故非①我而當者, 吾師也,
견 선 필 이 자 존 야   견 불 선   필 이 자 성 야   고 비   아 이 당 자   오 사 야

是②我而當者, 吾友也; 諂諛我者, 吾賊也. (제38권 『손경자(孫卿子)』)
시   아 이 당 자   오 우 야   첨 유 아 자   오 적 야

주석

① 비(非): 반대하다, 책망하다.
② 시(是): 찬성하다. 찬성(贊成)하다, 긍정하다.

영역

I reflect upon the good deeds done by others and I will learn from them. I will also reflect upon the bad deeds done by others and warn myself against them. People who give me direct and accurate criticisms are my teachers. People who give me their support in a reasonable manner are my friends. People who fawn over me are the ones who will hurt me.

Scroll 38: *Sun Qing Zi*

제22장

유항(有恒)

인내하라

Perseverance

157 천리 길도 한 걸음부터

두 팔로 에워싸야 하는 큰 나무도 어린 작은 묘목이 성장하여 그렇게 된 것이며[1], 9층이나 되는 높은 누각도 흙을 하나하나 쌓아 올라가 만들어진 것이며[2], 천리의 먼 길도 첫 발자국부터 시작된 것이다.[3]

[1] 작은 것에서부터 크게 자랐다는 말이다.
[2] 낮은 것에서부터 높게 되었다는 말이다.
[3] 가까운 곳에서부터 먼 곳으로 갔다는 말이다.

원문

合抱之木, 生於毫末, 從小成大也. 九層之臺, 起於累土, 從卑至高. 千
里之行, 始於足下. 從近至遠. (제34권 『노자(老子)』)

영역

A tree you can barely get your arms around grows from a tiny shoot. A nine-story tower begins as a heap of earth. A journey of a thousand miles begins with a single step.

Scroll 34: *Lao Zi*

158 바다도 한 방울 물이 모여서 만들어 진다

반걸음이라도 내딛지 않으면 천리 길을 갈 수가 없고, 한 방울의 물일지라도 모이지 않으면 드넓은 강과 바다를 이룰 수 없다.[1]

[1] 이로부터 알 수 있는바, 어떤 일이든 모두 작은 데로부터 점차 크게 누적되어 형성하니 단걸음에 하늘에 오를 수는 없다.

원문

故不積跬步①, 無以至千里, 不積小流, 無以成河海. (제38권 『손경자(孫卿子)』)

주석

① 규보(跬步): 반보. 옛날에는 사람이 길을 걸을 때 한발 내딛는 걸음을 규(跬), 두발 내딛는 것을 보(步)라고 했다.

영역

Without taking continuous steps, a journey of a thousand miles cannot be done. Without gathering water from small streams, no rivers or oceans can be formed.

Scroll 38: *Sun Qing Zi*

159 영원한 덕

「항괘(恒卦)」 93괘상:

덕성을 끝까지 유지하지 못하면 수모를 당하게 되고[1], 덕성을 끝까지 유지하지 못하면 세상에서 버틸 곳이 없게 된다.

[1] 덕행이 오래 가지 못하면 스스로 모순되고 뒤섞이게 되어 옳고 그름을 따질 수가 없게 되고, 그래서 수모를 당하게 된다.

원문

九三: 不恆其德, 或①承之羞. 德行無恒, 自相違錯, 不可致詰, 故或承之羞
구삼　　불항기덕　혹　승지수　덕행무항　자상위착　불가치힐　고혹승지수
也. 不恆其德, 無所容也. (제1권 『주역(周易)』)
야　불항기덕　무소용야

주석

① 혹(或): 혹여, 아마. 부정적인 뜻을 나타냄.

영역

In the oracle of *Heng*, this is revealed: He who does not continuously maintain his virtues may face disgrace. He who does not continuously maintain his virtues will not be allowed by society to establish himself.

Scroll 1: *Zhou Yi*

제4부
위정(爲政)
정치하기

ON THE SUBJECT
OF
ADMINISTRATION

제23장

무본(務本)

근본에 충실하라

Engaging the Principles

공자께서 말씀하셨다.

"천하를 다스리는데 아홉 가지 중요한 강령이 있습니다. 즉 자기 자신을 수양하여 바르게 세우고, 현인을 존중하고, 가족을 가까이 하고 사랑하며, 대신에게 예의를 갖추고 경의를 표하며, 신하들을 자상하게 보살펴주며, 백성을 자기 자식처럼 사랑하고 아끼며, 모든 영역의 장인을 불러 모으고, 먼 곳의 백성까지 위로해주며, 각지의 제후를 안정시키는 것입니다.

자기 자신을 수양하면 도가 수립되고, 현인을 존중하면 유혹에 사로잡히지 않게 되며, 친한 이를 가까이 하면 사촌이나 형제 사이에 원한이 생기지 않게 되며, 대신을 공경하면 혼란에 빠지지 않게 되며, 신하들을 자상히 보살펴주면 신하들이 나라에 충정을 바치게 되며, 백성을 자기 자식처럼 사랑하고 아끼면 백성들은 근면하게 살게 되며, 모든 영역의 장인을 불러 모으면 나라가 부유해 지며, 먼 곳의 백성까지 위로하면 사면팔방의 사람들이 귀순하여 운명을 함께 하게 되며, 각지의 제후를 품어주면 온 천하가 경외하며 진심으로 받들게 됩니다."

그러자 애공(哀公)이 물었다. "어떻게 해야 이 모든 것을 실천할 수 있습니까?" 공자께서 대답하셨다.

"마음은 엄숙하고 성실하고 공손해야 하며, 외모는 단정하고 반듯해야 하며, 예의에 맞지 않는 일은 절대로 하지 않는 것이 자기 자신을 바르게 세우는 방법입니다. 험담을 버리고 여색을 멀리하고 재물을 가볍게 생각하고 도덕을 중히 여기는 것이 현인을 존중하는 방법입니다. 재능에 따라 직위를 수여하고 녹봉을 증가시켜 상대방이 좋아하고 싫어하는 것을 이해하는 것이 가족의 화목을 증진시키는 방법입니다. 고위 관직을 수여하고 중임을 맡기는 것이 대신을 공경하는 방법입니다. 충성스럽고 성실한 자에게 후한 녹봉을 주는 것은 현인을 독려하는 방법입니다. 때에 맞추어 인력을 부리며 세금을 줄여

주는 것이 백성을 자식처럼 사랑하는 방법입니다. 날이면 말마다 작업을 테스트하고 시험성적에 따라 보수를 지급하는 것이 각 영역의 장인을 불러오는 방법입니다. 오고가는 각지의 사람들을 정성껏 접대하며 선행을 포상하고 격려하고 약세를 연민하는 것이 먼 곳에 있는 백성을 위로하는 방법입니다.[1] 단절된 후손을 계속 이어 내려가게 하고, 쇠퇴하고 폐쇄된 나라를 진흥시키며, 평시에 외교예절을 유지하고, 공납품이 보잘것없어도 답례를 후하게 내리는 것이 제후를 위로하는 방법입니다.

천하의 나라를 다스리는데 이 아홉 가지 중요한 강령이 있지만, 그것들이 지향하는 바는 모두 하나로 귀결됩니다."

[1] 유(綏)는 편안하게 하다는 뜻이다.

원문

孔子曰: "凡爲天下國家者, 有九經①焉, 曰: 修身也, 尊賢也, 親親也, 敬大臣也, 體群臣也, 子庶人也, 來百工也, 柔遠人也, 懷諸侯也. 修身則道立, 尊賢則不惑, 親親則諸父昆弟不怨, 敬大臣則不眩②, 體群臣則士之報禮重, 子庶民則百姓勸, 來百工則財用足, 柔遠人則四方歸之, 懷諸侯則天下畏之."

公曰: "爲之奈何?" 孔子曰: "齊莊盛服, 非禮不動, 所以修身也, 去讒遠色, 賤貨而貴德, 所以尊賢也, 爵其能, 重其祿, 同其好惡, 所以篤③親親也, 官盛任使, 所以敬大臣也, 盛其官, 任而使之也. 忠信重祿, 所以勸士也, 忠信者, 與之重祿也. 時使薄斂, 所以子百姓也, 日省月考, 其稱事⑤, 所以來百工也, 其稟④食之, 各當其職事也. 送往迎來, 嘉善⑥而矜⑦不能, 所以綏⑧遠人也, 綏, 安也. 繼絶世, 擧廢邦, 朝聘⑨以時, 厚往而薄來, 所以懷諸侯也. 治天下國家有九經焉, 其

所以行之者一也." (제10권『공자가어(孔子家語)』)
소 이 행 지 자 일 야

주석

① 9경(九經): 나라를 다스리고 천하를 평안케 하는 아홉 가지 준칙.

② 현(眩): 미혹시키다, 혼란하다.

③ 독(篤): 두텁게 하다.

④ 기품(既稟): 희름(餼廩). 고대 관청에서 발급하던 곡식. 기(既)는 희(餼)와 같아 생계를 유지하는데 필요한 양식을, 품(稟)은 름(廩)과 같아 곡식을 말한다.

⑤ 칭사(稱事): 업적.

⑥ 가선(嘉善): 선한 사람에게 주는 상.

⑦ 긍(矜): 연민하다.

⑧ 수(綏): 안정되다, 안위하다.

⑨ 조빙(朝聘): 고대 제후들이 몸소 혹은 사자를 파견하여 천자를 알현하던 일.『예기(禮記)』에 의하면, "제후는 천자에 대하여, 해마다 대부를 사자로 보내어 방문케 하고, 3년에 한 번씩 경을 사자로 보내어 방문케 하며, 5년에 한 번씩 제후가 직접 가서 알현한다."라고 했다.

영역

Confucius said: "In order for any ruler who wants to govern a country successfully, he must attend to the nine cardinal rules. These are:

1. Cultivating a ruler's personal conduct.
2. Honoring worthy individuals.
3. Cherishing his kindred duties.
4. Respecting high ministers of the state.
5. Showing empathy to the whole body of public officials.
6. Loving the people as if they were his children.
7. Soliciting the services of different craftsmen and professionals.
8. Showing kindness to people from far countries.
9. Taking interest in the welfare of the other feudal lords.

When the ruler pays attention to the cultivation of his personal conduct, he will be able to build his virtuous character unaffected by fame and wealth. When the ruler honors worthy individuals, he will not be deceived by devious officials. When the ruler cherishes affection for his kindred, there will be no disaffection among the members of his family. When the ruler shows respect to the high ministers of the state, he will not be prone to making mistakes. When the ruler shows empathy to the whole body of public officials, there will be a strong spirit of loyalty among the officials. When the ruler loves the people as if they were his children, the mass of the people will exert themselves for the good of the state. When the ruler is able to entice different craftsmen and professionals to live in the state, their presence will increase wealth and revenue for the state. When the ruler shows kindness to the people from far countries, they will be brought to pledge their allegiance to him from all quarters. When the ruler takes interest in the condition and welfare of the lords of the land, he will inspire awe and respect for his authority throughout the whole world."

Duke Ai asked Confucius: "So how can this be achieved?" Confucius said: "By attending to sincerity and to the propriety and dignity of his attire, and in every word and act permitting nothing which is contrary to good taste and decency: this is how the ruler cultivates his personal conduct. By banishing all flatterers and keeping away from the temptations of women, loathing possession of material goods but valuing moral qualities in people: this is how the ruler gives honor to worthy individuals. By raising family members to high places of honor and bestowing ample emoluments that corresponds to their abilities, sympathizing with their tastes and opinions: this is how the ruler inspires love among members of his family. By conferring high government positions and giving them important duties: this is how the ruler shows his respect to the high ministers of the state. By bestowing a liberal scale of pay to the faithful and trustworthy: this is how the ruler gives encouragement to capable officials. By employing them only at the proper times, and making all taxes as little as possible: this is how the ruler shows his love for his people. By ordering daily inspection and monthly examination, rewarding each according to the degree of his workmanship: this is how the ruler is able to acquire the services of the artisan class. By welcoming people from all over the world, commending what is good in them and making allowance for the weak: this is how the ruler shows kindness to strangers from far countries. By restoring broken lines of succession and reviving subjugated states, putting down anarchy and disorder wherever they are found, and giving support to the weak against the strong. Fixing specific time periods for the attendance of diplomatic envoys at court, lading them with abundant presents when they leave while exacting little from them in the way of contribution when they come: this is how the ruler takes interest in the welfare of the lords of the land. For everyone who is called to the government of nations, these are the nine cardinal bearings to be attended to, and the key by which they can be carried out, is through 'Sincerity'."

Scroll 10: *Kong Zi Jia Yu*

161 백성이 나라의 근본이다

백성이 나라의 근본이며, 근본이 견고해야 나라가 안정된다.[1]

[1] 임금은 백성들을 견고하게 함으로써 나라를 안정시켜야 한다는 말이다.

원문

民惟邦本, 本固邦寧. 言人君當固民以安國也. (제2권 『상서(尙書)』)
민 유 방 본   본 고 방 녕   언 인 군 당 고 민 이 안 국 야

영역

People constitute the foundation of a nation. When the foundation is stable, the nation will become peaceful and harmonious.

Scroll 2: *Shang Shu*

162 자신이 모범이 되어야 인재를 얻을 수 있다

주나라 문왕과 무왕의 정치방법은 문헌에 잘 기록되어 있다.

그런 사람이 존재하면 인정(仁政)이 시행될 수 있고, 그런 사람이 사라지면 훌륭한 정치도 따라서 멈추고 만다. 그래서 시정의 관건은 인재를 얻는데 있다. 인재를 얻고자 한다면 자신이 모범이 되어야 하는데, 도덕으로 자신을 수양해야 하며, 어진 마음으로 도덕을 닦아야 한다.

원문

文武之政, 布①在方策②. 其人存, 則其政擧; 其人亡, 則其政息. 故
문 무 지 정   포   재 방 책   기 인 존   즉 기 정 거   기 인 망   즉 기 정 식   고
爲政在於得人. 取人以身, 修身以道, 修道以仁. (제10권 『공자가어(孔子
위 정 재 어 득 인   취 인 이 신   수 신 이 도   수 도 이 인
家語)』)

주석

① 포(布): 진(陳), 진열.
② 방책(方策): 간책(簡冊). 전적(典籍). 방책(方冊). 방(方)은 고대의 문자를 쓰는 목판을, 책(策)은 고대에 일을 기록하는데 사용한 대나무쪽과 나무판을 한데 묶은 것을 말한다.

영역

The governing principles of King Wen and King Wu are recorded in the classics. Rulers such as them enable a benevolent government to be formed. Without rulers like them, benevolent governments will cease to exist. Hence, the key to forming a good government is in having good people to run the government, and good people will be drawn to leaders who are able and virtuous, whose character is in line with the principles of morality and ethics grounded in benevolence.

Scroll 10: *Kong Zi Jia Yu*

옛날, 주나라 성왕(成王)이 포대기에 싸인 아기였을 때 소공(召公)을 청하여 태보(太保)직을, 주공(周公)을 청하여 태부(太傅)직을, 태공(太公)을 청하여 태사(太師)직을 맡겼다. 보(保)는 태자의 몸을 보호하고, 부(傅)는 도덕과 인의로 그를 가르치고, 사(師)는 성현의 가르침으로 그를 깨닫게 하는 직무를 부여받았는데, 이것이 바로 삼공의 직책이다. 이후에 또 '삼소(三少)'를 세웠는데, 소보(少保), 소부(少傅), 소사(少師)가 그들이며, 그들은 태자와 함께 생활한 사람들이다.

그리하여 삼공과 삼소는 태자가 어린이가 되어 철이 들기 시작할 때쯤이면 효(孝), 인(仁), 예(禮), 의(義)의 도리를 깨우치게 하여 태자를 이끌어 실천하게 하였고, 간사함을 몰아내 나쁜 행위는 아예 보지 못하게 하였다. 그리고 천하에서 가장 품행이 단정한 인사와 효성이 지극하며 견문이 넓고 학문과 도덕성을 갖춘 사람을 선발하여 태자를 보호하고 보조하게 하였으며, 늘 태자와 함께 지내며 함께 출입하게 하도록 하였다. 그리하여 태자는 태어나서부터 올바른 일만 보았고 올바른 말만 들었으며 올바른 길만 걸었으며, 그의 전후좌우에는 모두 현인군자뿐이었다. ……

공자께서 말씀하셨다. "어려서부터 키워온 품성이 자연스레 습관으로 변하는 법이다."

원문

昔者成王, 幼在襁褓①之中, 召公爲大保, 周公爲太傅, 太公爲太師.
석자성왕 유재강보 지중 소공위대보 주공위태부 태공위태사

保保其身體, 傅傅之德義, 師導之教訓: 此三公職也. 於是爲置三少,
보보기신체 부부지덕의 사도지교훈 차삼공직야 어시위치삼소

少保少傅少師, 是與太子宴者也. 故乃孩提有識, 三公三少, 明孝仁
소보소부소사 시여태자연자야 고내해제유식 삼공삼소 명효인

禮義, 以導習之, 逐去邪人, 不使見惡行. 於是皆選天下之端士, 孝
예의 이도습지 축거사인 불사견악행 어시개선천하지단사 효

悌博聞有道術者, 以衛翼②之, 使與太子居處出入. 故太子乃生而見
제박문유도술자 이위익 지 사여태자거처출입 고태자내생이견

正事, 聞正言, 行正道, 左右前後皆正人.……孔子曰: "少成若天性,
정사 문정언 행정도 좌우전후개정인 공자왈 소성약천성

習貫如自然." (제16권 『한서(漢書)』 4)
습관여자연

① 강보(襁褓): 영아를 업는데 사용하는 천으로 만든 띠나 영아를 싸안는 이불.

② 위익(衛翼): 보좌하다.

③ 관(貫): 관(慣). 습관.

When King Cheng of Zhou dynasty was an infant, Zhao Gong was the crown
princes Tai-bao, whose duty was to safeguard the physical wellness of the crown
prince. Zhou Gong, was his Tai-fu, whose duty was to guide the crown prince
with moral and ethical codes of conduct. And Tai Gong, who was his *Tai-shi*,
was responsible for inspiring the crown prince with the wisdom of the sages.
In addition to the Three Venerated Elders (*San-gong*) and their duties, another
Three Supporting Elders (*San-shao*), namely—*Shao-bao*, *Shao-fu* and *Shao-shi*
were established to accompany the crown prince in his learning on a daily basis.
Thus, ever since the young prince could comprehend teachings, the three
venerated elders and the three supporting elders had imparted lessons on the
moral principles of filial piety, benevolence, propriety and righteousness to the
crown prince, guiding him to implement these principles. Moreover, all deviant
characters were banished from the vicinity of the prince so that he would not
be corrupted by deviant behavior. Only individuals who were filial and
respectful of kinship, knowledgeable and virtuous were chosen to live with the
prince on a daily basis. Therefore, from the moment that the crown prince was
born, all that he saw was proper, all that he heard was proper, and all that he
practiced was proper because all the people by his side were righteous
gentlemen. ... Confucius said: "Lessons learned from a young age will become so
natural to an individual that they become natural habits."

Scroll 16: Han Shu, Vol 4

164 민심을 얻어라

현능한 대신의 보좌와 우수한 인재의 도움 없이 공을 세우고 이름을 이루며 반란을 진압하며 역사를 이어온 나라는 지금껏 없었다. 그러므로 나라를 키우는 것이 중요한 것이 아니라 민심을 얻는데 힘써야 하며, 보좌하는 대신이 많아야 하는 것이 아니라 현능한 사람을 얻는데 힘써야만 한다. 민심을 얻은 사람은 백성들이 지지하기 마련이며, 현능한 대신이 보좌하는 사람에게는 여러 선비들이 귀순하여 따르게 되는 법이다.

원문

國無賢佐俊士, 而能以成功立名´ 安危繼絶①者, 未嘗有也. 故國不務大, 而務得民心; 佐不務多, 而務得賢俊. 得民心者民往之, 有賢佐者士歸之. (제43권 『설원(說苑)』)

주석

① 계절(繼絶): 망한 종묘와 제사를 되살리고 끊긴 후손을 잇다.

영역

A country that can succeed in establishing a good reputation and turn crisis into peace without resorting to the help from the able and virtuous is something quite unheard of. Likewise, a country need not be big but the government must have the peoples trust. The number of government officials need not be high but the government must have able and virtuous people to assist in its administration. People will support a government that is trustworthy, and able people will be drawn to a leader flanked by able and virtuous officials.

Scroll 43: Shuo Yuan

165 사람의 가장 중요한 도리

애공이 공자에게 물었다. "사람의 도리(人道) 중 무엇이 가장 중요합니까?" 그러자 공자가 대답하셨다.

"사람의 도리 중에서 정치가 가장 중요합니다. 정치(政治)라고 할 때의 정(政)은 바르게 하다(正)는 뜻입니다. 임금 자신이 우선 발라야 백성도 따라서 발라집니다." ……

애공이 다시 물었다. "정사(政事)는 어떻게 처리해야 합니까?" 공자가 대답하셨다.

"부부의 직책을 달리하고, 부자가 서로 사랑하며, 군신(君臣)은 서로 믿음이 있어야 합니다. 이 세 가지 인륜(人倫)이 바로잡히면 다른 만물도 따라서 바로 잡히게 됩니다."

원문

公問曰: "敢問人道誰爲大?" 孔子對曰: "夫人道政爲大. 夫政者正也. 君爲正, 則百姓從而正矣." ……公曰: "敢問爲政如之何?" 孔子對曰: "夫婦別, 父子親, 君臣信. 三者正, 則庶物①從之矣." (제10권 『공자가어(孔子家語)』)

주석

① 서물(庶物): 여러 가지 사물, 만물.

Duke Ai asked Confucius: "What is the most important element in humanity?" Confucius said: "In the way of humanity, *Zheng*, proper governing is most important, and *Zheng* is uprightness. When rulers are upright, the populace will follow and become the same." ... Duke Ai pressed further: "May I ask how should one govern?" Confucius replied: "Husband and wife play different roles; parents and children are affectionate toward each other; superiors and subordinates show trust toward one another. When these three relationships are properly in place, all other relationships will work out amicably."

Scroll 10: *Kong Zi Jia Yu*

166 정성이 모든 것의 근본이다

천지가 넓고도 크다지만 정성이 없으면 만물을 키워낼 수 없고, 성인이 가장 지혜롭다지만 정성이 없으면 만민을 교화할 수 없다. 부자 사이가 가장 친근하다지만 정성이 없으면 멀어지고, 임금이 가장 존귀하다지만 정성이 없으면 백성의 존중을 받지 못한다.

그러므로 정성이라는 것은 군자가 지켜야 할 바이며, 나라를 다스리는 근본이다.

원문

天地爲大矣, 不誠則不能化萬物; 聖人爲智矣, 不誠則不能化萬民;
천 지 위 대 의 불 성 즉 불 능 화 만 물   성 인 위 지 의 불 성 즉 불 능 화 만 민

父子爲親矣, 不誠則疏; 君上爲拵矣, 不誠則卑. 夫誠者, 君子之守,
부 자 위 친 의 불 성 즉 소 군 상 위 존 의 불 성 즉 비 부 성 자 군 자 지 수

而政事之本也. (제38권『손경자(孫卿子)』)
이 정 사 지 본 야

영역

Heaven and earth may be enormous but without sincerity they will not be able to give life to thousands of things. Sages maybe intelligent but without sincerity they will not be able to transform thousands of people with their teachings. Relationship between parents and children maybe intimate but without sincerity they will drift apart. Kings are considered the noblest by status but without sincerity they will not be respected. Hence, "Sincerity" is that which a *superior person* will honor, and it is also the foundation of a good government.

Scroll 38: Sun Qing Zi

167 명분부터 바로 잡아라

자로(子路)가 공자에게 여쭈었다. "위(衛) 나라의 국왕이 스승님에게 그를 보좌하여 나라를 다스리라고 하신다면 스승께서는 어떤 일부터 하시겠습니까?"

그러자 공자께서 말씀하셨다. "반드시 명분을 바로잡는 일부터 먼저 할 것이다. 모든 일의 명분을 실제와 부합되게 해야 할 것이다. 명분을 바로잡지 않으면 말이 순리에 맞지 않게 되고, 말이 순리에 맞지 않으면 일이 성공하기가 쉽지 않고, 일이 성공하지 못하면 예법과 음악의 교화가 발전할 수 없으며, 예법과 음악이 발달하지 못하면 형벌의 집행이 정당하지 못하게 되며[1], 형벌의 집행이 정당하지 못하면 백성은 어찌할 바를 모르게 되어 천하가 혼란에 빠지고 만다."

[1] 예(禮)는 윗사람을 안정시키고, 악(樂)은 교화의 풍기를 옮긴다. 그래서 이 둘이 시행되지 않으면 형벌이 제멋대로 행해지게 된다.

원문

子路曰: "衛君①待子而爲政, 子將奚先?" 問往將何所先行之也. 子
자로왈   위군 대자이위정   자장해선   문왕장하소선행지야   자
曰: "必也, 正名乎! 正百事之名也. 名不正, 則言不順; 言不順, 則
왈   필야   정명호   정백사지명야   명부정   즉언불순   언불순   즉
事不成; 事不成, 則禮樂不興; 禮樂不興, 則刑罰不中②; 禮以安上, 樂
사불성   사불성   즉예악불흥   예악불흥   즉형벌부중   예이안상   악
以移風, 二者不行, 則有淫刑濫罰矣. 刑罰不中, 則民無所措手足." (제9권
이이풍   이자불행   즉유음형람벌의   형벌부중   즉민무소조수족
『논어(論語)』)

주석

① 위군(衛君): 위 영공(衛靈公)의 손자인 출공첩(出公輒)을 말한다. 그의 아버지 괴외(蒯聵)가 영공(靈公)의 정처(正妻)였던 남자(南子)를 모해하려하다가 실패하여 도주하자 그가 조부 위 영공을 승계하여 그 나라의 군주가 되었다.

② 중(中): 적당하다, 합당하다.

Zilu asked Confucius: "If the ruler of Wei is anticipating your assistance in the administration of his state, what will be your top priority?" Confucius said: "What is necessary is to define terms more precisely. If terms are not precise, then what is commanded cannot be accurately obeyed. If what is commanded cannot be accurately obeyed, work cannot be accomplished. If work cannot be accomplished, propriety and music will not flourish. If propriety and music do not flourish, punishments will not be properly applied. If punishments are not properly applied, then people will have no standard to judge their actions."

Scroll 9: *Lun Yu*

168 집 안의 도를 바로 세워라

「단전(彖傳)」에 이런 말이 있다.

'가인괘(家人卦)'는 여자는 집안에서 바르게 자리를 잡고, 남자는 밖에서 바르게 자리를 잡아야 하며, 이것이 천지간의 큰 이치임을 말한다.[1]

[1] 가정에는 엄격하고 공정한 호주가 있어야 하는데 바로 부모가 그들이다. 아버지는 아버지로서의 도리를 다하고, 아들은 아들로서의 도리를 다하고, 형은 형으로서의 도리를 다하고, 동생은 동생으로서의 도리를 다하고, 남편은 남편으로서의 도리를 다하고, 아내는 아내로서의 도리를 다해야, 집안의 도리가 바로 선다. 모든 가정에서 집안의 도가 바로 서면 천하가 안정된다.

원문

『彖』曰: 家人, 女正位乎內, 男正位乎外①, 天地之大義也. 家人有嚴君焉, 父母之謂也. 父父, 子子, 兄兄, 弟弟, 夫夫, 婦婦, 而家道正, 正家而天下定矣. (제1권 『주역(周易)』)

주석

① 여정위호내, 남정위호외(女正位乎內, 男正位乎外): '여(女)'는 62효(爻)를 가리키고, '남(男)'은 95효를 가리킨다. 이는 2와 5의 두 가지 효로 내외 괘상(卦象)을 얻는다. 즉, 여자는 집안일을 보고 남자는 바깥일을 본다는 의미로 점괘를 풀이한다.

The book of *Tuan Zhuan* said: "In the oracle named 'family members': A woman has her correct place on the inside, a man has his correct place on the outside. This is the great equitable way of heaven and earth. Each family is headed by 'leaders'—a term referring to the father and the mother—who are serious and principled. When parents fulfill their duties as parents; when children fulfill their duties as children; when elder brothers fulfill their duties as elder brothers; when younger brothers fulfill their duties as younger brothers; when a husband fulfills his duties as a husband; when a wife fulfills her duties as a wife, then the family will live in harmony. When all families live in harmony, the whole world will become stable and harmonious."

Scroll 1: *Zhou Yi*

169 백성을 부유하게 하는 법

백성을 부유하게 하려면 농업을 근본으로 삼고, 돌아다니면서 하는 일을 말 단으로 삼아야 한다. 각종 공예는 실용을 근본으로 하고 조각과 장식을 말단 으로 삼아야 한다. 사고파는 상업은 화물유통을 근본으로 하고 진기한 화물 을 판매하는 것을 말단으로 삼아야 한다. 이 세 가지에서 근본을 지키고 말 단을 멀리하면 백성은 곧 부유해질 것이나, 근본을 멀리하고 말단을 지키면 백성은 빈곤에 빠지고 말 것이다. 백성이 빈곤하면 곤경에 빠져 선을 행할 마음이 없어지고, 백성이 부유하면 안정되고 즐거워하며 교화도 쉬워진다.

교육과 훈도는 도덕과 인의를 근본으로 삼고 교묘한 언변을 말단으로 삼아야 한다. 언론과 말은 신용과 이치를 근본으로 하고 기이함과 화려함을 말단으 로 삼아야 한다. 지식인은 부모에게 효도하고 형제간에 우애하는 것을 근본 으로 하고 친구와 사귀며 교제하는 것을 말단으로 삼아야 한다. 부모에게 효 도하고 형에게 공손함에 있어서 정성을 다해 봉양하는 것을 근본으로 하고 겉으로만 격식을 차리는 것을 말단으로 삼아야 한다. 부하로서는 충성과 정 직함을 근본으로 하고 아첨과 비위를 맞추는 것을 말단으로 삼아야 한다.

이 다섯 가지 근본을 지키고 말단을 멀리한다면 인의의 기풍이 흥성할 것이 나, 근본을 멀리하고 말단만 지킨다면 도덕은 무너지고 말 것이다.

원문

夫富民者, 以農桑爲本, 以遊業①爲末; 百工者, 以致用爲本, 以巧飾
부부민자 이농상위본 이유업 위말 백공자 이치용위본 이교식
爲末; 商賈者, 以通貨爲本, 以鬻奇②爲末. 三者守本離末, 則民富;
위말 상고자 이통화위본 이죽기 위말 삼자수본리말 즉민부
離本守末, 則民貧; 貧則阤③而忘善, 富則樂而可敎.
이본수말 즉민빈 빈즉액 이망선 부즉락이가교
敎訓者, 以道義爲本, 以巧辨爲末; 辭語者, 以信順④爲本, 以詭麗⑤
교훈자 이도의위본 이교변위말 사어자 이신순위본 이궤려
爲末; 列士⑥者, 以孝悌爲本, 以交遊⑦爲末; 孝悌以致養⑧爲本, 以華
위말 열사자 이효제위본 이교유위말 효제이치양 위본 이화
觀爲末; 人臣者, 以忠正爲本, 以媚愛⑨爲末. 五者守本離末, 則仁義
관위말 인신자 이충정위본 이미애 위말 오자수본리말 즉인의

興, 離本守末, 則道德崩[10]. (제44권 『잠부론(潛夫論)』)
홍 이 본 수 말 즉 도 덕 붕

주석

① 유업(遊業): 돌아다니면서 하는 직업. 예를 들면, 행상(行商) 등을 말한다.

② 죽기(鬻奇): 귀중한 물품을 판매한다는 뜻.

③ 액(阨): 고난스럽다, 궁색하다.

④ 신순(信順): 진실하고 통달하다.

⑤ 궤려(詭麗): 기이하고 화려하다.

⑥ 열사(列士): 옛날의 상사(上士), 중사(中士)와 하사(下士)의 통칭.

⑦ 교유(交遊): 교제하다, 친구를 사귀다.

⑧ 치양(致養): 노인을 봉양하다.

⑨ 미애(媚愛): 남의 환심을 사다, 총애를 얻다.

⑩ 붕(崩): 부패하다, 무너지다.

영역

To increase wealth for the people, first and foremost base the economy on farming and textile production above miscellaneous economic activities. To utilize the skills of craftsmen properly, place the priority on practical projects above decorative works. In business transactions, place proper distribution of goods to the populace above selling exotic items. People will become wealthier if these three principles are followed. But if the least important became the most important, people will become poorer, and when they become poorer they will forsake proper behavior as opposed to what they would do if they were richer. Likewise, in the field of education, imparting lessons that enable people to become moral individuals is more important than training people to become artful debaters. In the use of language, being truthful and sensible is more important than the ability to use flowery and cunning descriptions. For a learned individual, being filial and respectful toward his parents and elders is more important than entertaining his friends. In the practice of filial piety, what is important is to perform ones duties with utmost reverence rather than lavishly displaying pomp and ceremony. For a subordinate, being loyal to his superior is more important than being a flatterer.

If these five principles are followed, the practice of benevolence and righteousness will flourish. Abandoning what is important and pursuing what is less important will lead to the decline of morality in society.

Scroll 44: Qian Fu Lun

170 나라의 뿌리와 가지

인의예법은 나라를 다스리는 근본이며, 법령과 형벌은 지엽 같은 말단이다. 근본이 없으면 국가를 장구하게 세울 수 없으며, 지엽이 없으면 안정적으로 건설할 수가 없다. 예의(禮義)로 교화하고 나라를 다스리려면 인의를 우선하여 실행하고, 공경함과 사양정신을 솔선수범하여야 한다. 그리하여 백성들로 하여금 자신도 모르는 사이에 생활 속에서 개과천선한 사람이 되도록 해야 한다.

원문

夫仁義禮制者, 治之本也, 法令刑罰者, 治之末也. 無本者不立, 無末者不成. 夫禮教之治, 先之以仁義, 示之以敬讓①, 使民遷善②日用③而不知也. (제50권 『원자정서(袁子正書)』)

주석

① 경양(敬讓): 예의가 바르고 겸손하다.
② 천선(遷善): 악한 것을 버리고 선을 행하다, 잘못을 바로잡고 선을 행하다.
③ 일용(日用): 매일 응용하다, 일상적으로 응용하다.

영역

The standards of benevolence, righteousness, and propriety form the roots of the administration. The standards of law and punishment form the offshoots of an administration. Without the roots, a nation cannot be established. Without the offshoots a nation cannot be developed. To engage propriety and righteous principles to guide a nation, the administration must first implement benevolent rule and lead the people to nurture respects and humility, making them akin to proper conducts without being aware that this is happening.

Scroll 50: *Yuan Zi Zheng Shu*

171 지켜야할 여섯 가지 근본

공자께서 말씀하셨다.

"사회를 살아가려면 여섯 가지 근본적인 준칙을 따라야 하며, 그런 다음에 군자가 될 수 있다. 입신(立身)하려면 인의에 부합되어야 하는데, 효가 그 근본이다. 장례는 예절이 있어야 하는데, 애통해 하는 것이 그 근본이다. 진을 치고 전쟁을 할 때는 질서가 있어야 하는데, 용맹함이 그 근본이다. 정무를 다스리는 데는 도리가 있어야 하는데, 농업이 그 근본이다. 나라를 안정시키는 데는 이치가 있어야 하는데, 신중하게 계승자를 선택하는 것이 그 근본이다. 부를 창조하는 데는 알맞은 때가 있어야 하는데, 힘써 일하는 것이 그 근본이다.

근본도 튼튼하지 못한데 곁가지를 풍성하게 하는데 힘써서는 아니 된다. 친척 사이마저 단결하지 못하고 화목하지 못한데 남과의 교제에 진력해서는 아니 된다. 일에 시작만 있고 끝은 없는데 다양한 사업에 종사해서는 아니 된다. 그러므로 근본으로 되돌아가 가까이부터 시작하는 것이 군자가 취해야 하는 원칙과 방법이다."

원문

孔子曰: "行己有六本焉, 然後爲君子. 立身有義矣, 而孝爲本; 喪紀①有禮矣, 而哀爲本; 戰陣②有列矣, 而勇爲本; 治政有理矣, 而農爲本; 居國有道矣, 而嗣③爲本; 繼嗣不立, 則亂之源也. 生財有時矣, 而力爲本. 置本不固, 無務豐末; 親戚不悅, 無務外交; 事不終始, 無務多業; 反本修④, 君子之道也." (제10권 『공자가어(孔子家語)』)

① 상기(喪紀): 장례.
② 전진(戰陣): 진을 치고 싸우다.
③ 사(嗣): 왕위 혹은 직위의 계승자.
④ 반본수(反本修): 사부총간 『공자가어』에 따르면 '반본수이(反本修邇)'로 되었다. 사물의 근본으로 돌아와 가까운 데서부터 시작하다는 뜻이다.

영역

Confucius said: "There are six fundamental principles that a person must be aware of before he is qualified as a *superior person*. They are: The basis of benevolence and righteousness is filial piety. The basis of funeral rites and rituals is the spirit of mournfulness. The basis of a brilliant military strategy is bravery. The basis of a sensible government policy is agricultural production. The basis of national peace and stability is the selection of successors. The basis of creating wealth at opportune times is through hard work. If all these bases are not strong, he should not pursue perfection in non-essential matters. If he cannot associate harmoniously with his relatives, he should not strive to extend friendship to others. If he cannot complete his tasks, he should not accept additional tasks. In these situations, he should return to the basics and begin to work from the fundamentals. These are the approach and principles adopted by a *superior person*.

Scroll 10: *Kong Zi Jia Yu*

172 제갈량의 통치법

제갈량이 촉나라에서 재상을 할 때였다.

백성을 위로하고 예의규범을 명시하고 관직을 간소화하고 융통성이 있는 법제를 실시하고 정성으로 백성을 대하였으며 일처리에 공평무사하였다. 충성을 다하고 나라에 유익한 사람은 원수일지라도 상을 주었지만, 법령을 위반하고 직책에 태만하면 측근일지라도 기필코 징벌하였다. 죄를 인정하고 회개한 자에 대해서는 그 죄가 엄중해도 관대히 석방하였지만, 교묘한 말로 감추려 한 자는 그 죄가 경미하더라도 기필코 엄하게 판결하였다. 선행은 아무리 작아도 찬사를 보냈지만 악행은 아무리 작아도 질책하였다. 각종 정사(政事)에 정통하고 숙련되어 근본적으로 문제를 해결하였으며 직위에 따라 실제와 명실상부하도록 하였고 허위로 날조하는 것을 허용하지 않았다.

그렇게 하자 결국에는 촉나라 경내의 모든 사람이 그를 경외하며 추대하였다. 형벌과 정령이 엄격하였지만 백성은 아무런 불평이 없었다. 그것은 바로 일처리가 공평하고 격려와 금지의 경계가 매우 명확했기 때문이다. 그는 진정으로 나라를 다스릴 줄 아는 우수한 인재로, 관중(管仲)과 소하(蕭何)와 어깨를 나란히 할 만하였다.

원문

諸葛亮之爲相國①也, 撫百姓, 示義軌, 約②官職, 從權制③, 開誠心, 布公道. 盡忠益時者, 雖讎④必賞, 犯法怠漫者, 雖親必罰, 服罪輸情者, 雖重必釋, 遊辭巧飾者, 雖輕必戮. 善無微而不賞, 惡無纖而不貶. 庶事精練, 物理其本, 循名責實⑤, 虛僞不齒⑥. 終於邦域之內, 咸畏而愛之. 刑政雖峻, 而無怨者, 以其用心平, 而勸戒明也. 可謂識治之良才, 管蕭之亞匹⑦矣. (제27권 『촉지(蜀志)』)

① 상국(相國): 고대의 관직 이름. 훗날 재상의 존칭으로 바뀌었다.

② 약(約): 적다, 줄이다.

③ 권제(權制): 임시로 제정한 조치.

④ 수(讎): 원수.

⑤ 순명책실(循名責實): 그의 직분에 따라 명실상부할 것을 요구함.

⑥ 불치(不齒): 동일한 지위에 있지 않다, 받아들이지 않다.

⑦ 아필(亞匹): 동일 부류의 인물.

영역

When Zhuge Liang became the prime minister of the Kingdom of Shu, he worked hard to reassure the people. He imparted to them the principles of propriety and righteousness; he ran a lean government which adjusted its policies as necessary to reflect changing circumstances; he was sincere and fair in making decisions. If a political adversary was loyal and beneficial to the country, premier Zhuge would reward him. If a trusted aide broke the law and neglected his duty, he would punish him. Those who repented their errors would be sentenced less severely even though their offenses were serious. But those who tried to talk their way out of their offenses were sentenced more severely even though their offenses were slight. No matter how small a contribution might be he would give recognition to those who deserved it; no matter how small an offense might be he would impose punishment on the offenders. He was a master in administration, as he would resolve problems at the root, with proper and recognized procedures that gave no allowance to sham and hypocrisy. In the end, all the people in Shu (kingdom) venerated premier Zhuge. Although the laws imposed by him were strict, the people did not utter any grievances because he was fair and honorable, as the parameters of rewards and prohibitions were clearly defined. Zhuge Liang was truly a remarkable politician and administrator, comparable to the caliber of Guan Zhong and Xiao He.

Scroll 27: Shu Zhi

173 효가 모든 덕행의 근본이다

공자께서 말씀하셨다.

"효도가 덕행의 근본이며[1], 모든 교화가 이로부터 생겨난다.[2]"

[1] 사람의 행동 중에서 효도만큼 큰 것은 없다. 그래서 덕행의 근본이라고 했다.
[2] 사람을 교화하고 사랑하는데 효도만큼 훌륭한 것은 없다. 그래서 모든 교화는
효도의 토대 위에서 생겨난다고 했다.

원문

子曰: "夫孝, 德之本也, 人之行莫大於孝, 故曰德之本也. 教之所由生
자 왈   부 효   덕 지 본 야   인 지 행 막 대 어 효   고 왈 덕 지 본 야   교 지 소 유 생
也." 教人親愛莫善於孝, 故言教之所由生. (제9권 『효경(孝經)』)
야   교 인 친 애 막 선 어 효   고 언 교 지 소 유 생

영역

Confucius said: "Filial piety is the foundation of all virtues, and the source of all
teachings."

Scroll 9: *Xiao Jing*

174 근본을 세우는데 진력하라

군자는 근본을 세우는데 진력하여야 한다. 근본이 세워져야 도덕이 생겨나는 법이기 때문이다. 부모에게 효도하고 형제를 사랑하는 것이 바로 인(仁)의 근본이 아니겠는가![1]

[1] 먼저 부모와 형제를 섬긴 다음에 인이 만들어질 수 있다.

원문

君子務①本, 本立而道生. 孝悌也者, 其仁之本與!② 先能事父兄, 然後仁可成. (제9권 『논어(論語)』)

주석

① 무(務): 종사하다, 주력하다.
② 여(與): 여(歟). 문장 결말 부분에 쓰이는 어조사(語助詞).

영역

A *superior person* concerns himself with the fundamentals. Once the fundamentals are established, virtues will emerge. Is not being filial to parents, and loving toward brothers and sisters fundamental to the enactment of benevolence?

Scroll 9: *Lun Yu*

175 집안에서부터 성실하라

공자께서 말씀하셨다.

"군자는 부모를 모시며 효도를 다 하기에 그 효심으로 임금에게 충성을 할 수 있다.[1] 형을 받들고 형제간의 우애를 다 하기에 그 공경하는 마음으로 윗사람에게 순종할 수 있다.[2] 가정을 적절하게 관리하기에 집안을 다스린 경험으로 정무 처리에 능숙할 수 있다.[3] 그리하여 집안에서 효도하고 공경하며 집안일을 잘 처리해야만 밖에서도 공훈을 세우고 업적을 쌓아 아름다운 명성을 후세에 널리 알릴 수 있다."

[1] 충신을 구할 때에는 효자가 난 집에서 구한다. 그래야 그 효성을 임금에게로 옮겨갈 수가 있다.
[2] 공경함으로 형님을 받들기에 순종할 수 있고, 그 때문에 그 순종함을 윗사람에게로 옮겨갈 수가 있다.
[3] 군자가 기거하는 곳이라면 교화가 이루어지고 존재하는 곳마다 다스려질진대 이를 관리들에게 옮겨가게 할 수 있다.

원문

子曰: "君子之事親孝, 故忠可移於君, 欲求忠臣, 出孝子之門, 故可移於君. 事兄悌, 故順可移於長, 以敬事兄則順, 故可移於長也. 居家理①②, 故治可移於官. 君子所居則化, 所在則治, 故可移於官也. 是以行③成於內, 而名立④於後世矣." (제9권 『효경(孝經)』)

주석

① 거가리(居家理): 가사(家事)를 조리 있게 처리하고 가무(家務)를 잘 관리하다.
② 이(理): 바르다, 다스리다.
③ 행(行): 효(孝), 제(悌), 선(善) 등 세 가지를 집안일을 맡아 처리할 때 훌륭한 품행으로 잘 실행하다.

④ 입(立): 건립하다, 수립하다.

Confucius said: "The faithfulness that a *superior person* has shown in serving his parents can be applied to serving his leader; the reverence that he holds in serving his elder siblings can be applied to serving his superior; the well-regulated operation of his family can be applied to good government in any official position. Therefore, when a person is accustomed to filial and fraternal duties at home, he can venture to start a career and establish his name with future generations."

Scroll 9: *Xiao Jing*

176 효자가 충신이다

공자께서 말씀하셨다.

"부모를 모시고 효도하며 공경하기에 그 효심으로 임금에게 충성할 수 있다." 그러므로 충신을 찾으려면 필시 효자가 있는 집안에서 선발하여야 한다.

원문

孔子曰: "事親孝, 故忠可移於君." 是以求忠臣, 必於孝子之門. (제22
공 자 왈   사 친 효   고 충 가 이 어 군   시 이 구 충 신   필 어 효 자 지 문
권『후한서(後漢書)』2)

영역

Confucius said: "The filial piety with which a man serves his parents may be transferred as loyalty to the ruler." Thus, in order to find a loyal subordinate one only needs to look from families with filial children.

Scroll 22: Hou Han Shu, Vol.2

177 좋은 자식이 좋은 부모가 된다

좋은 아들이 되는 법을 알아야 훗날 좋은 아버지가 될 수 있으며, 좋은 신하가 되는 법을 알아야 훗날 좋은 군주가 될 수 있으며, 사람을 섬길 줄 알아야 훗날 사람을 잘 부릴 수 있다.

원문

夫知爲人子者, 然後可以爲人父; 知爲人臣者, 然後可以爲人君; 知
부 지 위 인 자 자   연 후 가 이 위 인 부   지 위 인 신 자 자   연 후 가 이 위 인 군   지

事人者, 然後可以使人. (제10권 『공자가어(孔子家語)』)
사 인 자   연 후 가 이 사 인

영역

Learn how to be a good son and one will know how to be a good father.
Learn how to be a good subordinate and one will know how to be a good
leader. Learn how to serve people properly and one will know how to appoint
people to the appropriate tasks.

Scroll 10: *Kong Zi Jia Yu*

178 '신종추원'의 덕

증자가 말했다.

"부모의 장례를 치를 때는 예법에 따라 슬픔을 다하고, 조상에게 제사를 올릴 때 공손한 마음으로 성의를 다하여 근본을 잊지 않는다면, 풍속과 민심이 반드시 순박하고 선량해 질 것이다."[1]

[1] 신종(慎終)은 장례 때 슬픔을 곡진하게 표하는 것을 말하고, 추원(追遠)은 제사 때에는 공경하는 마음을 다한다는 뜻이다. 임금 된 자가 이 두 가지를 실천한다면 백성들은 그 덕에 교화되어 모두 순박하고 선량함으로 되돌아갈 것이다.

원문

曾子曰: "慎終追遠①, 民德歸厚." 慎終者, 喪盡其哀. 追遠者, 祭盡其敬.
人君行此二者, 民化其德, 皆歸於厚也. (제9권 『논어(論語)』)

주석

① 신종추원(慎終追遠): 부모의 장례를 치를 때 예법에 따라 슬픔을 다하고, 조상에 제를 올릴 때 공손한 마음으로 성의를 다해야 한다. 종(終)은 부모의 장례를, 원(遠)은 조상을 말한다.

영역

Zengzi said: "When the people are careful about observing all final rites and rituals for their parents, and continue this reverence even after the ancestors and parents are long gone, the virtue of the people will return to its simple kindness."

Scroll 9: *Lun Yu*

179 샘이 깊어야 물고기가 돌아온다

샘물이 깊으면 물고기와 자라가 되돌아오고, 나무가 무성하면 새가 날아들며, 풀숲이 무성하면 금수가 되돌아오며, 임금이 현명하고 인덕(仁德)을 베풀면 각지의 호걸들이 되돌아온다.

그러하기에 현명한 군주는 각지에 흩어진 사람들이 귀순하기를 바라는 데 힘쓸 것이 아니라 사람들이 귀순할 수 있는 조건을 만드는 데 힘써야 한다.[1]

[1] 사람들로 하여금 돌아오게 하는데 힘쓰는 것은 지엽적인 일이며, 돌아올 곳을 만드는 데 힘쓰는 것이 근본적인 일이다.

원문

水泉深, 則魚鼈歸①之; 樹木盛, 則飛鳥歸之; 庶②草茂, 則禽獸歸之;
수 천 심   즉 어 별 귀   지   수 목 성   즉 비 조 귀 지   서 초 무   즉 금 수 귀 지
人主賢, 則豪桀歸之. 故聖王不茂歸之者, 而務其所歸. 務人使歸之,
인 주 현   즉 호 걸 귀 지   고 성 왕 불 무 귀 지 자   이 무 기 소 귀   무 인 사 귀 지
末也, 務其所行可歸, 本也. (제39권 『여씨춘추(呂氏春秋)』)
말 야   무 기 소 행 가 귀   본 야

주석

① 귀(歸): 추(趨)와 같아 귀순하여 따르다는 뜻이다.
② 서(庶): 많다.

영역

A deep spring will attract fish and turtles to dwell beneath its waters; a thick forest will attract birds to flock within it; a rich grassland will attract animals to rest upon it; a benevolent ruler will attract virtuous people from all over to serve with him. Hence, a sage-king need not beg others to serve him. Instead, he will work hard in creating conditions that will attract good people toward him.

Scroll 39: Lü Shi Chun Qiu

180 청렴이 최고

정무를 행할 때 관리들을 청렴하게 하는 것보다 더 중요한 것은 없다.

원문

夫爲政者, 莫善於淸①其吏也. (제47권『유이정론(劉廙政論)』)
부 위 정 자   막 선 어 청   기 리 야

주석

① 청(淸): 청렴하다, 깨끗하다. 여기에서는 관리의 청렴함을 뜻함.

영역

In the matter of governing, nothing is better than making an effort to run a bureaucracy that has integrity.

Scroll 47: *Liu Yi Zheng Lun*

자공(子貢)이 어떻게 정무를 행해야 하는지를 여쭈었다. 그러자 공자께서 말씀하셨다. "식량을 충분히 비축하고, 군비를 확충하고, 백성의 신임을 얻어야 한다."

자공이 다시 여쭈었다. "이 셋 중에서 할 수 없이 한 가지를 빼야 한다면 어느 것을 먼저 빼겠습니까?" 공자께서 답하셨다. "군비를 뺄 것이다." 자공이 다시 여쭈었다. "할 수 없이 또 한 가지를 더 빼야 한다면 나머지 둘 중에 어느 것을 빼겠습니까?" 공자께서 말씀하셨다. "식량을 뺄 것이다. 자고로 죽음이란 누구도 피할 수는 없는 일이다. 그러나 백성이 정부를 믿지 못하면 국가도 설 수가 없는 법이다."[1]

[1] 죽는다는 것은 고금의 상식이며, 모든 사람이 죽기 마련이다. 그러나 나라를 다스림에 믿음을 상실해서는 아니 된다.

원문

子貢問政. 子曰: "足食, 足兵, 民信之矣." 子貢曰: "必①不得已而去, 於斯三者何先?" 曰: "去兵." 曰: "必不得已而去, 於斯二者何先?" 曰: "去食. 自古皆有死, 民不信不立." 死者, 古今常道, 人皆有之, 治邦不可失信. (제9권 『논어(論語)』)

주석

① 필(必): 가령, 만약.

영역

Zigong asked about government. Confucius said: "Provide sufficient food, sufficient military equipment, and gain the confidence of the people." Zigong said: "If it cannot be helped, and one of these must be dispensed with, which of the three should we forgo first?" "Military equipment," said Confucius. Zigong asked again: "If it cannot be helped, and one of the remaining two must be dispensed with, which one of them should we forgo?" Confucius answered: "Part with the food. From ancient times, death has come to all men, but if people have no faith in their rulers, there is no standing for the state."

Scroll 9: Lun Yu

182 나를 지키는 세 가지 법보

노자가 말했다.

"나에게 세 가지 법보가 있는데 그것을 영원히 간직하며 지켜나갈 것이다. 첫째는 인자함이고[1], 둘째는 검소함이고[2], 셋째는 함부로 세상 사람의 앞을 차지하지 않는 것이다.[3]"

[1] 백성을 갓난아기처럼 사랑할 것이다.
[2] 세금을 부과할 때에는 자기 자신에게서 가져가는 것처럼 하는 것이다.
[3] 겸손하고 물러섬을 간직하면서 남보다 먼저 제창하지 않을 것이다.

원문

我有三寶①, 持而保之. 老子言我有三寶, 抱持而保倚之. 一曰慈, 愛百姓若
아 유 삼 보　　　지 이 보 지　노 자 언 아 유 삼 보　　포 지 이 보 의 지　　일 왈 자　에 백 성 약

赤子. 二曰儉, 賦斂若取之於己. 三曰不敢爲天下先. 執謙退, 不爲唱②始也.
적 자　이 왈 검　부 렴 약 취 지 어 기　삼 왈 불 감 위 천 하 선　집 겸 퇴　불 위 창　시 아

(제34권 『노자(老子)』)

주석

① 삼보(三寶): 세 가지 귀중한 물건.
② 창(唱): 창도하다, 발기하다. 이후 창(倡)을 주로 썼다.

영역

Laozi said: "I have three precious things that I prize and hold fast. The first is compassion; the second is frugality; the third is not presuming to be at the head of the world."

Scroll 34: *Lao Zi*

제24장

지인(知人)
남을 잘 판단하라
Good Judge of Character

183 사람을 보고 검증하는 방법

한 사람을 가늠하려면 그가 명망이 높을 때 예우하는 사람이 누구인가를 관찰하고[1], 그가 영화를 누릴 때 어떤 사람을 승진시키고 추천하였는지를 관찰하고, 그가 부유할 때 어떤 사람을 섬기고 접대하였는지를 관찰하면 된다. 임금이 그를 믿어주었을 때 언행이 일치했는지를 관찰하고, 그가 집에 있을 때 좋아하던 것이 정당하고 합법적이었는지를 관찰하고, 그가 임금을 가까이 했을 때 언사가 정도에 맞았는지를 관찰하면 된다. 그가 어렵고 힘들었을 때 자기 몫이 아닌 것을 받았는지를 관찰하고, 그가 비천했을 때 의롭지 못한 일을 하였는가를 관찰하면 된다.[2]

그를 기쁘게 하여 절개를 지키는지를 검증하고, 그를 즐겁게 하여 사념과 악행을 하는지를 점검한다.[3] 그를 화내게 하여 마음속의 노기를 절제하는지를 점검하고[4], 그를 두려움에 떨게 하여 어떻게 대응하고 두려워하지 않는지를 관찰한다.[5] 그를 슬퍼하게 하여 인자함을 품고 있는지를 점검하고, 그를 곤경에 빠뜨려 의지가 확고부동한지를 시험한다.[6]

이상의 팔관육험(八觀六驗), 즉 여덟 가지 관찰과 여섯 가지 검증은 현명한 주인이 인재를 판단하는 방법이다. 인재를 검증하고 평가하려면 '육척사은(六戚四隱)'을 따라야 한다.[7]

무엇을 두고 '육척'이라 하는가? 부, 모, 형, 제, 처, 자녀를 말한다. 또 '사은'이란 무엇인가? 친구, 지인, 이웃, 측근을 말한다. 집안에서는 육척사은을 표준으로 하고 밖에서는 팔관육험(八觀六驗)의 검증방법을 적용한다. 그러면 사람의 성정이 진실한지 위선적인지, 탐욕스러운지 야비한지, 착한지 악한지하는 품성이 남김없이 눈에 들어온다. 이것이 바로 옛 성인과 선왕이 인재를 판별하던 방법이다.

[1] 통(通)은 명망이 있다(達)는 뜻이다.
[2] 수(守)는 마음을 지키다는 뜻이다.

[3] 벽(僻)은 치우친 마음을 말한다.

[4] 절(節)은 성정을 말한다.

[5] 특(特)은 개인의 특성을 말한다.

[6] 선미(羨美)는 원래 미악(美惡)으로 적었다.

[7] 육척(六戚)은 육친(六親)을 말한다. 사은(四隱)은 서로 숨겨주는 것을 말하는데, 장점은 드러내주지만 단점은 숨겨주는 것을 뜻한다.

원문

凡論人, 通則觀其所禮, 通, 達. 貴則觀其所進, 富則觀其所養, 聽則
觀其所行, 養則養賢也, 行則行仁也. 近則觀其所好, 習則觀其所言,
好則好義也, 言則言道也. 窮則觀其所不受, 賤則觀其所不爲. 喜之
以驗其守, 守, 情守也. 樂之以驗其僻, 僻, 邪. 怒之以驗其節, 節, 性.
懼之以驗其特, 特, 獨也, 雖獨不恐也. 哀之以驗其仁, 仁人見可哀者,
則不忍之也. 苦之以驗其志. 八觀六驗, 此賢主之所以論人也. 論人
必以六戚四隱. 六戚, 六親也. 四隱, 相匿, 揚長蔽短也. 何謂六戚? 父母
兄弟妻子. 何謂四隱? 交友故舊邑里①門廊②. 內則用六戚四隱, 外則
以八觀六驗, 人之情③僞, 貪鄙羨美(羨美作美惡), 無所失矣, 言盡知
之. 此先聖王之所以知人也. (제39권『여씨춘추(呂氏春秋)』)

주석

① 읍리(邑里): 향(鄕)에서 사는 백성, 같은 고향 사람.

② 문랑(門廊): 좌우로 친근한 사람.

③ 정(情): 성실하다, 진실하다.

영역

In judging the character of a person, use the following Eight Observations:

1. When he is prosperous, observe to whom he pays courtesy.
2. When he is prominent and in power, observe whom he recommends or promotes.
3. When he is wealthy, observe whom he employs.
4. When he is trusted by the superior, observe whether his deeds fulfill his words.
5. When in recess, observe whether his recreational activities are in accordance with righteousness.
6. When he is serving under a superior, observe if his conversations correspond with Dao (the righteous path).
7. When he is in poverty and distress, observe whether he will accept ill-gotten gains.
8. When he is in a lowly position, observe whether he will insist on keeping his moral convictions.

And Six Tests:

1. Bring him pleasures to test whether he can maintain his discipline.
2. Make him happy to test whether he will become evil.
3. Make him angry to test whether he is capable of controlling his anger.
4. Bring him fear to test whether he can maintain his disposition and integrity.
5. Make him feel sorrow to test his compassion and kind- heartedness.
6. Put him in distress to test whether he can maintain a strong will.

The Eight Observations and Six Tests listed above are the methods used by the sage-kings to assess the character of people. In addition, we can observe the way a person interacts with his Six Close Relatives and Four Relations to further our assessment. The term "Six Close Relatives" refers to the father, mother, elder brother, younger brother, wife and children. The term "Four Relations" refers to friends, acquaintances, neighbors and trusted aides. Observe a persons interactions with his six close relatives and the four relations from within, and assess a persons interactions with the outside world using the Eight Observations and the Six Tests. Whether he is truthful or fake, greedy or lowly, kind or evil, all will be revealed. This was the way the sage-king used to identify capable people.

Scroll 39: Lü Shi Chun Qiu

184 유능한 인재를 구하는 법

제(齊)나라 경공(景公)이 현명하고 유능한 인재를 구할 수 있는 방법을 묻자, 안자(晏子)가 이렇게 대답했다.

"어떤 사람이 벼슬에 높이 올라 있을 때라면 그가 추천한 인재가 어떠한지를 봐야 하며, 어렵고 뜻대로 잘 되지 않을 때라면 그가 하기 싫어하는 일이 무엇인지를 봐야 합니다. 부유할 때라면 그가 재물을 나누는 대상이 누구인지를 봐야 하며, 가난할 때라면 그가 불의의 재물을 취하였는지를 보면 됩니다. 최고의 현사라면 출세하기는 꺼려하지만 물러나는 것은 쉽게 합니다. 그 다음 단계의 사람이라면 출세도 쉽게 하지만 사직도 쉽게 합니다. 가장 낮은 단계의 사람이라면 출세하는 것에만 급급해 사직하기를 어려워합니다. 이러한 표준으로 인재를 심사하고 선발하신다면 현명하고 유능한 인재를 발탁할 수 있을 것입니다."

원문

景公問求賢. 晏子對曰: "通①則視其所擧, 窮②則視其所不爲, 富則視其所分, 貧則視其所不取. 夫上難進而易退也, 其次易進而易退也, 其下易進而難退也. 以此數物③者取人, 其可乎!" (제33권 『안자(晏子)』)

주석

① 통(通): 명망이 높다, 형통하다.
② 궁(窮): 뜻을 이루지 못함. 달(達)과 상반되는 말.
③ 수물(數物): 몇 가지 일.

Duke Jing asked Yanzi about the proper way to acquire virtuous and able people to serve under his lordship. Yanzi said: "If that person is prominent and prosperous, look at the people he employs or recommends. If that person is a non-achiever who is in despair, look at the things that he is unwilling to do. If that person is rich, check whether he would donate his wealth. If that person is destitute, check whether he would refuse to accept ill-gotten gains. The most virtuous and able one may be reluctant to take up a post, but once he does, he is willing to step down when necessary. Next is the one willing to take up a post but is equally willing to step down when necessary. The worst type is the one who is willing to take up a post but refuses to quit regardless of circumstances. These considerations should be enough to identify virtuous and able people."

Scroll 33: *Yan Zi*

185 재상이 갖추어야 할 다섯 가지

평상시라면 그와 친한 사람을 보고, 부유할 때라면 그가 함께 하는 사람을 보며, 출세하였을 때라면 그가 추천한 사람을 보며, 곤경에 빠졌을 때라면 그가 하기 싫어하는 일을 보며, 가난할 때라면 그가 함부로 취하는지를 본다. 이 다섯 가지라면 재상을 선정하기에 충분하다.

원문

居視其所親, 富視其所與, 達視其所擧, 窮視其所不爲, 貧視其所不
取, 五者足以定之矣. (제11권 『사기(史記)』 상)

영역

From the following five observations we can determine whether a person is the right candidate for the post of prime minister.

1. Observe whom he likes to be with when he is not in office.
2. Observe whom he befriends, or to whom he grants offerings, when he is rich.
3. Observe whom he nominates when he is prominent.
4. Observe the things that he refuses to do when he is destitute.
5. Observe the things that he refuses to accept when he is poor.

Scroll 11: *ShiJi* Vol.I

186 인재를 감별하는 여덟 가지 방법

인재를 감별하는데 여덟 가지 방법이 있다.

첫째, 문제를 제시하여 언사에 조리가 분명한지를 관찰한다.[1] 둘째, 끝까지 캐물어 응변능력을 관찰한다. 셋째, 비밀리에 조사하여 충성심을 관찰한다. 넷째, 드러내놓고 일부러 질문하여 인품과 덕성을 관찰한다. 다섯째, 재물 관리권을 부여하여 청렴여부를 관찰한다. 여섯째, 여색으로 시험하여 절개를 관찰한다. 일곱 번째, 위급한 상황을 알려서 용감한지를 관찰한다. 여덟 번째, 술을 마시게 하여 술버릇을 관찰한다. 이 여덟 가지 검증방법을 통한다면 현명한 사람인지 품성이 좋지 않은 사람인지를 분별할 수 있다.

[1] '미찰(微察)' 2글자는 원래는 없었다.

원문

一曰, 微察(無微察二字)問之以言, 觀其辭. 二曰, 窮之以辭, 以觀其變. 三曰, 與之間諜①, 以觀其誠. 四曰, 明白顯問②, 以觀其德. 五曰, 使之以財, 以觀其貪(貪作廉), 六曰, 試之以色, 以觀其③貞, 七曰, 告之以難, 觀其勇, 八曰, 醉之以酒, 以觀其態. 八徵皆備, 則賢不肖別矣. (제31권 『육도(六韜)』)

주석

① 간첩(間諜): 비밀리에 정찰하거나 탐문하다.
② 현문(顯問): 알면서도 고의로 질문하다.
③ 정(貞): 본분을 지키고 충성을 다하다.

The military strategic book of Liu Tao sets out eight ways to investigate a good general, as it deemed the selection of the generals to be very important.

1. Ask him questions and observe whether his answers are clear and precise.
2. Then press him further to observe his response to different situations.
3. Commission somebody to conspire secretly with him to test his loyalty.
4. Ask him in no uncertain terms to find out about his virtuous standing.
5. Put him in charge of money and properties to test his honesty.
6. Lure him with lust to test his ability to restrain himself.
7. Expose him to danger to test his bravery.
8. Make him drunk and observe his behavior.

The difference between an exemplary man and an unworthy man will not be hard to tell once all the eight methods have been deployed and the results are found.

Scroll 31: *Liu Tao*

187 사람을 살피는 법

말을 듣는 것은 사실을 살피는 것보다 못하고, 사실을 살피는 것은 행동을 관찰하는 것보다 못하다. 말을 들어보려면 반드시 그 속까지 자세히 살펴야 하며, 사실을 살피려면 반드시 실제 상황까지 검증해야 하며, 행동을 관찰하려면 반드시 사실의 원인과 결과까지 고증해야 한다. 이 세 가지를 종합하여 분석한다면 그르침이 적어질 것이다.

원문

故聽言不如觀事, 觀事不如觀行. 聽言必審其本, 觀事必挍①其實,
고 청 언 불 여 관 사   관 사 불 여 관 행   청 언 필 심 기 본   관 사 필 교   기 실

觀行必考其跡. 參三者而詳之, 近少失矣. (제49권 『부자(傅子)』)
관 행 필 고 기 적   참 삼 자 이 상 지   근 소 실 의

주석

① 교(挍): 교(校). 심사하다.

영역

Rather than listening to hearsay, it is better to observe the events. Rather than observing the events, it is better to observe the actors. When listening to hearsay, one must investigate the sources of the hearsay and identify their motives. When observing events, one must verify their authenticity. When observing the actors, one must investigate their stories thoroughly. A careful analysis of the information gathered from these three aspects can help to minimize the occurrence of mistakes.

Scroll 49: *Fu Zi*

188 인재를 찾는 방법

옛날의 군주는 높은 자리에 앉아 인재를 선발하는 것이 지난하다는 것을 잘 알았기에 아랫사람의 의견을 허심탄회하게 청취하였다. 또 낮은 자리에 있는 사람이 일반 사람들과 왕래하기 쉽다는 것을 잘 알았기에 그들을 통해 인재를 찾아내고 초빙했다.

원문

昔人知居上取士之難, 故虛心而下聽; 知在下上接①之易, 故因②人
석 인 지 거 상 취 사 지 난   고 허 심 이 하 청   지 재 하 상 접   지 이   고 인 인
以致人③. (제49권 『부자(傅子)』)
이 치 인

주석

① 상접(相接): 연접하다, 사귀다.
② 인(因): 의거하다.
③ 치인(致人): 인재를 모시다.

영역

The ancients knew that for a leader residing in high position to recruit ideal candidates was not an easy task, so the leader would humbly seek the recommendations of his subordinates to look for the right candidates. Being in lower positions, the subordinates are able to mingle with people easily, so it is ideal to use them to recommend the right candidates for government positions.

Scroll 49: *Fu Zi*

189 공정한 평가

자신의 주관에 맡기면 인재의 결점을 예리하게 관찰할 수 없으며, 외부의 정보에만 의존한다면 서로 간의 편차가 생길 수 있다. 잘 아는 사람은 자신의 감정 때문에 공평함을 지키지 못하며, 잘 알지 못하는 사람은 인정 때문에 현행 제도를 혼란시키기 쉽다.

원문

任己則有不識之蔽, 聽受則有彼此之偏. 所知者, 以愛憎奪其①平, 所不知者, 以人事亂其度. (제30권 『진서(晉書)』 하)

주석

① 평(平): 공평 타당하다, 공정하다.

영역

Our personal biases may impede us from recognizing the abilities of another. Hearsay or rumor may influence how people see each other. For those close to us, we may have judged them unfairly because of our personal feelings of love or hatred for them. For those who are strangers to us, personal relations may influence our judgment and may destroy standard procedures for recruiting the best minds to the government.

Scroll 30: *Jin Shu*, Vol.2

190 군자와 소인

공자께서 말씀하셨다. "군자를 모시기는 쉽지만 기쁘게 하기는 매우 어렵다.[1] 소인은 모시기는 어렵지만 기쁘게 하는 것은 매우 쉽다.[2]"

[1] 군자는 어떤 사람이 완전무결하지 않다고 해서 비난하지 않기에 모시기는 쉽다. 그러나 도리에 부합해야만 기뻐하기에 기쁘게 하기는 쉽지 않다는 말이다. 군자는 사람을 임용할 때에도 늘 재능에 따라 임용하며, 재주를 헤아려 그에 맞는 관직을 준다.

[2] 소인은 비위만 맞추면 도리에 부합되지 않아도 기뻐하기 때문이다. 소인은 사람을 임용할 때도 늘 완전무결함을 요구한다.

원문

子曰: "君子易事而難悅也. 不責備於一人, 故易事也. 悅之不以道, 不悅也.
及其使人也, 器①之. 度才而官之. 小人難事而易悅也. 悅之雖不以道, 悅.
及其使人也, 求備②焉." (제9권 『논어(論語)』)

주석

① 기(器): 인물됨을 보아가며 쓰다.
② 구비(求備): 완전함을 요구하다.

영역

Confucius said: "It is easy to serve a *superior person* but difficult to please him. If you do not accord with the principles of virtue in attempting to please him, he will not be pleased. But when it comes to employing the services of others, a *superior person* only assigns people tasks they are fit to manage. On the other hand, it is easy to please a petty person but difficult to serve him. Even if you do not accord with the principles of virtue in pleasing him, he will still be pleased. But when it comes to employing the service of others, 3, petty person demands others be able to handle everything."

Scroll 9: Lun Yu

191 천박한 관리의 한계

공자께서 말씀하셨다.

"속되고 천박한 사람에게 군주를 섬기며 나라 일을 맡길 수 있겠는가?[1] 그런 사람은 벼슬과 관록을 얻기 전에는 늘 얻지 못할까 걱정하고[2], 얻은 후엔 또 잃을까봐 걱정한다. 벼슬과 관록을 잃을까 걱정하는 사람이라면 어떤 나쁜 짓도 할 수 있다[3]."

[1] 함께 군주를 섬기게 할 수 없다는 말이다.
[2] 관직을 늘 얻지 못할까 걱정하는 사람은 언제나 잃을까도 걱정하기 때문이다.
[3] 어떤 나쁜 짓도 할 수 있는 사람은 온갖 아첨을 떨면서 못할 일이 없다는 것을 말한다.

원문

子曰: "鄙夫①可與事君也哉? 言不可與事君. 其未得之也, 患得之. 患得之者, 患不能得之. 既②得之, 患失之. 苟患失之, 無所不至矣." 無所不至者, 言邪媚無所不爲. (제9권 『논어(論語)』)

주석

① 비부(鄙夫): 용속하고 천박한 사람.
② 기(既): 이미.

영역

Confucius said: "Can we allow an offensive person to serve a leader? Before he gets a promotion and the remuneration that goes with it, he worries about not getting it. Once he has it, he worries about losing it. When he worries about losing it, there is nothing which he will not do."

Scroll 9: Lun Yu

제25장

임리(任吏)

관리 임용하기
Appointing Officials

192 백성을 감복시키는 법

노(魯)나라 애공(哀公)이 공자에게 물었다. "어떻게 해야 백성을 감복시킬 수 있겠습니까?" 공자가 대답했다.

"정직한 사람을 등용하여 사악하고 정직하지 못한 사람 위에다 배치하면 자연히 감복하게 될 것입니다.[1] 그러나 사악하고 정직하지 못한 사람을 등용하여 정직한 사람보다 높은 자리에 배치하면 백성은 복종하지 않게 될 것입니다."

[1] 조(錯)는 두다(置)는 뜻이다. 정직한 사람을 들어서 쓰고 사악하고 정직하지 못한 사람을 폐지하면, 백성은 정부를 신뢰할 것이다.

원문

哀公問曰: "何爲則民服①?" 哀公, 魯君謚也. 公子對曰: "擧直②錯諸枉③, 則民服, 錯, 置也. 擧正直之人用之, 廢置邪枉之人, 則民服其上. 擧枉錯諸直, 則民不服." (제9권 『논어(論語)』)

주석

① 복(服): 믿고 따르다, 감복하다, 탄복하다.
② 직(直): 공평하고 정직한 사람.
③ 왕(枉): 정직하지 못하다.

영역

Duke Ai asked Confucius: "What should be done so that people will obey the government?" Confucius said: "Promote the upright men and set them above the crooked, and people will submit. Promote the crooked men and set them above the upright, and people will not submit."

Scroll 9: *Lun Yu*

193 주무 장관을 임용하는 법

천하에서 가장 중요한 직책이 상서(尙書)인데, 그의 선발에 어찌 신중하지 않을 수 있겠는가? 하지만 요즈음은 대개가 낭관(郎官)에서 승진하여 올라온 사람들이다. 그들은 문법에 정통하고 응대하는 데는 능숙하지만 지나치게 잔잔한 일에만 밝아, 대부분 큰일을 할 수 있는 능력은 없다. 그 때문에 주관(州官)직을 맡은 사람 중 평소에 명성이 있는 사람에게 직무를 맡겨보아야 한다. 그들은 응대에 느리고 때로는 남보다 못할 수도 있지만, 일편단심 나라를 위해 직분에 충실하며 빈틈없이 봉직한다.

원문

天下樞要①, 在於尙書, 尙書②之選, 豈可不重? 而間者多從郎官③,
천 하 추 요   재 어 상 서   상 서 지 선   기 가 부 중   이 간 자 다 종 낭 관
超升此位, 雖曉習文法, 長於應對, 然察察小惠, 類無大能. 宜簡賞
초 승 차 위   수 효 습 문 법   장 어 응 대   연 찰 찰 소 혜   유 무 대 능   의 간 상
歷州宰素有名者, 雖進退舒遲, 時有不逮, 然端心向公, 奉職周密.
력 주 재 소 유 명 자   수 진 퇴 서 지   시 유 불 체   연 단 심 향 공   봉 직 주 밀

(제22권 『후한서(後漢書)』 2)

주석

① 추요(樞要): 중앙정권 가운데의 가장 중요한 부문이나 관직.
② 상서(尙書): 오늘의 장관직에 상당함.
③ 낭관(郎官): 오늘의 차관보에 상당함.

The most important post in the central government is that of a cabinet minister (*shang shu*). Therefore, the selection of a cabinet minister should not be taken lightly. The current ministers are often promoted from lower-ranked deputies (*lang guan*). Even though these deputies are proficient in rhetoric, mastery of such subjects is only considered as minor intelligence. Most of them actually do not possess the ability to handle important tasks. Hence, it is more appropriate to choose reputable former state officials to take on the post of a minister. While their response may be slower, and even inadequate at times, they are loyal to the country and thorough in their undertakings.

Scroll 22: *Hou Han Shu*, Vol.2

194 말로 인품을 판단하지 말라

말로 사람의 인품을 판단하게 되면 사람들은 기교로 말을 꾸민다. 그러나 행위로 판단하게 되면 사람들은 있는 힘을 다해 내면의 덕행을 쫓는다. 교묘하게 언어를 꾸미는 것은 아무런 소용이 없지만, 덕행을 다하려 애쓰면 반드시 성취를 이룰 수 있다.

원문

以言取人, 人飾其言; 以行取人, 人竭其行. 飾言無庸①, 竭行有成.
이 언 취 인　　인 식 기 언　　이 행 취 인　　인 갈 기 행　　식 언 무 용　　갈 행 유 성

(제8권 『주서(周書)』)

주석

① 무용(無庸): 쓸모없다.

영역

If oratorical skills become the standard in choosing qualified people, people will work on their oratorical skills. If virtuous conducts become the standard in choosing qualified people, people will work on perfecting their virtue. Being cunning in talking is of little use, but to exert all efforts on good causes will guarantee good results.

Scroll 8: *Zhou Shu*

195 인재 기용의 원칙

현명한 군주는 사람을 임용할 때 이렇게 한다.

아첨하는 사람을 주위에 두지 않으며, 파당을 지어 사적 이익을 도모하는 사람은 조정에 쓰지 않는다. 사람을 임용할 때는 그의 장점을 발휘시키지 그의 부족함은 따지지 않으며, 장인을 임용할 때는 그의 특기를 발휘하게 하지 그의 단점은 따지지 않는다. 이것이 인재를 임용하는 기본 원칙이다.

원문

故明王之任人, 諂諛不邇①乎左右, 阿黨②不治乎本朝; 任人之長, 不
고 명 왕 지 임 인　　첨 유 불 이　호 좌 우　　아 당　　불 치 호 본 조　　임 인 지 장　　불
強其端; 任人之工③, 不強其拙. 此任人之大略也. (제33권 『안자(晏子)』)
강 기 단　　임 인 지 공　　불 강 기 졸　　차 임 인 지 대 략 야

주석

① 이(邇): 접근하다.
② 아당(阿黨): 상급에 아부하면서 법을 어기고 사리를 도모하다, 당파를 만들어 사리를 도모하다.
③ 공(工): 정교하다.

영역

A good leader will never put flatterers by his side or allow any clique with a private agenda to serve in the government. He uses peoples strengths and does not pressure them to work beyond their abilities. He uses their expertise and does not force them to undertake tasks with which they are unfamiliar. These are general principles to bear in mind when working with the staffs.

Scroll 33: Yan Zi

196 신하의 선발과 운용

확신이 생길 때, 나라의 주요 관리를 뽑아한다. 일단 임명을 하고 나면 관리를 신뢰하고, 관직을 잘 수행할 수 있도록 명예와 위엄을 부여한다. 그리고 그들이 관직에서 물러날 때도 굴욕을 당하게 해서도 아니 된다.

원문

故選不可以不精, 任之不可以不信, 進不可以不禮, 退之不可以權
고 선 불 가 이 부 정   임 지 불 가 이 불 신   진 불 가 이 불 례   퇴 지 불 가 이 권
辱. (제48권『전어(典語)』)
욕

영역

Be assured when selecting senior ministers. Once appointed, trust them to do the job. Appoint them to a post with full honor and grant them dignity when they have to be dismissed.

Scroll 48: *Dian Yu*

197 부하 직원 관리

군주가 긴축정책만을 고집하면서 관리의 녹봉을 올려주지 않으면, 관리는 백성을 속이고 뇌물을 받는다. 녹봉만 올리면서 필요치 않은 관리의 수를 줄이지 않으면, 정부의 재정이 바닥나게 된다. 관리를 줄일 때, 남은 관리들이 최선의 노력을 다할 수 있도록 동기를 부여하지 않는다면, 일이 너무 많아져서 관리를 더 뽑아야 할 수도 있다.

원문

故知淸而不知所以重其祿者, 則欺而濁, 知重其祿, 而不知所以少其吏者, 則竭而不足, 知少其吏, 而不知所以盡其力者, 則事繁而職闕.

(제47권 『유이정론(劉廙政論)』)

영역

If a ruler knows he must put forward a policy of austerity but does not know he must increase the remuneration for his staff at the same time, the practice of cheating and bribery will ensue. When he knows he must increase the remuneration for his staffs but does not know he must reduce the number of staffs, the government will soon run out of money. When he knows he must reduce the number of staffs but does not motivate the remaining staffs to optimize their efforts, the increased workload will make the shortage of staffs obvious.

Scroll 47: *Liu Yi Zheng Lun*

198 불필요한 관직을 없애고 관리를 적재적소에 배치하라

할 일이 없는 관직을 없애고, 불필요한 녹봉을 줄이며, 일은 하지 않고 녹봉만 타 먹는 사람의 비용 지급을 정지하고, 할 일이 없는 관직은 합병하여야 한다.

관리마다 반드시 직책이 있도록 해야 하며, 직책이 있으면 사무를 맡아야 하고, 사무를 맡으면 반드시 녹봉을 받도록 해야 하고, 녹봉으로 경작을 대체하게 해야 한다. 이것은 고대의 관례이지만, 요즘 사회에서도 반드시 취해야 하는 원칙이기도 하다.

원문

夫除無事之位, 損不急之祿, 止浮食①之費, 並從容之官. 使官必有職, 職任其事, 事必受祿, 祿代其耕, 乃往古之常式②, 當今之所宜也. (제25권 『위지(魏志)』 상)

주석

① 부식(浮食): 일을 하지 않고 공짜로 먹다.
② 상식(常式): 법식, 상규.

영역

Abolish useless posts to reduce and save on unnecessary official salaries. Stop all expenses paid to non-achievers, merge departments, and dismiss redundant officers. There must be a post for every member of the staff, and for every staff member with job responsibilities a salary must be paid which will replace their earnings from farming. This was a principle regularly applied in ancient times, but the principle should still be applicable to this day also.

Scroll 25: Wei Zhi Vol.1

199 군주의 잘못

덕이 높은 사람을 낮은 자리에 머물게 하고, 덕이 없는 사람을 높은 지위에 올리는 것은 군주의 잘못이다. 덕이 없는 소인을 높은 지위에 올리는 실수는 결코 범해서는 안 된다. 차라리 덕이 있는 군자를 낮은 자리에 머물게 하는 것이 낫다. 군자는 억울함을 당해도 그의 원망이 깊지 않지만, 소인이 초래하는 화근은 매우 심각하기 때문이다.

원문

故德厚而位卑者, 謂之過, 德薄而位尊者, 謂之失. 寧過於君子, 而無失於小人. 過於君子, 其爲怨淺矣, 失於小人, 其爲禍深矣. (제32권 『관자(管子)』)

영역

A virtuous man placed in an insignificant post is considered to be a mistake made by the ruler. An unvirtuous man placed in a senior post is considered to be a misjudgment made by a ruler. One would rather have wronged a *superior person* than to have employed a petty person, for a *superior person* will not harbor strong resentments but a petty person with power will cause far-reaching disasters.

Scroll 32: *Guan Zi*

200 현명한 자를 뽑아서 소인들이 평가하게 하라

현명한 사람에게 정부의 중요한 임무를 맡길 때 소인들이 그에게 여러 제약을 가하게 해도 되고, 현명한 사람에게 지위를 주어 정책을 고안하게 할 때 소인들로 하여금 그를 평가하게 해도 되며, 윤리적인 사람에게 정부 정책을 실행하게 할 때 심술궂은 사람들이 그를 의심하도록 해도 별 문제가 없을 것이다. 아이러니하지만 현명한 관리를 잘 뽑아서 소인들의 질책을 다 허용하는 것이 군주가 성공하는 길이다.

원문

使賢者爲之, 則與不肖者規①之; 使智者慮之, 則與愚者論之; 使修士行之, 則與奸邪之人疑之. 雖欲成功, 得乎哉! (제38권『손경자(孫卿子)』)

주석

① 규(規): 바로잡다.

영역

When a leader appoints a good candidate to a government post, he allows unworthy people to impose restrictions on this person. When he appoints a wise person to devise policies, he allows unwise people to appraise this person. When he lets an ethical person implement government policies, he allows malicious people to cast doubts on this person. How can a leader achieve success if he condones these ironies?

Scroll 38: *Sun Qing Zi*

제26장

지공(至公)

지극히 공정하라

Paramount Impartiality

201 대도가 실현되는 시대

대도(大道)가 실현되면, 천하가 모두 공정해지며, 현명하고 덕 있는 사람이 선발되어 천하 백성을 위해 봉사하게 된다.[1]

그리하여 사람들은 자신의 부모만 친애하지 않게 되고, 자신의 자녀만 사랑하지 않게 되어, 효도와 사랑의 도가 널리 퍼지게 된다. 모든 노인들이 만년을 편안하게 보내게 되고, 모든 아이들은 양호한 교육을 받으며 건강하게 성장하고, 모든 홀아비, 과부, 고아, 후손이 없는 노인 및 장애자나 병든 사람들도 전부 보살핌과 부양을 받게 된다.[2] 이러하기에 계략이나 암투도 일어나지 않게 되고, 절도나 난적도 생기지 않는다. 이것이 바로 진정한 대동세계이다.

[1] 공(公)은 공유하다(共)는 뜻이며, 성인에게 선양으로 왕의 자리를 물려주면 개인의 나라로 삼지 않는다는 말이다.
[2] 빠지거나 제외되는 사람이 없다는 말이다.

원문

大道之行也, 天下爲公. 選賢與能. 公猶共也, 禪位授聖, 不家之也. 故人
不獨親其親, 不獨子其子, 孝慈之道廣也. 使老有所終, 幼有所長,
鰥寡孤獨廢疾①者, 皆有所養. 無匱乏者. 是故謀閉而不興, 盜竊亂賊
而不作. 是謂大同. 同猶和平. (제7권 『예기(禮記)』)

주석

① 환과고독폐질(鰥寡孤獨廢疾): 환(鰥)은 성년에 아내가 없거나 상처한 사람, 과(寡)는 남편을 여읜 여인, 고(孤)는 유년에 아버지를 여의거나 양친을 모두 여읜 사람, 독(獨)은 늙어서도 자손이 없는 사람, 폐질(廢疾)은 신체나 정신적 결함으로 일을 할 수 없는 사람을 말한다.

When the perfect order prevails, the world is like a home shared by all. Virtuous and able men are elected to serve the public. All men love and respect their own parents and children, as well as the parents and children of others. There is caring for the old, nourishment and education for the children, and means of support for widows and widowers, orphans, lonely people, as well as for the disabled and sick. Intrigues and conniving for ill gain are unknown, and villains such as thieves and robbers do not exist. These are the characteristics of an ideal world, the commonwealth state.

Scroll 7: *Li Ji*

202 천하의 주인 되는 법

천하라는 것은 임금 한 사람의 세상이 아니고 온 세상 사람들의 천하이다. 온 세상 사람들과 이익을 함께 누릴 수 있는 사람이라야 천하를 얻을 수 있다. 세상의 이익을 독점하는 사람은 결국 천하를 잃고 만다.

원문

天下者非一人之天下, 天下之天下也. 與天下同利者, 則得天下, 擅
천 하 자 비 일 인 지 천 하   천 하 지 천 하 야   여 천 하 동 리 자   즉 득 천 하   천
①天下之利者, 失天下. (제31권 『육도(六韜)』)
천 하 지 리 자   실 천 하

주석

① 천(擅): 독차지하다, 제멋대로 하다.

영역

The world is not a world for one but for all. He who shares benefits with the world will earn the support of the world. He who monopolizes benefits for himself will lose the world.

Scroll 31: *Liu Tao*

203 공평무사함의 힘

천하 사람들의 마음을 통하게 하는 데는 지극한 공평무사가 최고다. 지극한 공평무사함을 행하는 데는 거리끼는 마음이 없는 것이 가장 중요하다.

원문

夫能通天下之志者, 莫大乎至公. 能行至公者, 莫要乎無忌心. (제49
부 능 통 천 하 지 지 자   막 대 호 지 공   능 행 지 공 자   막 요 호 무 기 심
권 『부자(傅子)』)

영역

One needs to be impartial to understand the will of the people. And to be totally impartial, one needs to have no jealousy.

Scroll 49: *Fu Zi*

군주는 백성을 사랑하여 백성의 마음을 안정시키고, 현인을 좋아하고 가까이 하여 나라를 흥성시켜야 한다. 이 두 가지 가운데 한 가지만 없어도 패망하고 만다. 각기 맡은 직분을 명확히 하고, 일의 경중과 완급에 따라 일자리를 배치하며, 현명한 인재를 선발하고 능력 있는 사람을 관직에 임용하면 다스려지지 않는 것이 없게 된다.

그렇게 되면 나라를 위해 충성하는 길이 터이고 사사로이 부탁하는 수단이 근절되며, 공의(公義)를 위한 기풍이 충분히 나타나고 개인이 사리를 꾀하는 일이 멈추게 된다. 그렇게 되면 품성이 돈독한 사람이 임용되고 간사하고 아첨하는 사람은 탈락하며, 이익을 탐내는 사람은 물러나고 청렴하고 절제하는 자만이 일어나게 된다.

원문

故君人者, 愛民而安, 好士而榮, 兩者無一焉而亡也. 明分職①, 序事業, 拔材官能, 莫不治理, 則公道達而私門塞矣, 公義明而私事息矣. 如是, 則德厚者進, 而佞悅者止, 貪利者退, 而廉節者起. (제38권 『손경자(孫卿子)』)

주석

① 분직(分職): 직무를 분담하다, 각자 맡은 일을 하다.

A leader who loves his people will be able to make them feel safe and at peace. If he enjoys learning from the sages, he will be able to bring prosperity to the country. Without these, his own safety as well as that of the country will be placed in peril. When a ruler clearly understands the responsibilities of his job and is able to distinguish the relative degrees of urgency in each of his tasks, and chooses virtuous and able people to run the government in an orderly way, righteousness will flourish and private side- deals will cease. Subsequently, virtuous and able people will be given important posts while flatterers will be restrained. Those who seek personal benefits will be dismissed, and those who are incorruptible will be entrusted with greater responsibilities.

Scroll 38: *Sun Qing Zi*

205 자리를 탐내지 말라

신[동중서(董仲舒)]은 요(堯) 임금께서 하늘의 명을 받들어 임금이 되었을 때, 세상 사람을 위해 걱정을 하였다는 말은 들었어도, 그가 임금 자리를 차지하여 기뻐했다는 말은 들어보지 못했습니다.

원문

臣聞堯受命, 以天下爲憂, 而未聞以位爲樂也. (제17권 『한서(漢書)』 5)
신 문 요 수 명   이 천 하 위 우   이 미 문 이 위 위 락 야

영역

I, (Minister Dong Zhongshu) have heard that when Emperor Yao was entrusted to be the emperor, he had taken upon himself all the worlds concerns as his own concerns. He did not rejoice because he had become the emperor.

Scroll 17: Han Shu, Vol.5

206 재상과 장수의 협치

육가(陸賈)가 말했다.

"천하가 안정되었을 때는 재상의 능력에 주의해야 하고, 사회가 위태로울 때
에는 장수의 충성에 주의해야 한다. 장수와 재상이 화목하게 지내면 현인들
이 기꺼이 귀순하게 되고, 현인들이 귀순하면 천하에 변고가 생기더라도 권
력이 나누어지지 않는다."

원문

賈曰: "天下安, 注意相, 天下危, 注意將. 將相和, 則士豫附, 士豫
附①, 天下雖有變, 則權不分." (제16권 『한서(漢書)』 4)

주석

① 예부(豫附): 즐거이 귀순하다.

영역

The notable politician, thinker and Confucian scholar, Lu Jia, who lived during
the Han dynasty, commented that: "When the world is at peace, pay attention
to the prime minister. When the world is in crisis or at war, pay attention to
the general. When the prime minister and the general can work together in
harmony, virtuous people will come around and pledge their allegiance. When
this happens, power will not be divided even when the world is undergoing
change."

Scroll 16: Han Shu, Vol.4

207 공익을 우선하라

저[인상여(藺相如)]는 이렇게 생각합니다. 강성한 진(秦)나라가 병력을 더하여 조(趙)나라를 공격하지 못하는 것은 오로지 염파(廉頗) 장군과 제가 있기 때문입니다. 지금 우리 두 호랑이가 서로 싸우면 필시 둘 다 살아남을 수가 없습니다. 제가 이렇게 싸우기를 피하는 것은 나라의 안위를 우선하고 사적인 원한을 뒤로 하기 때문입니다.

원문

顧^①吾念之, 强秦之所以不敢加兵^②於趙者, 徒^③以^④吾兩人在也. 今
고 오념지　강진지소이불감가병 어조자　도 이 오양인재야 금
兩虎鬪, 其勢不俱生. 吾所以爲此, 先公家之急^⑤, 而後私讎^⑥也. (제
양호투　기세불구생　오소이위차　선공가지급　이후사수 야
12권『사기(史記)』하)

주석

① 고(顧): 그러나, 하지만.
② 가병(加兵): 전쟁을 일으켜 무력으로 공격하다.
③ 도(徒): 그러나, 겨우, 다만.
④ 이(以): ……때문에, 그리하여.
⑤ 급(急): 요긴하다, 중요하다.
⑥ 수(讎): 원수.

영역

In my opinion, the powerful state of Qin has not attacked our state (of Zhao) because both of us are here. Now if we, the two tigers, have conflicts and fight among ourselves, we will no longer be able to work side by side. The reason why I am doing this is because I am putting the country's safety before my personal feelings."

Scroll 12: *Shi Ji* Vol.2

제27장

교화(敎化)

가르침과 변화

Teach and Transform

208 인간의 본성

공자께서 말씀하셨다.

"인간의 본성은 원래 비슷하여 순수하고 깨끗하다. 하지만 후천적으로 나쁜 습관이 배어 점차 차이가 커지게 된 것이다."[1]

[1] 군자라면 습관적인 것에 신중해야 한다는 말이다.

원문

子曰: "性①相近也, 習②相遠也." 君子愼所習. (제9권『논어(論語)』)
자 왈　　성　상 근 야　　습　상 원 야　　군 자 신 소 습

주석

① 성(性): 인간의 본성.
② 습(習): 오랫동안 길러온 습관적인 행위.

영역

Confucius said: "People by nature were born good and pure, but bad habits cause them to lose touch with their natural goodness."

Scroll 9: *Lun Yu*

209 '호선상덕'과 '탐영중리'

인간에게는 선한 것을 좋아하고 미덕을 숭상하는 본성도 있지만 명예와 재물을 탐내는 본성도 있다는 것을 선왕(先王)들은 알았다. 그래서 인간이 숭상하는 것을 중히 여기고 인간이 탐내는 것을 억제했다. 인간이 숭상하는 것을 중히 여겼기에 예의를 갖추는 풍기가 흥성하였고, 인간이 탐내는 것을 억제했기에 염치를 보존할 수 있었다.

원문

先王知人有好善尙①德之性, 而又貪榮而重利, 故貴其所尙, 而抑其所貪. 貴其所尙, 故禮讓興, 抑其所貪, 故廉恥存. (제49권 『부자(傅子)』)

주석

① 상(尙): 중시하다, 우러러 존경하다.

영역

Ancient rulers knew that although people prefer decency and honor virtue, people are equally prone to greediness and profiteering. Therefore, they drew up policies that not only encouraged people to uphold virtues, but also discouraged them from acting out of greed. When virtue is honored, propriety and courtesy will flourish. When greediness is discouraged, integrity will be preserved.

Scroll 49: *Fu Zi*

210 백성을 다스리는 방법

전심전력을 다해 교화를 추진하는 것이 백성을 다스리는 가장 좋은 방법이다.

원문

治民之道, 務篤於敎也. (제42권 『염철론(鹽鐵論)』)
치 민 지 도　무 독 어 교 야

영역

The best way to govern people is to pay undivided attention to education.

Scroll 42: *Yan Tie Lun*

211 윗사람이 본보기가 되라

윗사람이 아랫사람의 본보기가 되고, 아랫사람이 자연스레 그를 따르는 것을 교화라고 한다.

원문

上爲下效, 然後謂之教. (제45권 『최식정론(崔寔政論)』)
상 위 하 효   연 후 위 지 교

영역

Education is "Whatever people in higher positions do will set an example for those beneath to follow."

Scroll 45: *Cui Shi Zheng Lun*

212 인자함 사람의 덕

덕을 갖춘 옛날 사람들은 모두 자신이 좋아하는 바를 천하 사람들에게 훈도했기에 덕을 숭상하지 않는 사람이 없었으며, 자신이 싫어하는 바를 천하 사람들에게 경계시켰기에 수치스러움을 모르는 사람들이 없게 되었다.

원문

古之仁人, 推所好以訓天下, 而民莫不尙德; 推所惡以誡天下, 而民
莫不知恥. (제49권 『부자(傅子)』)

영역

Benevolent people of the past exemplified virtues to educate the populace and rarely would the populace not be moved by their deeds and learned to esteem the same virtues. They also let the populace know about the behaviors that they detested and so rarely would the populace be ignorant of what shamefulness is about.

Scroll 49: *Fu Zi*

213 공부는 남는 힘이 있을 때 하라

공자께서 말씀하셨다.

"자식으로서 집에 있을 때에는 부모에게 효도하고, 밖에 나가면 윗사람을 공경하며, 일을 할 때에는 말한 대로 행동하고, 모든 사람을 널리 사랑하고, 인덕(仁德)을 갖춘 자를 언제나 가까이해야 한다. 이를 실천하고서도 남는 힘이 있다면 그때서야 옛 성인들의 글을 익혀야 한다."[1]

[1] 문(文)은 옛날부터 전해져 오는 글을 말한다.

원문

子曰: "弟子入則孝, 出則悌, 謹而信, 汎愛眾, 而親仁. 行有餘力則
자 왈   제 자 입 즉 효   출 즉 제   근 이 신   범 애 중   이 친 인   행 유 여 력 즉

以學文." 文者, 古之遺文. (제9권 『논어(論語)』)
이 학 문   문 자   고 지 유 문

영역

Confucius said: "A good student is dutiful to the parents at home, and respects elders and superiors while away from home. He is cautious in doing things, trustworthy, loving all equally, and dose to wise and virtuous people. In addition, he needs to further study the literatures passed down from the ancient sages and learned scholars."

Scroll 9: Lun Yu

214 인성에 순종하는 교육

옛날의 성왕들은 교육이 어떻게 사람을 변화시키는지 그 이치를 알았다.[1]

그러기에 솔선하여 모든 사람을 평등하게 사랑했고, 그래서 백성들은 자기와 친한 사람들을 저버리지 않게 되었던 것이다.[2] 백성들에게 인의와 도덕을 선양했기에 백성들은 그것을 본받게 되었으며[3], 솔선하여 남을 공경하고 예의 있게 대했기에 백성들은 서로 다투지 않게 되었으며[4], 예의와 음악을 제정하여 백성들을 인도하였기에 백성들은 서로 화목하게 지낼 수 있으며[5], 선한 자에게 상을 주고 악한 자를 징벌하였기에 백성들은 금령(禁令)을 위반하지 않게 되었던 것이다.[6]

[1] 하늘의 이치에 순응하는 교화라야 백성들을 쉽게 교화할 수 있다는 것을 보았다는 말이다.

[2] 먼저 사람과 관련된 일을 수양하여 백성들에게 미치도록 하였다는 말이다.

[3] 임금이 정의를 좋아한다면 불복하지 않을 백성이 없다.

[4] 마치 문왕(文王)이 조정에서 공경하고 양보하였더니, 우(虞)와 예(芮)나라 임금이 이를 보고 다투던 토지를 서로 양보하였다. 이처럼 윗사람이 실행하면 아랫사람들이 그것을 본받는 법이다.

[5] 임금이 예(禮)를 좋아하면 감히 공경하지 않을 백성들이 없다.

[6] 훌륭한 사람은 상주고 나쁜 짓을 하는 자에게는 벌을 내린다. 그리하여 백성들이 금해야 하는 것을 알게 되면 잘못된 일을 감히 하지 않는다.

원문

先王見教之可以化民也, 見因天之教化民之易也. 是故先之以博愛, 而民莫遺其親, 先修人事, 流化於民也. 陳之以德義, 而民興行, 上好義, 則民莫敢不服也. 先之以敬讓, 而民不爭, 若文王敬讓於朝, 虞、芮推畔於野. 上行之, 則下效法之. 道之以禮樂, 而民和睦, 上好禮, 則民莫敢不敬. 示之以好惡, 而民知禁. 善者賞之, 惡者罰之. 民知禁, 不敢爲非也. (제9권 『효경

(孝經)』)

The ancient sage-kings on seeing how education could transform the people, would lead by example to implement universal love. When a kings conduct made an impact on the public, no one would abandon their relatives. Furthermore, the kings promoted benevolent, righteous and moral values. When the people were inspired by these principles, they began carrying them out and turning them into common practice. When the kings led the way in showing respect and courtesy, the public would learn not to fight with one another. When propriety and music were designed to guide and educate the lay people, people would learn to live together harmoniously. These kings made it known to the public what they revered and detested, and so the masses would not defy their prohibitions.

Scroll 9: Xiao Jing

공자께서 말씀하셨다.

"백성들이 서로 아끼며 사랑하도록 가르치는 데 효도를 선양하는 것보다 더 나은 것은 없다. 그것은 효가 인애(仁愛)의 근원이기 때문이다. 백성들로 하여금 예절을 지키도록 가르치는 데 윗사람을 공경하도록 하는 것보다 더 나은 것은 없으며, 사회 풍속을 개선하는 데는 좋은 음악으로 감화시키는 것보다 더 나은 것이 없으며[1], 군주를 안정시키고 백성을 다스리는 데는 예절보다 더 나은 것이 없다.[2] '예(禮)'란 결국 '경(敬: 공경)'이라는 한 글자로 귀결된다.[3]

그러므로 남의 아버지를 존경하면 그 아들이 즐거워하고, 남의 형을 존경하면 그 동생이 즐거워하며, 남의 군왕을 존경하면 그 신하가 즐거워하고, 한 사람을 존경하면 수천수만 명의 사람들이 즐거워하게 된다. 적은 사람을 존경하였지만 많은 사람들이 즐거워하게 된다.[4] 이것이 바로 효도를 널리 시행하는 핵심적인 방법이다."[5]

[1] 음악이라는 것은 사람의 감정을 감동시킨다. 그래서 음악이 바로 서면 마음이 바로 잡히고, 음악이 음란해지면 마음도 음란해 진다.

[2] 임금이 예(禮)를 좋아하면 백성들은 쉽게 부려진다.

[3] 공경이 예(禮)의 근본이다. 그러니 무엇을 더할 수 있겠는가?

[4] 즐거워하는 사람이 많다는 것은 한 사람을 공경하기 때문인데 그 공경하는 사람이 제자리에 앉아 있기 때문이다. 천만 사람이 즐거워한다는 것은 그런 사람이 정말 많다는 뜻이다.

[5] 효제(孝悌)로써 가르치고, 예악(禮樂)으로써 교화하는 것, 이를 두고 중요한 길이라 한다.

子曰: "教民親愛, 莫善於孝. 教民禮順, 莫善於悌. 移風易俗, 莫善
자왈　　교민친애　막선어효　교민예순　막선어제　이풍역속　막선

於樂. 夫樂者, 感人情, 樂正則心正, 樂淫則心淫也. 安上治民, 莫善於禮.
어악　부악자　감인정　악정즉심정　악음즉심음야　안상치민　막선어예

上好禮, 則民易使. 禮者, 敬而已矣. 敬, 禮之本, 有何加焉. 故敬其父則子
상호예　즉민이사　예자　경이이의　경　예지본　유하가언　고경기부즉자

悅; 敬其兄則弟悅; 敬其君則臣悅; 敬一人而千萬人悅. 所敬者寡,
열　경기형즉제열　경기군즉신열　경일인이천만인열　소경자과

悅者衆, 所敬一人, 是其所. 千萬人悅, 是其衆. 此之謂要道也." 孝悌以教之,
열자중　소경일인　시기소　천만인열　시기중　차지위요도야　효제이교지

禮樂以化之, 此謂要道也. (제9권『효경(孝經)』)
예악이화지　차위요도야

Confucius said: "For teaching the people to be affectionate and loving, there is nothing better than filial piety. For teaching them propriety and obedience to their elders, there is nothing better than fraternal duty. For changing their manners and altering their customs, there is nothing better than music. For securing the repose of superiors and the good order of the people, there is nothing better than the rules of propriety. The rules of propriety are simply the principle of reverence. Therefore the reverence paid to a father makes all sons pleased. The reverence paid to an elder brother makes all younger brothers pleased. The reverence paid to a ruler makes all subjects pleased. The reverence paid to one man makes thousands of men pleased. The reverence is paid to a few but the benefit extends to many. This is what is meant by an 'All-embracing Rule of Conduct'."

Scroll 9: Xiao Jing

216 법치의 한계

공자께서 말씀하셨다.

"정치로 백성을 교화하고 형벌로 백성을 관리하면, 백성들은 어떻게 하면 형벌을 면할까만 생각하고 수치가 무엇인지는 생각하지 않을 것이다. 그러나 덕행으로 백성을 교화하고 예의로 백성을 관리하면, 백성들은 수치스러움이 무엇인지를 알 수 있을 뿐만 아니라 바르게 행동할 것이다.[1]"

그래서 노자도 말했다. "법률과 정령(政令)이 번잡하고 지나치면 지나칠수록 법률의 틈을 노리는 도적들만 많아지는 법이다."

[1] 격(格)은 바르다(正)는 뜻이다.

원문

孔子曰: "導①之以政, 齊②之以刑, 民免而無恥. 導之以德, 齊之以禮, 有恥且格." 格, 正. 老氏稱: "法令滋章, 盜賊多有." (제12권 『사기(史記)』 하)

주석

① 도(導): 가르치다, 권유하다, 이끌다.
② 제(齊): 다스리다.

영역

Confucius said: "Guide the people with policies and align them with punishment, and people will evade capture and gain no personal sense of shame. Guide them with virtues and align them with propriety, and they will gain their own sense of shame and thus correct themselves." Laozi said: "As law and orders are increasingly written, loopholes and thievery will become increasingly common."

Scroll 12: *Shi Ji* Vol.2

217 자산(子産)의 다스림

자산(子産)이 정(鄭)나라를 다스리자 백성들은 남을 아예 기만할 수가 없었고, 자천(子賤)이 선보(單父)를 다스리자 백성들은 남을 차마 기만하지 못했으며, 서문표(西門豹)가 업현(鄴縣)을 다스리자 백성들은 남을 감히 기만하지 못했다.

이 세 사람 가운데서 누구의 재능이 가장 뛰어난가? 분별과 다스림에 능한 자라면 당연히 이를 구분해 낼 수 있을 것이다.

원문

子産治鄭, 民不能欺; 子賤治單父①, 人不忍欺; 西門豹治鄴, 人不敢
欺. 三子之才能, 誰最賢哉? 辨治者當能別之. (제12권 『사기(史記)』 하)

주석

① 선보(單父): 춘추시기 노나라의 도읍 이름. 옛터는 오늘날의 산동성 하택(荷澤)시
선현(單縣) 남쪽에 있음. 옛날 순(舜)임금의 스승 선권(單卷)이 여기서 살아 이름
붙여진 지명이다.

영역

When Zichan governed the state of Zheng, the populace was not able to deceive him. When Zijian governed the county of Shan Fu, the populace did not have the heart to deceive him. When Xi Menbao governed the county of Ye, the populace did not dare to deceive him. Who among these three governors had the highest ability and wisdom? A wise and perceptive leader should be able to tell the difference and come up with the answer.

Scroll 12: *Shi Ji*, Vol.2

218 예의를 통한 교화

백성이 예의를 모르면 나라에 법이 있어도 시행할 수가 없다. 법은 불효한 자를 사형에 처할 수는 있으나 공자나 증자와 같은 높은 덕행을 본받도록 할 수는 없다. 법령은 도둑을 형벌에 처할 수는 있으나 백이(伯夷)처럼 청렴하게 살도록 할 수는 없다.

공자께서는 3천 명이 넘는 제자를 키웠지만, 하나 같이 집에 들어가면 부모에게 효도하고, 밖에 나가면 윗사람을 존경하며, 말을 하면 사람들이 규칙처럼 그대로 따르고, 남들이 본받을만한 행동을 하도록 했다. 이 모든 것이 교화를 통해 이룬 것이기 때문이다.

원문

不知禮義, 不可以行法①. 法能殺不孝者, 而不能使人爲孔墨(墨作曾)
부 지 예 의   불 가 이 행 법   법 능 살 불 효 자   이 불 능 사 인 위 공 묵   묵 작 증
之行; 法能刑竊盜者, 而不能使人爲伯夷之廉. 孔子養徒三千人, 皆
지 행   법 능 형 절 도 자   이 불 능 사 인 위 백 이 지 렴   공 자 양 도 삼 천 인   개
入孝出悌, 言爲文章, 行爲儀表, 敎之所成也. (제41권 『회남자(淮南子)』)
입 효 출 제   언 위 문 장   행 위 의 표   교 지 소 성 야

주석

① 행법(行法): 법에 의해 일을 처리한다.

영역

If people do not understand propriety and righteousness, the law will not be effective. For the law can sentence an unfilial son to death but it cannot make people behave like Confucius or Zengzi (the exemplar filial son). The law can also sentence thieves and robbers to prison but it cannot make people behave honestly like Boyi. Confucius had 3,000 disciples who could fulfill filial duties at home, and respect elders and seniors when away from home. Their words became guidelines for people to follow, and their deeds were sufficient to make them into role models. All these are due to transformation through education.

Scroll 41: *Huai Nan Zi*

219 인덕(仁德)과 예의(禮義)

문자(文子)가 노자에게 덕(德), 인(仁), 의(義), 예(禮)에 관해서 여쭈었다. 노자가 말했다.

"덕은 백성들이 숭상하고 존귀하게 여기는 것이고, 인은 백성들이 가슴에 품고 귀히 여기는 것이며, 의는 백성들이 숭경하고 경외감을 느끼는 것이고, 예는 백성들이 공경하는 것이다. 이 네 가지가 성인들이 만물을 통솔하는 도덕적 규범이니라."

원문

文子①問德仁義禮. 老子曰: "德者民之所貴也, 仁者仁之所懷也, 義
문 자   문 덕 인 의 예   노 자 왈   덕 자 민 지 소 귀 야   인 자 인 지 소 회 야   의
者民之所畏也, 禮者民之所敬也. 此四者聖人之所以御②萬物也." (제
자 민 지 소 외 야   예 자 민 지 소 경 야   차 사 자 성 인 지 소 이 어   만 물 야
35권 『문자(文子)』)

주석

① 문자(文子): 춘추전국 시기의 철학자이자 문학자, 교육자이다. 『문자』의 저자이며, 생졸 연대는 미상이다. 『한서』에서 "노자의 제자이며 공자와 동시대를 살았다"고 했다.
② 어(御): 통치하다, 다스리다.

영역

Wenzi asked about morality, benevolence, righteousness and propriety. Laozi said:
"Virtue is what people treasure. Benevolence is what people admire.
Righteousness is what people venerate, and Propriety is what people respect.
These are the four implements used by sages to lead and command the world."

Scroll 35: *Wen Zi*

220 선하고 어진 사람를 중용하라

어진 성품을 가진 자를 표창하는 것은 영명한 제왕들이 중시했던 바이며, 선한 자를 천거하여 사람들로 하여금 그들의 재능과 덕을 본받도록 하는 것은 공자께서 찬미했던 바이다.

원문

顯賢表德, 聖王所重, 擧善而敎, 仲尼所美①. (제26권 『위지(魏志)』하)
현 현 표 덕   성 왕 소 중   거 선 이 교   중 니 소 미

주석

① 미(美): 찬미하다. 아름답게 여기다.

영역

Honoring the virtuous and able as well as giving recognition to moral excellence is something to which a sage-king would attach great importance. Promoting benevolence and transformation through education is what Confucius would speak of most approvingly.

Scroll 26: *WeiZhi* Vol.2

221 인재를 키우는 것이 최고의 길

한 해의 계획에서 곡식을 재배하는 것보다 더 중요한 것은 없고, 십 년간의 계획에서 나무를 심는 것보다 더 중요한 것은 없으며, 평생의 계획에서는 인재를 키우는 것보다 더 중요한 것은 없다.

원문

一年之計, 莫如樹①穀; 十年之計, 莫如樹木; 終身之計, 莫如樹②人.
일 년 지 계　　막 여 수　곡　십 년 지 계　　막 여 수 목　　종 신 지 계　　막 여 수　인

(제32권 『관자(管子)』)

주석

① 수(樹): 재배하다, 심다.
② 수(樹): 육성하다, 키우다.

영역

If you are planning for one year, grow the five cereals. If you are planning for ten years, grow trees. If you are planning for a lifetime, educate people.

Scroll 32: Guan Zi

222 경외해야 할 세 가지

공자께서 말씀하셨다.

"군자는 세 가지를 경외(敬畏)해야 한다.[1] 즉 인과응보의 천명을 경외해야 하고, 덕과 위엄을 갖춘 위대한 자를 경외해야 하며[2], 성인들의 가르침을 경외해야 한다. 소인은 인과응보의 도리를 모르기에 경솔히 제멋대로 행동하며, 성인들의 가르침조차 모욕하는 법이다."

[1] 길한 것에 순응하고 흉한 것에 거스르는 것, 이것이 하늘의 명이다.
[2] 대인(大人)은 성인을 말하며, 천지와 덕을 합하는 자들이다.

원문

孔子曰: "君子有三畏: 畏天命①, 順吉逆凶天之命. 畏大人, 大人即聖人, 與天地合德也. 畏聖人之言. 小人不知天命而不畏, 狎②大人, 侮聖人之言." (제9권 『논어(論語)』)

주석

① 천명(天命): 선악보응(善惡報應)으로 말할 때, 천명에 순순히 따르면 길하고, 천명을 거스르면 불길하다. 그래서 천명이 두렵다는 것이다.
② 압(狎): 경솔하다.

영역

Confucius said: "There are three things that a *superior person* venerates. He venerates the law of cause and effect. He venerates virtuous people or people with superior status. He venerates the teachings given by saints and sages. A petty person on the other hand, is ignorant of the law of cause and effect and therefore does not venerate it. He also treats his superior frivolously and ridicules the teachings of saints and sages."

Scroll 9: *Lun Yu*

223 유가의 본질

유가라는 학파는 원래 교화를 전담하던 사도(司徒)의 관직에서 나왔는데, 그 취지는 군주를 보좌하고 음양(陰陽)에 순응하며 교화를 제창하는 데 있었다.

그들은 육경(六經)의 가르침을 받들어 늘 인의(仁義)를 널리 보급하기 위해 힘썼다. 또한 요순(堯舜)의 행위를 존숭하고 본받아 전수하고, 주 문왕과 주 무왕의 법령을 준수하며, 공자를 스승으로 우러러 모시고, 옛 성인들과 선왕들의 가르침을 존중하며, 도(道)의 성취를 학문의 최고 경지로 삼았다.

원문

儒家者流, 蓋出於司徒①之官, 助人君, 順陰陽, 明敎化者也. 遊文於六經②之中, 留意於仁義之際. 祖述③堯舜, 憲章④文武, 宗師⑤仲尼, 以重⑥其言, 於道最爲高. (제14권 『한서(漢書)』 2)

주석

① 사도(司徒): 고대 관직명으로, 나라의 토지와 백성의 교화를 맡아했다.

② 육경(六經): 유가의 여섯 가지 경전. 즉, 『시(詩)』, 『서(書)』, 『예(禮)』, 『역(易)』, 『악(樂)』, 『춘추(春秋)』.

③ 조술(祖述): 옛 사람들의 모든 행위를 존숭하고 본받음.

④ 헌장(憲章): 본받다, 법제를 준수하다.

⑤ 종사(宗師): 존숭하다, 본받다.

⑥ 중(重): 숭상하다.

영역

The Confucian school of thought most probably originated from Si Tu, the government minister in charge of education. Their career goals are to assist the sovereign, follow the law of Yin and Yang, and promote the idea of transformation through education. They are dedicated students of the Six Classics focused on practicing benevolence and righteousness. They trace and reiterate the governing principles of Emperor Yao and Emperor Shun, adopt and explain the decrees and regulations issued by King Wen and King Wu, and regard Confucius as their master teacher. They venerate wisdom passed down from ancient sage-kings and consider Dao(laws of nature) as the highest form of knowledge.

Scroll 14: *Han Shu*, Vol.2

224 도가의 본질

도가라는 학파는 사관(史官)에서 비롯된 것으로 추정된다. 그들은 역대의 성공과 실패, 생존과 멸망, 화와 복에 관한 도리를 기록하고, 요점과 근본을 잘 파악하고, 잡된 생각 없이 깨끗한 마음으로 본분을 지키며, 겸손함으로 자신의 욕망을 억눌렀다. 그래서 군왕이 나라를 다스리는 방법이이라 할만하다.

또 요임금의 겸손함과 『역경(易經)』의 겸덕(謙德)에도 부합되는 도리이다. 한 곳에서 겸손한 태도를 보이면 천도(天道), 지도(地道), 귀신(鬼神), 인도(人道) 등 네 곳에서 여러 가지 득을 볼 수 있는데, 이것이 도가의 장점이다.

원문

道家者流, 蓋出於史官. 歷紀成敗存亡禍福古今之道, 秉要執本①,
淸虛②以自守③, 卑弱以自持, 此君人南面者之術也. 合於堯之克讓④,
『易』之嗛嗛⑤. 一謙而四益, 此其所長也. (제14권 『한서(漢書)』2)

주석

① 병요집본(秉要執本): 요점과 근본을 잘 파악하다.
② 청허(淸虛): 잡된 생각이 없이 마음이 깨끗하다.
③ 자수(自守): 본분을 지키다, 본성.
④ 극양(克讓): 겸손하게 사양하다.
⑤ 겸겸(嗛嗛): 겸손하다. 겸(嗛)은 겸(謙)과 같아, 겸허하다는 뜻이다.

The Daoist school of thought most probably originated from the official historians. Daoist writings recorded the reasons that contributed to the success, failure, survival, demise, fortune and disasters of different dynasties. Their works were succinct and cut straight to the core. They advocate "tranquil nothingness" to maintain their integrity, and humility to achieve self-control. These were the implements used by ancient rulers to govern a country in accord with the self-controlling and thoughtful way of Emperor Yao, in addition to the principles of Humility stated in the book of *Yi Jing*. Humility alone will enable a person to receive blessings from heaven, earth, spirits and human beings. Such is what the Daoists most venerate.

Scroll 14: *Han Shu*, Vol.2

제28장

예악(禮樂)

예의와 음악

Propriety and Music

225 사람이 금수와 다른 점

사람이 금수(禽獸)보다 존귀한 것은 예의를 지킬 줄 알기 때문이다.

원문

夫人之所以貴於禽獸者, 以有禮也. (제33권 『안자(晏子)』)
부 인 지 소 이 귀 어 금 수 자   이 유 예 야

The difference between human beings and animals is that human beings follow propriety.

Scroll 33: Yan Zi

226 예의 교화 작용

예(禮)의 교화 작용은 은연중에 감화시키는데 있으며, 악이 형성되기 전에 이를 미연에 방지하고[1], 사람들로 하여금 자기도 모르는 사이에 선으로 향하면서 악을 멀리하게 한다. 이 때문에 선왕들은 예(禮)의 교화 작용을 존숭했던 것이다. 『주역(周易)』에서 말했다. "군자는 시작에 신중하다. 시작할 때 조금의 오차라도 생기면 결과적으로 엄청난 잘못을 범하게 되기 때문이다."[2]

[1] 정(正)은 원래 지(止)로 적었다.
[2] 바로 이런 도리를 말하는 것이다. 융(隆)은 존숭하여 성하게 하다는 뜻이다. 시(始)는 아직 미미할 때를 말한다.

원문

故禮之教化也微, 其正正作止邪於未形, 使人日徙善遠罪而不自知也, 是以先王隆①之也. 『易』曰: "君子愼始. 差若毫釐, 謬②以千里." 此之謂也. 隆, 謂尊盛之也. 始, 謂其微時也. (제7권 『예기(禮記)』)

주석

① 융(隆): 숭상하다, 존숭하다.
② 류(謬): 잘못, 실수.

영역

The influence of propriety works very subtly. It prevents immoral conducts from developing and enables people to automatically stay away from malice and move toward virtuousness day by day without being aware of it. Hence, the kings from ancient times venerated the transforming influence that propriety can bring. The book of *Yi Jing* said: "A *superior person* always pays attention to the beginning of any development. If there is a slight deviation or error in the beginning, the end result will differ greatly." Such is the implication of the influence of propriety.

Scroll 7: *Li Ji*

인의와 도덕도 예(禮)가 없으면 이루어지지 않으며, 가르치고 훈도하며 낡은 풍속습관을 고치고자 해도 예(禮)가 없으면 완벽함에 이를 수 없으며, 사리의 옳고 그름을 따질 때도 예(禮)를 표준으로 삼지 않으면 정확한 판단을 내릴 수 없다.

군주와 신하, 윗사람과 아랫사람, 부자(父子)와 형제 사이에도 예(禮)가 없으면 명예와 지위를 정할 수 없으며, 정치에 몸을 담그거나 학문을 습득할 때도 예(禮)가 없으면 가까운 관계를 형성할 수 없다. 조정에서 직위를 정하고 군대를 다스리고 관리가 취임하고 법령을 반포할 때에도 예(禮)가 없으면 그 위엄을 과시할 수 없으며, 천지신명께 기도하고 조상에게 제사를 올릴 때에도 예(禮)가 없으면 존경과 장엄함을 나타낼 수가 없다.[1]

[1] 반(班)은 순서를 정하다(次)는 뜻이고, 이(蒞)는 임(臨)하다는 뜻이고, 장(莊)은 공경하다는 뜻이다.

원문

道德仁義, 非禮不成; 教訓正俗, 非禮不備; 分爭辨訟, 非禮不決; 君
臣上下, 父子兄弟, 非禮不定; 宦學①事師, 非禮不親; 班朝②治軍,
蒞官③行法, 非禮威嚴不行; 禱祠祭祀④, 供給鬼神, 非禮不誠不莊.
班, 次也. 蒞, 臨也. 莊, 敬也. (제7권 『예기(禮記)』)

주석

① 환학(宦學): 환(宦)은 벼슬아치에 관한 학문을 습득하여 행정능력을 높인다는 뜻이다. 학(學)은 시와 여러 가지 역사문화 지식과 활쏘기를 습득하다는 뜻이다.
② 반조(班朝): 조정에서 직위와 등급에 따라 순위를 정하는 의식.
③ 이관(蒞官): 취임하다, 관직을 맡다.
④ 도사제사(禱祠祭祀): 도(禱)는 갈구하는 마음에서 올리는 제사를, 사(祠)는 신의

은혜에 감사를 드리며 올리는 제사를 말한다.

Without propriety, acts of benevolence, righteousness, and virtues cannot be realized. Using teachings that contain no propriety to impart sagely values to the society will inevitably create discrepancies. Without propriety, quarrels and debates about what is right or wrong cannot be resolved fairly. Further, the roles and relationship played by leaders and subordinates, parents and children, as well as among siblings cannot be determined without the stipulation of propriety. In learning how to run a good administration or other areas of study, failing to observe propriety will make teachers slack in their teachings and students inattentive toward their studies. It will be difficult to foster a close bond between teachers and students. Be it the drawing of tables of government ranks or the organization of the army, the appointment of officials to task or the execution of laws: if they are not done according to the proper protocol, they will lose their dignity and the confidence of the people. Whether it is a regular or special memorial service for the deceased, or a ceremony for making offerings to the gods and spirits, if these were not done in accordance to proper rites and rituals, the results will only reveal our insincerity as the ceremony will fail to be solemn and respectful.

Scroll 7: Li Ji

228 예(禮)의 효용

예(禮)는 사람과 사람 사이의 친근함과 소원함을 확정해 주며, 의심가고 헛갈리는 일을 해결하는 방법을 제시해주고, 지위의 존귀함과 비천함을 가려주고, 옳고 그름을 분명하게 해준다.[1]

[1] 이렇게 해야만 사회질서를 바로잡을 수 있고 사람마다 규율을 지킬 수 있다.

원문

夫禮者, 所以定親疏, 決嫌疑①, 別同異, 明是非也. (제7권 『예기(禮記)』)
부 례 자   소 이 정 친 소   결 혐 의   별 동 이   명 시 비 야

주석

① 혐의(嫌疑): 헛갈리기 쉽고 옳고 그름을 가리기 어려운 사물의 이치.

영역

The functions of propriety include: Defining close and distant relationships, clarifying doubts, categorizing subject-matters, and vindicating right and wrong.

Scroll 7: *Li Ji*

229 예(禮)의 작용

군자는 예(禮)를 갖추었기에, 밖으로는 모든 사람과 사물과 함께 할 수 있고, 안으로는 마음의 안정을 찾아 증오심을 떨쳐버릴 수 있는 것이다.

원문

君子有禮, 則外該而內無怨. (제7권 『예기(禮記)』)
군 자 유 례　　즉 외 해 이 내 무 원

영역

A *superior person* whose daily life conforms to the standards of propriety will be able to coexist harmoniously with all people and matters. His mind and heart is always serene without resentment.

Scroll 7: Li Ji

230 예(禮)의 기능

부귀한 자로서 예(禮)를 따르고 지킬 수만 있다면 교만과 방종을 멀리할 수 있으며, 비천한 자라도 예(禮)를 따르고 지킬 수만 있다면 비겁함과 두려움을 떨쳐버릴 수 있다.

원문

富貴而知好禮, 則不驕不淫; 貧賤而知好禮, 則志不懾. 懾, 猶怯惑.
부 귀 이 지 호 례   즉 불 교 불 음   빈 천 이 지 호 례   즉 지 불 섭   섭, 유 겁 혹

(제7권 『예기(禮記)』)

영역

A rich and noble man who understands propriety is neither arrogant nor licentious. A poor and lowly person who understands propriety is neither fearful nor skeptical about his aspirations.

Scroll 7: *Li Ji*

231 혼례의 의미

혼례란 서로 다른 성씨를 가진 두 가족이 친분을 맺도록 해 주는 것으로, 이를 통해 위로는 종묘를 위해 봉사하여, 아래로는 혈통을 이어갈 수 있다. 그러므로 군자는 혼례를 극히 중히 여긴다.

남녀가 나누어진 직분에 따라 각자의 직책에 충실해야만 부부간의 도의(道義)가 이루어지고, 부부간의 도의가 이루어져야만 부자간에 화목해지며, 부자간에 화목이 이루어져야만 군신의 지위가 바로 잡힌다. 그래서 혼례를 예(禮)의 근본이라고 하는 것이다.

원문

昏①禮者, 將合二姓之好, 上以事宗廟, 而下以繼後世也. 故君子重之. 男女有別, 而後夫婦有義, 夫婦有義, 而後父子有親, 父子有親, 而後君臣有正. 故曰, 昏禮者, 禮之本也. (제7권 『예기(禮記)』)

주석

① 혼(昏): 혼(婚). 혼인, 결혼.

영역

The propriety of marriage unites two families with different surnames, to commemorate the ancestors with respects and offerings, and produce offspring to carry on the family name and the teachings of the forefathers. Therefore, a *superior person* would value marriage as an important event. With a man and a woman playing different roles comes a righteous commitment between a husband and a wife. With a righteous commitment between a husband and a wife comes a filial closeness between parents and children. With parents and children displaying a filial closeness comes a rightful relationship between a superior and his subordinates. Hence, the propriety of marriage is the foundation of all proprieties.

Scroll 7: *Li Ji*

232 다섯 가지 예(禮)

조근지례(朝覲之禮)를 세워 군주와 신하의 대의(大義)를 표명하고, 빙문지례(聘問之禮)를 세워 제후들이 서로 존경하는 국면을 형성하고, 상제지례(喪祭之禮)를 세워 군주와 신하의 은혜에 감사하는 마음을 표현하고, 향음주지례(鄕飮酒之禮)를 세워 윗사람과 아랫사람 사이의 질서를 유지하고, 혼인지례(婚姻之禮)를 세워 가정에서의 남녀의 역할분담을 확정지었던 것이다.

예절로 어지러움을 초래하는 근원을 차단할 수 있는 바, 이는 제방을 쌓아 홍수의 범람을 막을 수 있는 것과 같다. 그러므로 오래된 제방이 쓸모없다고 파괴해 버린다면 반드시 수재를 입게 되고, 오래된 예의가 쓸모없다고 폐기해 버린다면 반드시 재앙과 변란이 일어나게 된다.

그런 까닭에 혼인의 혼인지례가 폐지되면 부부가 다해야할 도의가 쇠락하게 되고, 서로 함께 사는 것이 고통으로 이어지며, 음란행위가 늘어나게 된다. 향음주지례가 폐지되면 윗사람과 아랫사람의 순서가 뒤바뀌고, 서로 다투는 형사사건이 빈번히 발생하게 된다. 상제지례가 폐기되면 군주와 신하의 은정과 도의가 메마르게 되고, 조상을 멀리하고 충성과 효를 다하지 않은 자들이 많아지게 된다. 빙문지례와 조근지례가 폐기되면 군주와 신하의 지위를 잃어버리고, 군주를 배반하고 이웃나라를 침범하는 재앙과 변란이 잇따라 일어나게 된다.

故朝覲之禮①, 所以明君臣之義也, 聘問之禮②, 所以使諸侯相尊敬
고 조근지례   소이명군신지의야   빙문지례   소이사제후상존경

也, 喪祭之禮, 所以明臣子之恩也, 鄕飮酒之禮③, 所以明長幼之序
야   상제지례   소이명신자지은야   향음주지례   소이명장유지서

也, 婚姻之禮, 所以明男女之別也.
야   혼인지례   소이명남여지별야

夫禮禁亂之所由生, 猶防止水之所自來也. 故以舊防爲無所用而壞
부례금난지소유생   유방지수지소자내야   고이구방위무소용이괴

之者, 必有水敗, 以舊禮爲無所用而去之者, 必有亂患. 故婚姻之禮
지자   필유수패   이구례위무소용이거지자   필유난환   고혼인지례

廢, 則夫婦之道苦, 而淫僻之罪多矣; 鄕飮酒之禮廢, 則長幼之序失,
폐   즉부부지도고   이음벽지죄다의   향음주지례폐   즉장유지서실

而鬪爭之獄繁矣; 喪祭之禮廢, 則臣子之恩薄, 而背死忘生者衆矣;
이투쟁지옥번의   상제지례폐   즉신자지은박   이배사망생자중의

聘覲之禮廢, 則君臣之位失, 而背叛侵陵之敗起矣. 苦, 謂不至不答之
빙근지례폐   즉군신지위실   이배반침릉지패기의   고   위부지부답지

屬. (제7권『예기(禮記)』)
속

① 조근지례(朝覲之禮): 제후들이 천자를 알현하는 예식.

② 빙문지례(聘問之禮): 고대 제후들 사이에 서로 사절을 파견하여 우호방문을 하는
예식.

③ 향음주지례(鄕飮酒之禮): 향(鄕)과 주(州)는 이웃사이에 정기적으로 갖는 모임으
로, 노인과 현명한 자를 공경하는 것을 위주로 하는데, 상위층에 있는 향대부(鄕
大夫) 즉 향(鄕)의 정치를 주관하는 자가 조정을 위해 일하는 인사들을 초대하여
잔치를 베풀고, 비교적 하위 층에 있는 향(鄕)의 백성들과 이웃사이에 갖는 즐거
운 모임을 말한다. 모임을 갖기 전에 우선 귀신에게 제사를 올린 후 의식에 따라
잔치를 베풀어 향음주례(鄕飮酒禮)를 행하는 것으로 겸손하게 사양하고 정중하
고 공손한 인생태도를 양성한다.

The protocol of a court audience before the ruler serves to exemplify the rightful relationship between the ruler and his subordinates. The protocol of diplomatic envoys serves to foster mutual respect among the dukes of neighboring states. The rites and rituals of funeral and memorial services serve to convey gratitude toward one's superior or parents.

The propriety of wine-drinking serves as a folk custom to let one understand the order between the older and the younger generations. The propriety of marriage serves to show the different roles played by husband and wife. Propriety, thus, prevent chaos just as embankments prevent floods. If we destroy an old embankment that we deemed useless, the inevitable outcome will be a flood. Similarly, if we abolish traditional propriety that we deemed outdated, disasters and chaos will eventually follow. Likewise, if we abolish the propriety of marriage, people will stop taking marital duties seriously and marital life will suffer as a result. This will lead to an increase in crimes related to sexual perversions. If we abolish the propriety of wine-drinking as a folk custom, the order and status of the young and old will be lost. This will lead to an increase in crimes related to disputes and fightings. If we abolish the rites and rituals of funeral and memorial services, government officials and children will become ungrateful toward their superiors and parents. This will lead to more people to rebel against the teachings of their ancestors and a lack of gratefulness and loyalty toward the living. If we abolish the protocol of diplomatic envoys, or the protocol of court audiences before the ruler, the orderly relationship between the ruler and his officials will be lost. This will lead to chaos in the wake of treason, and the invasion of neighboring states.

Scroll 7: Li Ji

233 제사의 정신

제사를 너무 빈번히 지내서는 아니 된다. 너무 빈번하게 지내면 번거로워지고, 번거로워지면 조상을 공경하지 않게 되기 때문이다. 그러나 제사를 지내지 않거나 등한히 하는 것도 좋지 않다. 제사 지내는 것을 등한히 하게 되면, 조상을 점차 잊게 되게 되기 때문이다.

원문

祭不欲數①, 數則煩, 煩則不敬. 祭不欲疏, 疏則怠, 怠則忘.
제 불 욕 삭   삭 즉 번   번 즉 불 경   제 불 욕 소   소 즉 태   태 즉 망

(제7권 『예기(禮記)』)

주석

① 삭(數): 누차, 자주.

영역

Paying respect and making offerings to our ancestors cannot be done too frequently since we will get tired of the rituals and end up becoming disrespectful toward them. However, it should not be performed too infrequently either since this will cause us to become too slack and we may gradually forget our ancestors.

Scroll 7: Li Ji

234 세태를 반영한 음악

음악이라는 것은 사람의 마음에서 비롯된다. 마음속 깊은 곳에서 감정이 꿈틀거리면 겉으로 드러나 발성(發聲)하게 된다. 소리가 곡조를 이루게 되면 이를 두고 음악이라 한다.

그러므로 태평성세의 음악은 차분하면서도 즐거움으로 차있는데, 그것은 정치가 조화롭기 때문이다. 난세(亂世) 음악은 한탄과 분노로 차있는데, 그것은 정령(政令)이 백성과 괴리되었기 때문이다. 망국(亡國)의 음악은 슬픔과 번민으로 차있는데, 그것은 백성들이 고통 속에서 생활하고 있기 때문이다.

원문

凡音者, 生人心者也. 情動於中, 故形於聲. 聲成文, 謂之音. 是故治世之音, 安以樂, 其政和; 亂世之音, 怨以怒, 其政乖①; 亡國之音, 哀以思, 其民困. (제7권 『예기(禮記)』)

주석

① 괴(乖): 비정상적이다, 오류.

영역

Music originates from the heart. When the inner emotion is stirred and then displayed, a sound is produced. Sounds combine to form melodies and this is what we call "music". During times of peace and prosperity, the music played is serene and joyful because the political situation has been tolerant and harmonious. On the other hand, music played in tumultuous times is filled with anger because the government has violated the law of nature and the common aspiration of the people. When a country perishes, the music played is sorrowful and melancholic because people have been left in desolation.

Scroll 7: *Li Ji*

음악의 정신은 정치와 서로 통한다. 오음(五音) 중, 궁(宮)은 군주를 대표하고, 상(商)은 신하를 대표하며, 각(角)은 백성을 대표하고, 치(徵)는 여러 가지 사정을 대표하며, 우(羽)는 기물(器物)을 대표한다. 군주, 신하, 백성, 사정, 기물 등 이 다섯 가지가 조화로우면 불협화음이 나타나지 않게 된다.[1]

궁(宮)음이 어지러워지면 음악이 흩어지고 중심을 잃게 되는데, 이는 군주가 교만하기 때문이다. 상(商)음이 어지럽게 되면 음악이 한쪽으로 기울어 바르지 못하게 되는데, 이는 신하의 품행이 바르지 못하기 때문이다. 각(角)음이 어지러워지면 근심과 걱정으로 차게 되는데, 이는 백성들의 원망소리가 높기 때문이다. 치(徵)음이 어지러워지면 음악이 슬픔으로 차게 되는데, 이는 많은 노역이 끊임없이 이어지기 때문이다. 우(羽)음이 어지러워지면 음악이 위급함과 불안감으로 차게 되는데, 이는 제정이 무너지기 때문이다.

오음(五音)이 모두 어지럽게 되면 위아래가 서로 충돌하고 침범하게 되는바, 이를 두고 만음(慢音)이라고 한다. 이렇게 되면 멀지 않아 나라가 멸망하게 된다.[2]

[1] 원래 책에서는 태(怠)를 첩(怗)으로 적었다.

[2] 그런 까닭에 진정으로 현명한 군주는 백성을 위해 이익을 도모하고 음악 가운데서 백성들의 사정과 생활형편을 살피고 정사(政事)를 허심탄회하게 운영한다.

> **원문**

音聲之道, 與政通矣. 言八音和否隨政. 宮爲君, 商爲臣, 角爲民, 徵爲事, 羽爲物. 五者不亂, 則無怠(本書怠作怗)懘之音矣. 五者, 君, 臣, 民, 事, 物也. 凡聲濁者尊, 淸者卑. 怠懘①, 弊敗不和之貌也. 宮亂則荒, 其君驕. 商亂則陂②, 其臣壤. 角亂則憂, 其民怨. 徵亂則哀,

其事勤. 羽亂則危, 其財匱. 五者皆亂, 迭相陵③, 謂之慢. 如此則國
기 사 근　우 난 즉 위　기 재 궤　오 자 개 난　질 상 릉　위 지 만　여 차 즉 국

之滅亡無日矣. 君, 臣, 民, 事, 物, 其道亂, 則其音應而亂也. (제7권
지 멸 망 무 일 의　군　신　민　사　물　기 도 난　즉 기 음 응 이 난 야

『예기(禮記)』)

주석

① 태체(怠懘): 첩체(怗懘). 음조(音調)가 조화롭지 못함을 뜻함. 체(懘)는 유창하지
　못하고 조화롭지 못함을 말한다.
② 피(陂): 편파(偏頗), 편파적이고 행실이 바르지 못하다.
③ 상릉(相陵): 상릉(相凌), 서로 침범하여 소요를 일으키다.

영역

The inner spirit of music is interconnected with politics. In the Chinese
pentatonic scale, gong(宮) symbolizes the ruler; shang(商) symbolizes government
officials; jue(角) symbolizes the people, zhi(徵) symbolizes incidents; yu(羽)
symbolizes material things. If the five modes are harmonious, discordant sounds
will not be heard. However, if the gong mode is disorderly, the music will
appear scattered without any central theme. This reflects the arrogance of the
ruler and the departure of wise government officials. If the shang mode is
disorderly, music will sound askew. This reflects the moral decadence of
government officials. If the jue mode is disorderly, the music will be filled with
worries reflecting a tyrannical government and the resentment of the people. If
the zhi mode is disorderly, music will sound extremely sad. This reflects the
never-ending exploitation of farm labor and the suffering of the people. If the
yu mode is disorderly, music will sound of danger and oppression reflecting
poverty and the lack of material wealth among the people. If all five musical
modes are disorderly, crashing onto each other, this music is termed as
"conceited music"—music without any regularity. Once music has reached this
point, a country will be destroyed in no time.

Scroll 7: *Li Ji*

236 난세의 음악

난세의 음악을 들으면, 나무와 가죽으로 만든 악기소리는 마치 우렛소리 같고, 구리와 돌로 만든 악기소리는 마치 벽력같으며, 관현악기로 연주하는 가무(歌舞)는 마치 크게 지르는 소리 같다.[1] 이러한 음악은 사람들의 정신을 흔들고 귀와 눈을 놀라게 하고 아무런 거리낌 없이 감정을 마구 발설할 수는 있다.[2] 그러나 이러한 음악은 즐거움을 선사할 수는 없다.[3]

그러므로 음악이 사치스럽고 방종할수록 백성들은 더욱 울적하게 되고[4], 나라는 더욱 혼란하게 되며, 군주의 지위는 날로 낮아지게 된다. 이렇게 되면 음악의 본뜻마저 상실하고 만다.

[1] 조(譟)는 부르짖다(叫)는 뜻이다.
[2] 생(生)은 성(性: 감정)과 같다.
[3] 불락(不樂)은 불화(不和: 조화롭지 않다)와 같다.
[4] 치(侈)는 음란하다(淫)는 뜻이고, 울(鬱)은 원망하다(怨)는 뜻이다.

원문

亂世之樂, 爲木革之聲, 則若雷, 爲金石之聲, 則若霆, 爲絲竹歌舞
之聲, 則若譟. 譟, 叫. 以此骸心氣動耳目搖蕩生, 則可矣. 生, 性. 以
此爲樂, 則不樂. 不樂, 不和. 故樂愈侈, 而民愈鬱, 侈, 淫也. 鬱, 怨也.
國愈亂, 主愈卑, 則亦失樂之情矣. (제39권 『여씨춘추(呂氏春秋)』)

During tumultuous times, music played on wooden and leather instruments produces sounds that are like roaring thunder; music played on copper and stone instruments produces sounds that are furious and shocking; light dance music played on bamboo or silk instruments produces sounds that are like cawing outcries. These types of loud music can trouble people's mind, deafen ears and sway people to become licentious but they cannot bring happiness to people. Therefore, as music becomes more and more insolent, it will precipitate a greater incidence of depression, more chaos, and more disrespect for the ruler. Subsequently, music loses its original meaning and purpose.

Scroll 39: *Lü Shi Chun Qiu*

237 음악과 예

음악은 마음 깊은 곳에서 우러나오는 것이며[1], 예는 사람들의 외적인 행동에서 만들어진다.[2] 위대한 음악은 언제나 듣기 좋고 편안하며, 위대한 의례는 언제나 단순하고 소박하다.[3]

[1] 조화로움이 마음에 드러난다.
[2] 공경함이 그 모습에 드러난다.
[3] 이(易)는 간편하다는 뜻인데, 청묘(淸廟: 사당)의 대향(大饗: 큰 제사)이 그렇게 해야 한다.

원문

樂由中出, 和在心也. 禮自外作. 敬在貌也. 大樂必易, 大禮必簡. 易, 簡,
악 유 중 출   화 재 심 야   예 자 외 작   경 재 모 야   대 악 필 이   대 례 필 간   이   간

若於淸廟大饗然也. (제7권 『예기(禮記)』)
약 어 청 묘 대 향 연 야

영역

Music comes from the heart, and propriety set a standard for a person's outward behavior. Grand music must be amiable and grand ceremonies must be simple and modest.

Scroll 7: Li Ji

제29장

애민(愛民)

사람들을 배려하라

Caring about People

238 사람들을 이롭게 해주는 자

천하 사람들을 이롭게 해주는 자에게는 천하 사람들도 그에게 이로움을 주고, 천하 사람들에게 해를 끼치는 자에게는 천하 사람들도 그에게 해를 끼친다. ……어진 성품을 가진 자가 윗자리에 있으면 천하 사람들은 그에게 의탁한다. 그것은 다른 이유가 아니라, 천하 사람들을 위해 이로움을 잘 도모해주기 때문이다.

원문

利天下者, 天下亦利, 害天下者, 天下亦害之. ……仁人在位, 常爲
이 천 하 자　천 하 역 리　해 천 하 자　천 하 역 해 지　　　　인 인 재 위　상 위

天下所歸者, 無他也, 善爲天下興利而已矣. (제49권『부자(傅子)』)
천 하 소 귀 자　무 타 야　선 위 천 하 흥 리 이 이 의

영역

For those who bring benefits to the world, the world will also bring benefits to them. For those who bring harm to the world, the world will also bring harm to them. ".A benevolent ruler will attract the populace to follow him because he is good at bringing benefits to the world.

Scroll 49: Fu Zi

239 진정한 천자란?

진정한 천자는 천하 사람들을 자기자식처럼 사랑하고 아낀다. 그렇기 때문에 그를 아버지처럼 모시고 따르며 천자라고 부르는 것이다.

원문

所謂天子者, 天下相愛如父子, 此之謂天子. (제31권『육도(六韜)』)
소 위 천 자 자　천 하 상 애 여 부 자　차 지 위 천 자

영역

When a ruler loves his people as if they are his children, and all the people love him as if he is their father, the ruler can then be deemed as the Son of Heaven in its truest sense.

Scroll 31: *Liu Tao*

240 천지의 덕성

천지는 만물을 무성하게 자라게 하고, 성인은 현명하고 재능 있는 자를 키워 내어, 그 복이 모두 만백성들에게 미치게 한다.

원문

天地養萬物, 聖人養賢, 以及萬民. (제1권『주역(周易)』)
천 지 양 만 물 성 인 양 현 이 급 만 민

영역

The heaven and the earth nourish all things and enable them to prosper and flourish. The sages take good care of the virtuous so that the latter can serve the society and bring happiness to all people.

Scroll 1: *Zhou Yi*

241 백성을 자식 아끼듯 사랑하라

나라를 잘 다스리는 군주는 백성을 돌봄에 부모가 자식을 대하듯 아끼고 사랑하고, 형이 동생을 사랑하듯이 한다. 백성이 굶주림에 허덕이는 것을 보면 애통해하고, 백성이 고생스럽게 사는 것을 보면 함께 슬퍼한다.

원문

故善爲國者, 御①民如父母之愛者, 如兄之慈弟也. 見之飢寒, 則爲
고 선 위 국 자   어   민 여 부 모 지 애 자   여   형 지 자 제 야   견 지 기 한   즉 위
之哀, 見之勞苦, 則爲之悲. (제31권 『육도(六韜)』)
지 애   견 지 노 고   즉 위 지 비

주석

① 어(御): 다스리다, 통치하다.

영역

Good leaders will love the people as if they were their children, and care for them as if they were their own kindred. They grieve for people who are starving and mourn for people who are toiling in hardship.

Scroll 31: *Liu Tao*

242 백성들의 복과 재앙

신은 이렇게 들었습니다.

"나라가 흥성할 때에는 백성들을 상처 입은 자를 간호하듯 자상히 보살피는데[1], 이것이 바로 백성들의 복입니다. 나라가 망하게 될 때에는 백성들을 흙이나 풀처럼 여겨 마구 짓밟게 되는데, 이것이 바로 백성들의 재앙입니다.[2]"

[1] 상처 입은 자를 보듯 한다는 것은 두려워하며 놀라 움직임을 말한다.
[2] 개(芥)는 초(草: 풀)와 같다.

원문

臣聞國之興也, 視民如傷, 是其福也, 如傷, 恐驚動. 其亡也, 以民爲
土芥①, 是其禍也. 芥, 草也. (제6권 『춘추좌씨전(春秋左氏傳)』 하)

주석

① 토개(土芥): 흙과 초개. 보잘 것 없고 별로 중시할 것이 못되는 물건을 뜻함.

영역

I have heard that a country is prosperous and strong because it treats its people tenderly as if they were injured. This is indeed the country's good fortune. On the other hand, a country is in ruin because it tramples on its people as if they were mud or grass under its feet. This is indeed disastrous for the country.

Scroll 6: *Chun Qiu Zuo Shi Zhuan*, Vol.2

243 요임금의 인자함

요임금은 천하의 모든 백성들을 배려했지만 가난하고 고생스럽게 사는 백성들에게 더 관심을 두었으며, 백성들이 죄를 지어 벌을 받는 것을 보면 가슴 아파하고 백성들의 일이 뜻대로 되지 않을까 걱정했다. 한사람이라도 배를 곯는 것을 보면 "내가 이렇게 만든 것이다."라고 했으며, 한사람이라도 추위에 떠는 것을 보면 "내가 이렇게 만든 것이다."라고 했으며, 한사람이라도 죄를 범한 것을 보면 "내가 그렇게 만든 것이다."라고 했다.

요임금의 인자함에 백성들은 도의를 지키게 되었고, 요임금의 깊은 은혜에 백성들은 감화를 받게 되었던 것이다. 그러므로 상을 하사하지 않아도 백성들은 서로 선을 권하였고, 형벌을 쓰지 않아도 백성들은 본분을 지키게 되었던 것이다. 우선 너그러이 용서하고 이해하고, 그런 다음에 그들에게 교육을 실시하는 것이 바로 요임금의 천하 다스리는 방법이었다.

원문

堯存心於天下, 加志於窮民, 痛萬姓之①罹罪, 憂衆生之不②遂也. 有
요 존 심 어 천 하   가 지 어 궁 민   통 만 성 지   리 죄   우 중 생 지 불   수 야   유
一民飢, 則曰此我飢之也, 有一民寒, 則曰此我寒之也, 一民有罪,
일 민 기   즉 왈 차 아 기 지 야   유 일 민 한   즉 왈 차 아 한 지 야   일 민 유 죄
則曰此我陷之也. 仁昭而義立, 德博而化廣. 故不賞而民勸, 不罰而
즉 왈 차 아 함 지 야   인 소 이 의 립   덕 박 이 화 광   고 불 상 이 민 권   불 벌 이
民治. 先恕而後敎, 是堯道也. (제43권『설원(說苑)』)
민 치   선 서 이 후 교   시 요 도 야

주석

① 이(罹): 조우하다, 당하다.
② 수(遂): 일이 순조롭지 못하여 원하는 대로 되지 않음.

영역

Emperor Yao cared about all the people in the world, especially for the poor. He felt pain for the crimes and punishments suffered by his subjects, and he worried that people could not lead a good life. If there was one person starving, Yao would say: "It was me who had caused him to suffer from hunger." If there was one person freezing in the cold, Yao would say: "It was me who had caused him to suffer from the freezing weather." If there was one criminal, Yao would say: "It was me who had provoked him to commit the crime." As Yao's kindness and benevolence became apparent he also set the trend in upholding righteousness.

His virtues were so far-reaching and extensive that people encouraged each other to do good things without expecting any reward, and the government was able to govern without using penalties to punish the people. As Emperor Yao demonstrated, a good leader will first forgive peoples mistakes and then seek to guide them to correct their mistakes through education. That was the statesmanship of Emperor Yao.

Scroll 43: Shuo Yuan

244 인(仁)의 도리

자장(子張)이 공자에게 인(仁)의 도리에 대해 여쭈었다. 공자께서 말씀하셨다. "다섯 가지 품성을 천하에 시행할 수 있으면 인자하다고 할 수 있다."

자장이 어떤 다섯 가지가 있는지를 여쭈었다. 공자께서 말씀하셨다. "이 다섯 가지란 바로 공(恭), 관(寬), 신(信), 민(敏), 혜(惠)이다. 남을 공경하면 모욕을 당하지 않게 되고, 남을 너그럽게 대하면 대중들의 지지를 받게 되며, 남을 성실하게 대하면 다른 사람의 신임을 얻게 되고, 일을 부지런하고 민첩하게 하면 성공할 수 있으며, 남에게 많이 베풀면 남들도 나를 위해 충성을 다하는 법이다."

원문

子張問仁於孔子. 孔子曰: "能行五者於天下, 爲仁矣." 請問之. 曰:
자 장 문 인 어 공 자   공 자 왈   능 행 오 자 어 천 하   위 인 의   청 문 지   왈
"恭寬信敏惠. 恭則不侮, 不見侮也. 寬則得衆, 信則人任焉, 敏則有
공 관 신 민 혜   공 즉 불 모   불 견 모 야   관 즉 득 중   신 즉 인 임 언   민 즉 유
功, 應事疾, 則多成功. 惠則足以使人." (제9권 『논어(論語)』)
공   응 사 질   즉 다 성 공   혜 즉 족 이 사 인

영역

Zizhang asked Confucius about the principle of benevolence. Confucius said: KIf you can practice five types of moral conduct in the world, then you can be considered a benevolent person." Zizhang then asked: "Please tell me which five?" Confucius replied: "Be respectful, tolerant, trustworthy, perceptive, and kind. Respect others and you will not be insulted. Treat people with tolerance and you will gain their support. Be trustworthy and people will have faith in you. Do things perceptively and you will achieve success. Offer kindness to others and they will serve you with gratitude."

Scroll 9: Lun Yu

245 빈부격차 없애기

저(공자)는 이렇게 들었습니다.

국가를 다스리는 임금이나 토지를 경영하는 고위 관리는 땅과 백성이 적을까 걱정할 것이 아니라 소득의 분배가 공정하지 못할까 걱정하고[1], 백성들이 가난할까 걱정할 것이 아니라 부자와 가난한 자 사이의 빈부격차를 걱정한다고 합니다.[2]

그 이유는, 빈부격차가 없어지면 자연히 가난한 사람이 없어지게 되고, 부의 분배가 균등하면 멀리 떨어진 사람들도 몰려와 인구를 보충할 수 있으며, 백성들이 안정되면 외환(外患)으로 무너질 위험이 없어지기 때문입니다.[3]

이렇게 되면, 멀리 떨어져 있는 사람들이 쉽게 호응하지 않는다고 해도, 개화한 문명과 미덕이 널리 퍼져서 곧 그들을 감화시킬 수 있을 것이며, 그들이 일단 감화되면 그들은 정착하여 만족하고 안정된 생활을 누릴 수 있을 것입니다.

[1] 땅과 백성의 숫자가 적을 것을 걱정 말고 정치의 혜택이 고루 미치지 못할까를 걱정하라는 말이다.
[2] 오직 백성들을 편안하지 못하게 할 것인가 만을 걱정하면 백성들은 편안해지고 나라는 부유하게 된다.
[3] 정치와 교화가 고르게 된다면 가난해질까를 걱정할 필요가 없다. 상하가 모두 화합한다면 백성의 숫자가 줄어들까 걱정할 필요가 없다. 크고 작은 나라가 모두 안녕하면 무너질 위험이 없다.

丘①也聞有國有家者, 不患寡, 而患不均, 不患土地人民之寡少, 患政治之
구 야문유국유가자 불환과 이환불균 불환토지인민지과소 환정치지

不均平. 不患貧, 而患不安. 憂不能安民耳, 民安國富. 蓋②均無貧, 和無
불균평 불환빈 이환불안 우불능안민이 민안국부 개 균무빈 화무

寡, 安無傾. 政教均平, 則不患貧矣, 上下和同, 則不患寡矣, 大小安寧, 不傾
과 안무경 정교균평 즉불환빈의 상하화동 즉불환과의 대소안녕 불경

危矣. 夫如是, 故遠人不服, 則修文德以來③之, 既④來之, 則安之. (제
위의 부여시 고원인불복 즉수문덕이내 지 기 내지 즉안지

9권『논어(論語)』)

주석

① 구(丘): 공자의 자칭(自稱). 공자는 이름이 구(丘)고 자가 중니(仲尼)다.
② 개(蓋): 위 문장을 이어주는 작용을 하는데, 원인이나 이유를 표시한다.
③ 내(來): 초래하다.
④ 기(既): 이미.

영역

Confucius said: "I have heard that the feudal lords who preside over states, or the high officials who own family estates do not worry about poverty but they worry that the distribution of wealth may be uneven. They do not worry that they will have too few people but they worry that they may not be able to live in peace. For when distribution of wealth is even, there will be no poverty. And when harmony prevails, there will be no scarcity of people. When there is such a contented repose, there will be no rebellion. In this spirit, if people from afar do not submit, civil culture and virtues are to be cultivated to attract them. Once they have been so attracted, they will be made contented and be able to settle down at ease."

Scroll 9: Lun Yu

246 법을 너무 엄격하게 적용하면

오늘날 소위 좋은 관리라고 불리는 자들도 법을 너무나 엄격하게 적용하여 백성들을 힘들게 한다. 이런 사람들은 좋은 관리가 아니라, 권력을 남용하고 백성들을 못살게 구는 사람들이라고 할 것이다. 이들은 법을 집행하려는 것이 아니라 법을 집행한다는 명목으로 자신의 잔혹한 욕심을 전횡하는 것이다.

원문

今之所謂良吏者, 文察①則以禍其民, 强力則以厲其下, 不本法之所
由生, 而專己之殘心. (제42권『염철론(鹽鐵論)』)

주석

① 문찰(文察): 문구를 지나치게 세밀하게 살피다.

영역

The so-called good officials nowadays set strict laws to harass the people. They abuse their power and mistreat their subordinates. These officials have no intention of following the laws except to follow their cruel impulses to carry out their actions.

Scroll 42: Yan Tie Lun

247 백성들이 떠나는 일곱 가지 이유

백성들이 망명하는 데는 일곱 가지 원인이 있다. 첫째, 음양이 균형을 잃어 가뭄과 홍수가 일어나기 때문이다. 둘째, 관청에서 가렴잡세를 더하여 세금을 늘이기 때문이다. 셋째, 탐관오리들이 들끓어 공적인 명의를 빌어 자기 잇속을 차리고 뇌물을 주고받기 때문이다. 넷째, 권세 있는 자들이 백성들의 재물을 침탈하고 그 탐욕이 끝이 없기 때문이다. 다섯째, 잔혹한 관리들이 노역을 자주 소집하는 바람에 농사와 잠사에 철을 놓치기 때문이다. 여섯째, 부락에 늘 경보음이 울리는 바람에 남녀노소가 방위(防衛)에 나서지 않으면 아니 되기 때문이다. 일곱째, 도적들이 넘쳐나 백성들의 재물을 마구 빼앗기 때문이다.

사실 이 일곱 가지는 그나마 괜찮다. 다음의 일곱 가지는 백성을 더욱 죽음으로 몰아넣는다. 첫째, 잔혹한 관리들이 백성을 구타하고 살해한다. 둘째, 사건 심리가 너무 지나치다. 셋째, 무고한 백성에게 억울한 누명을 씌우고 모함한다. 넷째, 도적들이 도처에 널려있다. 다섯째, 원수끼리 서로를 참살한다. 여섯째, 작황이 좋지 않아 백성들이 굶주려 죽는다. 일곱째, 백성들이 전염병에 시달린다.

백성들에게 일곱 가지 망명의 원인이 발생하고 백성들이 조금의 이익마저 얻지 못하는 상황에서 나라를 안정시킨다는 것은 참으로 어려운 일이다. 백성들을 죽음으로 몰아넣는 일곱 가지 상황이 발생하고, 조그만 생존 기회마저 주어지지 않는 상황에서 형법을 폐지시켜 백성들로 하여금 안정된 생활을 누리도록 한다는 것도 참으로 어려운 일이다.

凡民有七亡: 陰陽不和, 水旱爲災, 一亡也, 縣官重責, 更賦租稅, 二
범민유칠망 음양불화 수한위재 일망야 현관중책 경부조세 이

亡也, 貪吏並公, 受取不已, 三亡也, 豪强大姓(姓下舊有家字, 刪之)蠶
망야 탐리병공 수취불이 삼망야 호강대성 성하구유가자 산지 잠

食無厭, 四亡也, 苛吏繇役①, 失農桑時, 五亡也, 部落鼓鳴, 男女遮
식무염 사망야 가리요역 실농상시 오망야 부락고명 남녀차

列②, 六亡也, 盜賊劫略, 取民財物, 七亡也.
열 육망야 도적겁략 취민재물 칠망야

七亡尙可, 又有七死: 酷吏毆殺, 一死也, 治獄深刻, 二死也, 冤陷無
칠망상가 우유칠사 혹리구살 일사야 치옥심각 이사야 원함무

辜, 三死也, 盜賊橫發, 四死也, 怨讐相殘, 五死也, 歲惡飢餓, 六死
고 삼사야 도적횡발 사사야 원수상잔 오사야 세악기아 육사

也, 時氣疾疫, 七死也. 民有七亡, 而無一得, 欲望國安誠難. 民有七
야 시기질역 칠사야 민유칠망 이무일득 욕망국안성난 민유칠

死, 而無一生, 欲望刑措誠難. (제19권 『한서(漢書)』 7)
사 이무일생 욕망형조성난

① 요역(繇役): 요역(徭役). 고대 관청에서 파견하는 젊은 남자들의 노역으로, 도시
   보수, 길닦이, 향리(鄕裏) 보위 등의 사무를 보았다.
② 차열(遮列): 차열(遮迾). 차열(遮迣). 차려(遮厲). 줄을 지어 막아서다.

Seven Losses that can make people destitute:

1. Flood and drought caused by an imbalance between the Yin and King energies.
2. Heavy taxes imposed on farmers.
3. Briberies and the misuse of public funds.
4. The rich gentry exploiting the farmers endlessly.
5. Oppressive officials prolonging the duration of compulsory free labor supplied by farmers, and so hindering normal working hours for the farmers.
6. The countryside is drowned in the sound of drums alarming the inhabitants about robberies, and men and women have to rush out in all directions to make arrests.
7. Robbers and thugs stealing money, food and tools.

Worse than the Seven Losses are the Seven Deaths—the seven situations that can take away peoples lives:

1. The beating and killing of people by cruel officials.
2. Harsh prosecution of criminal cases.
3. False accusations of innocent people.
4. Widespread robberies and thefts.
5. Vengeance among the enemies.
6. A year of poor harvest causing famine.
7. Rampant epidemics and diseases.

With the Seven Losses making people destitute, it will be difficult for a country to attain stability. With the Seven Deaths taking away peoples lives, it will be extremely difficult to get rid of corporal punishment.

Scroll 19: *Han Shu*, Vol.7

제30장

민생(民生)

백성들의 생계

The Livelihood of People

248 나라를 부강하게 하는 여덟 가지

나라를 부강하게 하는 정책에는 여덟 가지가 있다.

첫째, 세금을 적게 걷고 긴축예산을 운용하여 백성들의 생활을 부유하고 충족하게 한다. 둘째, 농사철을 지켜 백성들의 수확을 늘인다. 셋째, 무역보다는 농업을 중시한다. 넷째, 백성들마다 안정된 직업을 마련해준다. 다섯째, 세입에 따라 지출하고 지출을 줄인다. 여섯째, 정확한 화폐정책으로 재무를 조절한다. 일곱째, 탁상공론을 끊임없이 늘어놓는 자를 제어한다. 여덟째, 당파를 틀어막고 사익을 도모하는 경로를 차단한다.[1]

[1] 검소하면 자원과 재부를 오래도록 쓸 수 있고, 농사철을 지키면 수확을 담보할 수 있으며, 농업을 중시하면 양식가격을 높일 수 있고 상업을 통제하면 물가를 낮출 수 있는바, 이렇게 해야만 사회가 안정될 수 있다. 고정된 직업이 있으면 백성들이 자신이 맡은 일에 전념할 수 있고, 탁상공론을 늘어놓는 자를 제어하면 백성들이 유혹과 혼란을 피할 수 있으며, 파당을 지우고 사리를 도모하는 경로를 차단시키면 천하가 군주에게로 귀순할 수 있다. 이 8가지를 지키면 나라가 비록 작더라도 필히 왕으로 자처할 수 있을 것이며, 이 8가지를 지키지 않으면 나라가 아무리 클지라도 결국에는 멸망하고 말 것이다.

원문

富國有八政: 一曰, 儉而足用, 二曰, 時以生利, 三曰, 貴農賤商, 四曰, 常民之業, 五曰, 出入有度, 六曰, 以貨均財, 七曰, 抑談說之士, 八曰, 塞朋黨之門. 夫儉則能廣, 時則農業修, 貴農則穀重, 賤商則貨輕, 有常則民壹, 有度則不散, 貨布①則並兼②塞, 抑談說之士則百姓不淫, 塞朋黨之門則天下歸本. (제50권 『원자정서(袁子正書)』)

① 포(布): 널리 퍼지다, 분포하다.
② 겸(兼): 합병, 삼키다.

영역

There are Eight Policies that can make a country prosperous:

1. Exercise fiscal austerity to set aside more than adequate financial reserves.
2. Master the agricultural cycles to help farmers produce an abundance of commodities.
3. Attach more importance to agriculture than to trading.
4. Ensure the people have stable employment.
5. Control government expenses—live within your means.
6. Exercise monetary policy to equalize wealth.
7. Check the influence of lobbyists.
8. Put an end to cliques that band together for selfish purposes.

Scroll 50: Yuan Zi Zheng Shu

249 정부가 개입하여 물가를 안정시켜라

수확이나 생산이 많으면 작물이나 상품의 가격이 내려간다. 상품의 가격이 내려갈 때 정부가 염가로 사들여 비축해놓고, 수요가 공급보다 많아져서 가격이 올라가면 정부가 낮은 가격으로 다시 그 상품을 내놓는다.[1] 이렇게 정부가 매입과 매출의 적절한 시기를 조정하면, 수요와 공급의 균형이 맞게 되고 물가가 안정된다. 즉 정부가 큰 상인이나 거부들이 시장을 장악하여 백성들에게 돌아가야 할 이익을 빼앗지 못하게 해야 한다.

[1] 백성들이 경시할 때 염가로 사들여 놓았다가 백성들이 귀히 여길 때 다시 싼 가격으로 내 놓는다.

원문

民有餘則輕之, 故人君斂之以輕, 民不足則重之, 故人君散之以重.
민 유 여 즉 경 지   고 인 군 감 지 이 경   민 부 족 즉 중 지   고 인 군 산 지 이 중
民輕之之時, 爲斂糴之, 重之之時, 官爲散之. 凡輕重斂散之以時, 則準平,
민 경 지 지 시   위 렴 적 지   중 지 지 시   관 위 산 지   범 경 중 감 산 지 이 시   즉 준 평
故大賈①畜家②不得豪奪吾民矣. (제14권 『한서(漢書)』 2)
고 대 고   축 가   부 득 호 탈 오 민 의

주석

① 대가(大賈): 큰 상인.
② 축가(畜家): 재물을 많이 모아놓은 집.

영역

Prices of goods will decline when there is a surplus. The government can take this opportunity to buy the goods and stockpile them. When the demand is greater than the supply, the price will go up and the government can sell off the goods. If the buying and selling is timely, demand and supply will be balanced and the prices of goods will be stabilized. Thus, big merchants and rich families that became rich by cornering the market will not be able to wrest benefits from the common people.   Scroll 14: *Han Shu*, Vol.2

제31장

법고(法古)

과거로부터 배워라

Learn from the Past

250 옛 현인의 교훈을 배워라

옛 사람의 교훈을 잘 배워 관리가 된다면, 고대의 규정제도에 의거하여 정무(政務)를 다스릴 수 있고, 정사(政事)를 논의해도 미혹되거나 잘못을 범하지 않을 수 있다.[1]

[1] 당연히 먼저 옛날의 말씀을 배우고, 그런 다음 관리가 되어 정치를 해야 하며, 일을 할 때에는 옛날의 의미를 따라서 그 자초지종을 잘 의논해 헤아려야만 정치가 잘못에 빠지지 않는다는 말이다.

원문

學古入官, 議事以制, 政乃弗迷. 言當先學古訓, 然後入官治政, 凡制事必以古義, 議度終始, 政乃不迷錯也. (제2권 『상서(尙書)』)

영역

Study the lessons passed down from the ancients and take heed of what makes a good government minister. Ill-conceived government actions are less likely to happen if a government can base its decision-making on ancient wisdom and advice.

Scroll 2: *Shang Shu*

251 경험의 교훈

속담에 이런 말이 있다. "지난날의 경험과 교훈은 후사를 처리하는데 귀감이 된다."

그래서 군자는 나라를 다스릴 때 상고시대의 역사를 고찰하고, 이를 당대에 적용하여 검증하며, 그런 동시에 사람과 사물을 통해 검증한다. 그렇게 함으로써 흥망성쇠의 이치를 장악하며, 그와 상응한 형세의 마땅함을 면밀하게 따져가면서 조리 있게 취사선택하며, 그와 동시에 시대에 걸맞게 응용된 정책을 제정한다. 그렇게 했기에 오랜 세월 동안 나라를 안정적으로 유지하고 사직을 보전할 수 있었다.

원문

野言曰: 前事之不忘, 後事之師. 是以君子爲國, 觀之上古, 驗之當世, 參以人事, 察盛衰之理, 審權勢之宜, 去就有序, 變化應時, 故曠日長久, 而社稷安矣. (제11권 『사기(史記)』 상)

영역

Do not forget the experiences and lessons learned from the past for they shall serve as a reference for future undertakings. A ruler will study history and verify the lessons in human affairs within a contemporary context to understand the rise and decline of a nation. They will also contemplate the balance of power and its corresponding scenarios, orderly weighing which ones to reject and which ones to adopt. Based on these considerations they will develop appropriate policies that over time will bring lasting peace to the nation.

Scroll 11: *Shi Ji*, Vol.1

252 고대 제왕들의 자기 다스림

주(周)나라 무왕(武王)이 상보(尚父)에게 물었다. "고대 제왕들은 어떻게 자신을 경계하였던가?"

상보가 대답했다. "황제 때에는 '짐은 백성들을 이끌어감에 늘 우려와 불안에 젖어 자나 깨나 이를 걱정했도다.'라고 되뇌며 경계했다고 들었습니다. 그리고 요임금 때에는 백성을 이끌어감에 언제나 아주 깊은 강을 건너듯 전전긍긍했고, 순임금 때에는 백성을 이끌어감에 마치 살얼음 위를 걷듯이 늘 조심스럽고 신중하게 행동했으며, 우임금 때에는 백성을 이끌어감에 천하를 제대로 다스리지 못할까 언제나 전전긍긍했고, 탕왕 때에는 백성을 이끌어감에 늘 밝은 날이 오지 못할까 근심하고 두려워했다고 합니다."

주 무왕이 말했다. "과인도 지금 은나라를 갓 통일하여 백성들을 이끌어가게 되었는데, 늘 공경하고 신중하며 경계하고 두려워하면서 소홀히 대하지나 않을까 걱정하고 있도다!"

원문

武王問尚父曰: "五帝之戒可聞乎?" 尚父曰: "黃帝之時戒曰, 吾之
무 왕 문 상 보 왈   오 제 지 계 가 문 호   상 보 왈   황 제 지 시 계 왈   오 지
居民上也, 搖搖恐夕不至朝; 堯之居民上, 振振如臨深川; 舜之居民
거 민 상 야   요 요 공 석 부 지 조   요 지 거 민 상   진 진 여 임 심 천   순 지 거 민
上, 兢兢如履薄冰; 禹之居民上, 慄慄恐不滿日; 湯之居民上, 戰戰
상   긍 긍 여 리 박 빙   우 지 거 민 상   율 율 공 불 만 일   탕 지 거 민 상   전 전
恐不見旦." 王曰: "寡人今新並殷居民上, 翼翼懼不敢怠." (제31권『음
공 불 견 단   왕 왈   과 인 금 신 병 은 거 민 상   익 익 구 불 감 태
모(陰謀)』)

King Wu asked his strategist, Shang-fu: "Can you tell me how the five ancient emperors kept vigilant of themselves?" Shang-fu said: "Emperor Huang warned himself with this saying: 'When I lead the people, I am worried and fearful as if night will not turn to morning: When Emperor Yao was leading his people, he was extremely apprehensive as if he was standing on the brink of a deep abyss. When Emperor Shun was leading his people, he was extremely cautious as if he was treading on thin ice. King Yu was extremely watchful as if he would not live through the day. King Tang would stay on guard as if he would not live to see tomorrow." King Wu said: "Now that I am leading the newly conquered subjects of the Yin nation, I must rule cautiously and remain vigilant without the slightest negligence."

Scroll 31: *Yin Mou*

제32장

강기(綱紀)

기본적인 원칙을 지켜라

The Basis of Principles

253 대도를 실천하는 세 가지 방법

천하가 함께 하는 큰 도(道)에 다섯 가지 있고, 그것을 실천하는 방법에 세 가지가 있다. 즉 군신, 부자, 부부, 형제자매, 친구 사이의 관계, 이 다섯 가지가 함께 따르는 큰 도이다. 그리고 지혜, 인애, 용감함, 이 세 가지는 천하 사람들이 반드시 갖춰야 할 덕행이다.

이러한 큰 도와 미덕을 실천하게 해 주는 것이 '전일(專一)함'이다. 이런 도리를 나면서서부터 아는 사람, 학습을 통해서 아는 사람, 각고의 노력을 거쳐야 아는 사람이 있다. 그러나 깨달은 다음에 보면 그 도리는 모두 같다. 혹은 스스로 좋아서 실행하거나 혹은 이익이 되기에 행하거나 마지못해 실행하는 사람도 있지만, 성공한 다음 그 결과는 모두 같다.

원문

天下之達道①有五, 其所以行之者三. 曰君臣也, 父子也, 夫婦也, 昆弟也, 朋友之交也, 五者, 天下之達道也, 智仁勇三者, 天下之達德也. 所以行之者一也. 或生而知之, 或學而知之, 或困而知之, 及其知之一也. 或安而行之, 或利而行之, 或勉强而行之, 及其成功一也. (제10권 『공자가어(孔子家語)』)

주석

① 천하지달도(天下之達道): 고금을 막론하고 세상 모든 사람들이 서로 교제하면서 지켜야 할 도리. 즉, 임금과 신하 사이에는 의로움이 있어야 하고, 어버이와 자식 사이에는 친함이 있어야 하며, 부부사이에는 구별이 있어야 하고, 어른과 아이 사이에는 차례와 질서가 있어야 하며, 친구 사이에는 믿음이 있어야 한다.

There are five types of relations that constitute the moral standards of mankind, and three elements of virtues that are conducive to the fulfillment of these relations. These five types of moral relations include those between the leader and subordinates, parents and children, husband and wife, among siblings, and among friends. The three elements of virtues are wisdom, benevolence and courage, forming the virtuous conduct of mankind. From start to finish, "Sincerity" must be present to enable the five moral relations and the three types of virtuous conduct to work out successfully. Some people are conscious of these moral relations and virtues from birth. Some people become conscious of them after learning about them, and some people become conscious of them only after they have put in tremendous efforts in understanding them. However, the end result is the same. As for actualizing these moral relations and virtues, some people will do it naturally, some people will do it for the sake of acquiring personal benefits, and some people will do it reluctantly. In the end, the results will all be the same.

Scroll 10: *Kong Zi Jia Yu*

인(仁), 의(義), 예(禮), 악(樂), 명(名), 법(法), 형(刑), 상(賞), 삼왕오제는 이 8가지를 천하를 다스리는 방법으로 사용하였다.

그래서 인애(仁愛)사상으로 백성을 이끌었고, 도의로 사리를 판단하게 하였으며, 예의로 백성의 행위를 규정하였고, 음악으로 화목하게 지내게 하였으며, 명분으로 각각의 지위를 바로잡았고, 법률로 행위를 통일시켰으며, 형벌로 위엄을 세웠으며, 상으로 선행을 격려하였다.

원문

仁義禮樂, 名法刑賞, 凡此八者, 五帝①三王②, 治世之術也. 故仁以
導之, 義以宜之, 禮以行之, 樂以和之, 名以正之, 法以齊之, 刑以威
之, 賞以勸之. (제37권 『윤문자(尹文子)』)

주석

① 오제(五帝): 상고 시대의 다섯 성왕을 가리킴. 이에 대한 세간의 설은 분분하다. 즉, 황제(黃帝), 전욱(顓頊), 제곡(帝嚳), 당요(唐堯), 우순(虞舜)이라는 설도 있고, 태호(太昊)·복희(伏羲), 염제(炎帝)·신농(神農), 황제(黃帝), 소호(少昊)·지(摯), 전욱(顓頊)이라는 설도 있으며, 소호(少昊), 전욱(顓頊), 고행(高辛), 당요(唐堯), 우순(虞舜)이라는 설도 있고, 복희(伏羲), 신농(神農), 황제(黃帝), 당요(唐堯), 우순(虞舜)이라는 설도 있다.

② 삼왕(三王): 하나라, 상나라, 주나라 삼대의 군주를 가리킴. 이에 대한 세간의 설도 분분하다. 즉, 하우(夏禹), 상탕(商湯), 주 무왕(周武王)이라는 설도 있고, 상탕(商湯), 주 문왕(周文王), 주 무왕(周武王)이라는 설도 있다.

The five emperors and the three sage-kings of ancient times used eight elements—benevolence, righteousness, propriety, music, status, law, punishment and reward— to govern their states. Benevolence was used in order to provide guidance for their people. Righteousness was used in order to guide the people to do the right thing. Propriety was used in order to regulate peoples behavior. Music was used in order to mediate human relations. Status was used in order to define peoples social roles. Law was used in order to align the people. Punishment was used in order to deter people from committing crimes. Reward was used in order to encourage people to do good deeds.

Scroll 37: *Yin Wen Zi*

255 천자가 가져야 할 세 가지 법보

뭇사람을 사랑하고 보호하는 이보다 더 인자한 사람은 없으며, 현명하고 유능한 인재를 판별할 줄 아는 이보다 더 현명한 사람은 없으며, 재능 있는 관리를 임용하는 이보다 더 잘하는 정치가는 없다.

영토를 가진 임금이 이 세 가지를 잘 갖춘다면 온 천하가 그의 명령을 받들며 복종할 것이다.

원문

故仁者莫大於愛人, 智者莫大於知賢, 政者莫大於官能. 有土之君,
고 인 자 막 대 어 애 인   지 자 막 대 어 지 현   정 자 막 대 어 관 능   유 토 지 군

能修此三者, 則四海之內供命而已矣. (제10권 『공자가어(孔子家語)』)
능 수 차 삼 자   즉 사 해 지 내 공 명 이 이 의

영역

Therefore, it was said that being benevolent is nothing more than loving and protecting the people. Being wise is nothing more than knowing who are the virtuous; being an able government leader is nothing more than knowing whom to hire for the right job. If the leader of a state can fulfill these three conditions, people from all over the world will submit to him.

Scroll 10: *Kong Zi Jia Yu*

256 천자와 황후의 조화

천자는 남자에 대한 교화를 주관하고, 황후는 부녀의 유순한 미덕에 관한 교화를 주관한다. 천자는 강건한 일을 책임지고, 황후는 유순한 일을 책임진다. 천자는 대외의 모든 정사를 처리하고, 황후는 후궁의 내무를 처리한다.

이러한 교화가 순조롭게 완성되어 풍속을 형성하고, 내외가 모두 조화롭고 공손해지며, 국사와 가사가 모두 잘 다스려지는 것, 이를 두고 위대한 덕행이라 한다.

원문

天子聽男敎, 後聽女順, 天子理陽道, 後治陰德, 天子聽外治, 後聽
內治. 敎順成俗, 外內和順, 國家理治, 此之謂盛德也. (제7권 『예기(禮記)』)

영역

The king (Son of Heaven) was responsible for teaching the men, and the queen was responsible for teaching the ladies to be gentle. The king handled the tough masculine matters, and the queen handled the gentler feminine issues. The king managed the external affairs, and the queen managed the internal affairs. When the education of men and the gentleness of women became customary, and when external and internal affairs were harmonized, such that family and official affairs were managed equally well, this could be considered as the glorious exemplification of virtuous conduct.

Scroll 7: *Li Ji*

257 천하를 다스리는 네 가지 방법

천하를 다스리는데 네 가지 방법이 있다.

첫째 진심으로 백성을 사랑하는 것이며, 둘째 조그만 사심도 갖지 않는 것이며, 셋째 현명하고 유능한 인재를 임용하는 것이며, 넷째 재정수지를 잘 계획하는 것이다.

재정수지가 적절하게 계획되면 재물사용이 충족해지고, 현명하고 유능한 인재를 임용하면 많은 공훈과 업적을 이룰 수 있으며, 공평무사함은 지혜의 근본이며, 진심으로 백성을 사랑하는 것은 백성을 자기 자식처럼 아끼는 행위이다.

원문

治天下有四術: 一曰忠愛, 二曰無私, 三曰用賢, 四曰度量. 度量通,
則財用足矣; 用賢, 則多功矣; 無私, 百智之宗也; 忠愛, 父母之行
也. (제36권 『시자(尸子)』)

영역

There are four skills that enable a good government: First, be trustworthy and loving toward the people. Second, be fair and selfless. Third, appoint virtuous and able people to run the government. Fourth, manage financial resources carefully. Prudent financial management will ensure sufficient wealth for the nation. Employing virtuous and able persons to run the government will enable the government to make more contributions. Selfless devotion provides the source of wisdom, and loving the people trustingly embodies the conduct of parents loving their children.

Scroll 36: Shi Zi

258 나라를 세우는 네 가지 기강

곡식창고에 곡식이 가득차야 백성들이 예절을 지키며, 먹고 입는 것에 대한 걱정이 없어야 영예와 치욕이 무엇인지를 알게 된다. 지도자가 법도를 준수하면 육친가족이 모두 단합하여 화목하게 된다.

나라를 세우는 네 가지 기강을 확립하면 임금의 명령이 막힘없이 행해질 것이며, 이 4가지 기강이 확립되지 않으면 나라는 곧 멸망하고 만다. 그러면 무엇이 4가지 기강인가? 첫째 예의(禮), 둘째 도의(義), 셋째 청렴(廉), 넷째 수치(恥)이다.[1]

[1] 나라를 세우는 4개의 기강 중 하나가 확립되지 않으면 정부가 기울어져 불안해지고, 둘이 확립되지 않으면, 정부가 위험에 빠지게 되고, 셋이 확립되지 않으면 정부가 전복되며, 넷 모두가 확립되지 않으면 국가가 멸망하고 만다. 네 개의 기강 중 하나가 기울면 그나마 바로잡을 수 있고, 두 개의 기강이 흔들려서 정부가 위험에 빠진다 해도 수습할 수는 있다. 세 개가 흔들려서 정부가 전복된다 해도, 국가와 나라를 보존할 수 있는 방법은 있을 것이다. 그러나 네 개의 기강이 모두 사라져서 국가가 멸망하면 다시 세울 방법이 없다.

원문

倉廩實則知禮節, 衣食足則知榮辱, 上服度則六親固. 四維張則君令行. 四維不張, 國乃滅亡. 國有四維, 一維絶則傾, 二維絶則危, 三維絶則覆, 四維絶則滅. 傾可正也, 危可安也, 覆可起也, 滅不可復錯① 也. 四維: 一曰禮, 二曰義, 三曰廉, 四曰恥. (제32권 『관자(管子)』)

주석

① 조(錯): 조(措). 조치하다, 배치하다. 여기에서는 '세우다'의 뜻으로 쓰임.

When the granary is replete with staple foods, people will comprehend the meanings of propriety. When they have sufficient food to eat and clothes to keep them warm, they will comprehend the meanings of honor and disgrace. When a leader obeys the legal standards of propriety, his close relatives will live in unity and harmony. When the four anchors in building a nation are upheld, the rulers directives will be carried out without impediment. Dispensing with these four anchors will lead to the downfall of a nation. If one of these four anchors was broken, the country would become unstable. If two of these anchors were broken, the country would be in danger. If three of these anchors were broken, the government would be toppled. If all four anchors were broken, the state would be in ruin. A state that is unstable can still be restored to its equilibrium. A state that is in danger can still be restored to its peaceful state. Even when the government is overthrown, it is still possible to save the country. But resurrecting a ruined country would become impossible. So what are these four anchors? They are: propriety, righteousness, integrity, and moral shame. A government is effective because it responds to the common aspirations of the people. A government that runs against peoples aspirations will be abandoned by the people.

Scroll 32: *Guan Zi*

259 스승을 존중하라

고대의 성왕치고 스승을 존중하지 않은 사람이 없었으며, 스승을 존중할 때에는 그 귀천과 빈부를 따지지 않았다.

원문

是故古之聖王未有不尊師也, 尊師則不論貴賤貧富矣. (제39권 『여씨춘
추(呂氏春秋)』)

영역

According to ancient customs, the social status of teachers was highly revered. Thus no sage-king would show disrespect toward his teachers, irrespective of whether the teachers were nobles, low-ranking, wealthy or impoverished.

Scroll 39: *Lü Shi Chun Qiu*

260 신하를 신하로 부르지 않는 이유

탕(湯) 임금이 물었다. "신하로 임용해 놓고 그들을 신하로 대하지 않는 까닭은 무엇인지요?"

그러자 이윤(伊尹)이 대답하였다. "임금이 신하를 신하라고 부르지 않는 데는 네 가지 경우가 있습니다. 자신의 백부나 숙부가 대신이 되면 그들을 신하로 부르지 않고, 형님이 대신이 되면 신하로 부르지 않습니다. 또 부왕의 노신 (老臣)도 대신으로 쓰지만 그들을 신하로 부르지는 않으며, 덕망이 높은 사람을 대신으로 쓰지만 그들을 신하로 부르지 않습니다. 이런 것을 두고 대도에 순응한다고 합니다."

원문

湯曰: "何謂臣①而不臣②?" 對曰: "君之所不名臣者四: 諸父臣而不名; 諸兄臣而不名; 先王之臣, 臣而不名; 盛德之士, 臣而不名; 是謂大順也." (제43권 『설원(說苑)』)

주석

① 신 (臣): 신하, 부하.
② 신(臣): 신하로 삼다, 사람을 부려먹다.

영역

King Tang asked: "When can a minister not be addressed as a minister by the king?" Yi Yin replied: "There are four scenarios where this can happen. Your majesty s uncles are senior ministers whom you cannot address as ministers. Your majesty's elder brothers are senior ministers whom you cannot address as ministers; ministers who had served under the late kings are senior ministers whom you cannot address as ministers. Furthermore, people who are most virtuous can become senior ministers but they cannot be addressed as ministers. This protocol is appropriate within the principles of moral law."

Scroll 43: Shuo Yuan

261 남의 일에 참견말라

공자께서 말씀하셨다.

"군자는 그 직위를 맡고 있지 않으면 그 직무에 관련된 일에 참견하지 않는 법이다."[1]

[1] 각자 자기가 맡은 직분에 전념해야 한다는 뜻이다.

원문

子曰: "不在其位, 不謀其政." 欲各專一於其職也. (제9권 『논어(論語)』)
자 왈   부 재 기 위   불 모 기 정   욕 각 전 일 어 기 직 야

영역

Confucius said: "He who is not in any particular office has nothing to do with plans for the administration of its duties."

Scroll 9: *Lun Yu*

262 만기친람, 난세의 특징

임금이 직접 모든 일을 주관하면 신하는 일을 주동적으로 하려 하지 않는 법이다.[1] 그것은 군신의 위치가 서로 바뀐 것으로, 착란이라 할 수 있으며, 착란이 되면 반드시 혼란을 일으키게 된다.

그러므로 임금은 신하를 임용하되 모든 일을 도맡아 할 필요가 없으며, 그런 즉 신하는 일을 주도적으로 하게 된다. 이것이 군신 관계의 순리적인 모습이며, 치세(治世)와 난세(亂世)의 구별점인만큼 신중히 살피지 않을 수 없다.[2]

[1] 임금이 모든 일을 책임지고 맡아서 하면 신하들은 더 이상 그 일을 자신의 일로 여기지 않는다는 말이다.

[2] 남에게 일을 맡기는 자는 편안해 지고, 자신이 맡아 하는 자는 피곤해지는 법이다.

원문

是以人君自任而躬①事②, 則臣不事事矣. 言君之專苟其事, 則臣下不復以事爲事矣. 是君臣易位也, 謂之倒逆, 倒逆則亂矣. 人君任臣而勿自躬, 則臣事事矣. 是君臣之順, 治亂之分, 不可不察. 所謂任人者逸, 自任者勞也. (제37권 『신자(愼子)』)

주석

① 궁(躬): 친히, 몸소.
② 사(事): 다스리다, 일을 맡기다.

If a leader were to take charge of everything, his subordinates would not take the initiative to perform their duties. This would mean that the role of the leader and the subordinates is reversed, a situation which will bring forth disorder. If a leader does the opposite, the subordinate will perform the duties that are appropriate to them and complete their appropriate tasks. Such is the orderly leader-subordinate relationship, which is the key to distinguishing peace and order from chaos and turbulence. This should be very well understood.

Scroll 37: Shen Zi

263 행정명령은 한곳에서

행정명령을 여러 부문에서 내려서는 아니 된다. 그렇게 되면 민중은 곤혹스러워 어찌할 바를 모르게 된다.

政不可多門, 多門則民擾. (제29권 『진서(晉書)』상)
정 불 가 다 문　다 문 즉 민 요

Government regulations should not be issued by too many departments. Different instructions given on the same regulations will confuse people.

Scroll 29: *Jin Shu*, Vol.1

제33장

상벌(賞罰)

보상과 처벌

Reward and Punishment

264 포상과 징벌을 엄정하게 하라

옛날의 현명한 임금들은 포상과 징벌을 반드시 당사자의 공로와 과실에 의거해 엄격하게 시행했다. 그러나 나라가 망할 때의 독재자들은 사적인 감정에 의거하여 사람들에게 마음대로 상을 내렸다.

원문

古之明君, 褒罰必以功過, 末代闇主, 誅賞各緣①其私. (제23권 『후한서
고 지 명 군　포 벌 필 이 공 과　말 대 암 주　주 상 각 연　기 사
(後漢書)』 3)

주석

① 연(緣): 따르다, 순종하다.

영역

Wise kings of the past would reward or punish an individual based upon his merits or misdeeds. The despots of tottering dynasties would punish or reward an individual based on their personal preferences.

Scroll 23: Hou Han Shu, Vol.3

265 상 받을 사람에게 상을

당연히 포상해야 할 것을 포상하지 않으면 선한 일을 한 사람이 본래의 기대를 잃게 되며, 자신의 행위가 의미 있는지를 의심하게 된다. 당연히 벌해야 할 것을 벌하지 않으면 나쁜 일을 한 사람은 나라의 법령을 무시하게 되며, 곧 거리낌 없이 제멋대로 악행을 저지르고 만다.

원문

夫當賞者不賞, 則爲善者失其本望, 而疑其所行; 當罰者不罰, 則爲
부 당 상 자 불 상   즉 위 선 자 실 기 본 망   이 의 기 소 행   당 벌 자 불 벌   즉 위
惡者輕其國法, 而怙其所守. (제46권 『중론(中論)』)
악 자 경 기 국 법   이 호 기 소 수

영역

If rewards are not given to the deserving individual, good people will lose their confidence and begin to doubt if their efforts are worthwhile. If punishments are not given to the perpetrators, evil people will disregard the laws and continue with their wrong doings without any shame or fear.

Scroll 46: *Zhong Lun*

266 천거에 대한 보상

옛날 성왕의 가르침을 보면, 현인을 천거한 사람에게는 후하게 상을 내렸으나, 현인을 썩힌 자에게는 엄하게 벌을 내렸다.

원문

先王之敎, 進賢者爲上賞, 蔽賢者爲上戮. (제49권『부자(傅子)』)
선 왕 지 교   진 현 자 위 상 상   폐 현 자 위 상 륙

영역

Hence the ancient sage-kings have passed down this lesson to us: Those who recommend the virtuous to take on official posts will be rewarded handsomely; those who stifle the appointment of the virtuous will be punished severely.

Scroll 49: *Fu Zi*

267 작위와 녹봉의 중요성

관작(官爵)과 녹봉은 국가 권력을 지탱하는 근본이며 부귀에 이르는 근거가 되므로 중시하지 않을 수 없다. 그래서 덕행이 없으면 작위(爵位)를 수여하지 말아야 하며, 공로가 없으면 녹봉을 주지 말아야 한다.

이 두 가지만 잘 세워지면, 현량한 인사는 천박한 덕행으로 고귀한 작위를 감히 받아들이지 않을 것이며, 공로를 세운 대신도 작은 공을 내세워 감히 후한 녹봉을 받으려 하지 않을 것이다. 하물며 이러할진대 덕행도 공로도 없는 사람이 어찌 감히 헛되이 작위와 녹봉을 받으려 하겠는가?

원문

爵祿者, 國柄①之本, 而貴富之所由, 不可以不重也. 然則爵非德不修, 祿非功不與. 二教②旣立, 則良士不敢以賤德受貴爵, 勞臣不敢以微功受重祿, 況無德無功, 而敢虛干③爵祿之制乎! (제49권 『부자(傅子)』)

주석

① 국병(國柄): 국가 권력.
② 이교(二敎): 작위와 녹봉을 수여하는 이중 정치교육제도.
③ 간(干): 추구하다.

Official titles and stipends are the basis of a nations authority, and they pave the way to wealth. Hence, the conferring of titles and stipends cannot be deemed unimportant. If this is the case, anyone who is not virtuous should not be conferred any official titles; anyone who is not meritorious should not be given stipends. Once the rules and regulations regarding the conferring of titles and stipends are established, good officials will not dare to accept noble titles if their moral standing is unsatisfactory; dedicated ministers will not dare to accept handsome stipends if their contributions are meager. Under such circumstances, will men of small virtue and meager contributions dare to use deceptive maneuvers to meddle with the system of titles and stipends?

Scroll 49: *Fu Zi*

위(魏)나라 문후(文侯)가 이극(李克)에게 물었다. "어찌하여 형벌이 생기게 되었는지요?" 그러자 이극이 대답했다.

"형벌은 반역이나 방탕함 때문에 생겨났습니다. 배고픔과 추위에 떠는 사람들은 종종 역심을 품고 나쁜 행동을 하게 되고, 상류층의 과도한 사치나 소비는 방탕함의 원인이 됩니다.

농부가 복잡한 문양이 새겨진 대단히 사치스러운 대저택을 짓는데 동원되면 농사를 짓지 못하게 되고, 베 짜는 여성들이 지나치게 화려하고 사치스러운 상류층의 옷을 짓는데 동원되면 베를 짜는 본업이 힘들어집니다. 농업생산을 방해하는 것은 기아의 원인이 되며, 베 짜는 일이 힘들어지면 추운 겨울을 대비하여 따뜻한 옷을 충분히 만들 수 없게 됩니다.

굶주리는 자를 없애고 가난을 먼저 퇴치하지 않는다면 범죄는 언제나 발생할 것입니다. 또한 상류층이 과도한 화장을 하고 사치스런 옷을 입고 자신을 과시할 때 방탕함이 없을 수 없습니다.

만일 통치자가 범죄의 뿌리가 되는 원인을 없애지 않고 사람들을 처벌하려고만 한다면, 복지 국가를 만드는 것은 불가능할 것입니다."

원문

魏文侯問李克曰: "刑罰之源安生?" 對曰: "生於奸邪淫佚之行也.
위문후문이극왈   형벌지원안생   대왈   생어간사음일지행야
凡奸邪之心, 飢寒而起; 淫佚者, 文飾①之耗. 雕文刻鏤, 害農事者
범간사지심 기한이기 음일자 문식 지모 조문각누 해농사자
也; 文繡②纂組③, 傷女功者也. 農事害則飢之本, 女功傷則寒之源也.
야 문수 찬조   상녀공자야 농사해즉기지본 여공상즉한지원야
飢寒並至, 而能不爲奸邪者, 未之有也. 男女飾美以相矜, 而能無淫
기한병지 이능불위간사자 미지유야 남녀식미이상긍 이능무음
佚者, 未嘗有也. ……刑罰之起有源, 人主不塞其本, 而督④其末, 傷
일자 미상유야   형벌지기유원 인주불색기본 이독 기말 상

國之道也." (제43권『설원(說苑)』)
국 지 도 야

① 문식(文飾): 무늬로 장식하다.
② 문수(文繡): 화려하고 아름다운 견직물이나 의복에 수를 놓다.
③ 찬조(纂組): 붉은색 비단 끈. 정교한 채색무늬 단자를 가리키기도 함.
④ 독(督): 다스리다, 정돈하다.

영역

The Marquis Wen of Wei (state) asked Li Ke: "What factors contributed to the emergence of punishment?" Li Ke said: "Punishment was born as a means to subdue treacherous and promiscuous behaviors. Just as hunger and cold will compel people to commit treacherous acts, the consumption of overly decorative garments by high society will bring about dissolute behavior. When farm workers are forced to build lavish mansions with intricate carvings, this will hinder their agricultural production. When the female needleworkers are forced to make excessive ornamented garments this will hinder their normal textile production. Delayed agricultural production is the source of hunger, and delayed textile production is the source of not having enough warm clothing for the cold weather. Rare indeed were treacherous crimes that occurred where the ordinary people had not first been reduced to hunger and poverty. Rare indeed were promiscuities that had not been preceded by men and women showing off to each other in their excessive make-up and ornamented wardrobes. ...If the ruler does not rectify the root cause of punishment but to seek only to punish the people, surely this will be detrimental to the well-being of the country."

Scroll 43: Shuo Yuan

제34장

법률(法律)

법과 규정

Law and Statute

269 인의가 법보다 먼저다

인의(仁義)를 먼저 실행한 다음에 법령을 실시하며, 교화를 먼저 시행한 다음에 형벌을 집행한다. 이것은 나라를 다스릴 때 지켜야 할 중요한 순서이다.

> **원문**

先仁而後法, 先敎而後刑, 是治之先後者也. (제50권『원자정서(袁子正書)
선 인 이 후 법   선 교 이 후 형   시 치 지 선 후 자 야
』)

> **영역**

Try using benevolent means first before enforcing the law. Try using education to transform people first before using penalties to punish them. This is the order of importance in the governing of a country.

Scroll 50: *Yuan Zi Zheng Shu*

270 법은 사람에게서 나온 것이다

법령은 하늘에서 떨어진 것도 땅에서 솟아난 것도 아니며 사람들에게서 나온 것이다. 그래서 자기 자신에게 되돌려 보아 자신을 바로 잡도록 해야 한다. 진정으로 문제의 원인을 알아야 자신을 바로 잡을 수가 있다. 원칙을 정확하게 알고 습득한다면 의심에 사로잡히지 않을 것이다.

통치자가 능률적으로 일을 해결할 능력이 있을 때에도 신하들이 통치자만큼 일을 잘 하지 못한다고 질책하지 말아야 한다. 마찬가지로 통치가자 일을 해결할 수 없을 때에도 신하들에게 그 일을 해내야 한다고 요구해서도 아니 된다. 또한 백성들이 해서는 아니 된다고 금지한 것들을 임금 자신이 해서도 아니 된다.[1]

그러므로 임금이 법령을 제정할 때에는 자신이 먼저 법을 지키는 모범이 되어야 한다. 법률과 금령을 지도자 본인이 먼저 실천한다면 정령은 민간에서 막힘없이 통하게 되는 법이다.

[1] 계(戒)는 원래 식(式)으로 적었다.

원문

法非從天下, 非從地出, 發於人間, 反己自正也. 誠達其本, 不亂於末; 知其要, 不惑於疑; 有諸己, 不非諸人; 無諸己, 不責於下; 所禁於民者, 不行於身. 故人主之制法也, 先以自爲檢戒①(戒作式), 故禁勝於身, 則令行於民矣. (제35권 『문자(文子)』)

주석

① 검계(檢戒): 검식(檢式). 법식(法式) , 법도.

영역

The legal system is neither bestowed by heaven nor born out of the earth. It is created by human beings to regulate and restrict their behavior. If we can get to the root of the problems, we will not make petty mistakes. If we can master the principles, we will not be trapped in doubts. If a ruler is able to handle a task competently, he will not reproach or criticize others for their inability to do the same. If the ruler is unable to accomplish a task, he will not demand others to accomplish the task for him. What he does not want others to do, he must first forbid himself to do the same. Therefore, a ruler must lead by example, and when legislators are able to follow and abide by the prohibitions that they have established, the populace will certainly become law-abiding.

Scroll 35: *Wen Zi*

주(周)나라 성왕(成王)이 말했다.

나의 모든 관리들은 자신이 하는 일에 공경을 다해야 할 것이며, 명령을 내릴 때에는 신중하게 해야 할 것이며, 명령을 내렸으면 반드시 실행해야 하며, 뒤집히는 일이 없어야만 할 것이다.[1]

공정한 마음을 갖고서 사적인 감정을 없애 버린다면, 백성들은 믿음을 갖고 귀순하여 품에 안길 것이다.[2]

[1] 유관군자(有官君子: 관직을 가진 사람들)이란 대부(大夫) 이상을 말한다. 한탄하면서 경계했던 것은 하는 일에 공경하는 마음을 다해야 한다는 것이었다. 신중하게 명령을 내리는 것은 정치의 근본이다. 한번 영이 내려지면 반드시 시행해야 하며 이를 뒤집거나 바꾸어서는 아니 된다. 두세 번 같은 영이 내려진다는 것은 혼란함의 지름길이다.

[2] 정치를 하면서 공평함을 추구하고 사사로운 마음을 죽인다면 백성들은 그것을 믿고 모두 되돌아 올 것이다.

원문

凡我有官君子, 欽乃攸司①, 愼乃出令, 令出惟行, 弗惟反. 有官君子, 大夫以上也. 嘆而戒之, 使敬所司. 愼出令, 從政之本也. 令出必惟行之, 不惟反改. 二三己令, 亂之道也. 以公滅私, 民其允懷②. 從政以公平滅私情, 則民其信歸之. (제2권 『상서(尙書)』)

주석

① 흠내유사(欽乃攸司): 자신이 맡은 업무에 충실해야 한다. 흠(欽)은 공경하다, 내(乃)는 너희, 유(攸)는 장소를 뜻하고, 사(司)는 주관하다, 맡아하다는 뜻이다.

② 회(懷): …… 쪽으로 향하다, 귀순하여 복종하다.

King Cheng of Zhou dynasty said: "To my officials at all levels: You are expected to manage your work dutifully. You should be careful with any orders that you issue, and once an order has been issued, it must be carried out and cannot be changed at will. Be fair-minded and let go of personal interests or grievances. If you can do so, people will definitely trust and follow you."

Scroll 2: *Shang Shu*

272 무고한 사람이 없게 하라

『상서(尚書)』에서 말했다.

"무고한 사람을 학살하는 실수를 범하는 것보다는 차라리 수사를 하지 않아서 오류가 생기는 것이 더 낫다."[1]

[1] 즉 사건을 처리할 때 인정(仁政)을 구현해야 하며, 사법관은 인덕(仁德)을 마음속에 간직하고 억울한 재판을 피하여야 한다.

원문

『書』曰: "與殺不辜, 寧失不經①." (제17권『한서(漢書)』5)
　서　왈　　여 살 불 고　 녕 실 불 경

주석

① 불경(不經): 법에 어긋나다.

영역

Shang Shu said: "It is better to be faulted for not following the usual investigation procedures than to make a mistake and putting innocent people to death."

Scroll 17: *Han Shu*, Vol.5

공자께서 말씀하셨다.

"소송을 다룰 때, 공자인 내가 다른 사람보다 더 나은 것은 없었다.[1] 정말 중요한 것은 소송이 없도록 하는 것이다."[2]

[1] 다른 사람과 같다는 뜻이다.
[2] 교화가 먼저라는 말이다.

원문

子曰: "聽訟①吾猶人. 與人等. 必也使無訟乎!" 化之在前. (제9권 『논어(論
자 왈   청 송   오 유 인   여 인 등   필 야 사 무 송 호   화 지 재 전
語)』)

주석

① 청송(聽訟): 소송심리, 사건을 심리하다.

영역

Confucius said: "In hearing lawsuits, I am no better than anyone else. What is imperative is to make it so that there are no lawsuits."

Scroll 9: *Lun Yu*

제35장

신무(愼武)

군사행동에 신중하라

Be Careful with Military Actions

274 성인의 용병 원칙

성인(聖人)의 용병(用兵) 원칙은 만물의 이익을 위한 데 있지 만물에 해를 입히는 데 있는 것이 아니며, 나라의 멸망위기를 구하려는 데 있지 다른 나라의 생존을 위태하게 하려는 데 있는 것이 아니다.……

그렇기에 이런 말이 있다. 전쟁을 좋아하는 자 기필코 멸망할 것이며, 전쟁준비에 소홀한 자 반드시 위험에 처할 것이다.

원문

聖人之用兵也, 將以利物, 不以害物也; 將以救亡, 非以危存也.
……故曰: 好戰者亡, 忘戰者危. (제47권 『정요론(政要論)』)

영역

A good leader deploys military forces to save and not to harm, to salvage and not to create crisis. ...Thus it is said: "Warmongers will be annihilated, but he who fails to prepare for war will face danger."

Scroll 47: *Zheng Yao Lun*

275 전쟁이 세상에서 가장 어려운 일이다

전쟁은 백성의 생사가 걸린 문제다. 아무리 노력해도 죽은 사람은 되돌릴 수는 없다. 그러므로 이런 말이 있다. "전쟁이 세상에서 가장 어려운 일이다."

원문

兵者存亡之機, 一死不可復生也. 故曰: "天下難事在於兵." (제50권 『
원자정서(袁子正書)』)

영역

The art of war is a matter of life and death. No amount of effort can restore life to men killed in action. Thus, the deployment of war as an option is never an easy decision.

Scroll 50: *Yuan Zi Zheng Shu*

무기는 상스럽지 못한 것이라[1], 군자가 사용할 물건이 아니다. 피치 못할 사정으로 부득이하게 사용하더라도[2], 조용하고 담담하게 하는 것이 상책이며[3], 전쟁에서 이기더라도 우쭐거려서는 아니 된다.[4] 전쟁에서 이겼다고 우쭐거린다면 그것은 살인을 좋아하는 것이 된다.[5] 살인을 좋아하면서 자신을 포부를 이룰 수는 없다.

경사로운 일에서는 좌측을 소중히 여기고[6], 불길한 일에서는 우측을 소중히 한다.[7] 그래서 편장군이 왼쪽에 자리하고[8], 상장군이 오른쪽에 자리한다.[9] 이것은 출병하여 전쟁 하는 것을 상례(喪禮)와 같이 보았기 때문이다. 전쟁에서 사람이 많이 죽는 것을 비통한 심정으로 보아야 한다.[10] 설사 전쟁에서 승리한다 해도 상례의식으로 대해야만 한다.[11],[12]

[1] 무기는 선하지 못한 존재이다.
[2] 망하거나 혼란에 빠지게 되면 할 수 없이 사용하여 스스로를 지켜야 한다는 말이다.
[3] 땅을 탐해도 재산이나 보물을 빼앗아도 아니 된다.
[4] 부득이해서 이긴 것이니 그것을 미화해서도 아니 된다.
[5] 승리한 것을 미화하는 자는 사람 죽이기를 좋아하는 사람이다.
[6] 왼쪽은 살리는 자리(生位)이다.
[7] 음(陰)의 원리는 죽이는데 있다.
[8] 편장군(偏將軍)이 지위가 낮은데도 양(陽)에 해당하는 자리에 두는 것은 죽이는 것을 전문으로 하지 말라는 뜻이다.
[9] 상례(喪禮)에서는 오른쪽을 높이 친다.
[10] 자신을 해쳤다면 덕이 천박한 것이므로 남을 교화시킬 수 없으며 오히려 무고한 사람을 해치게 되는 법이다.
[11] 옛날에는 전쟁에서 이기면 장군을 상주의 자리에 위치하게 하고 소복을 입혀 곡을 하게 했다. 이는 덕을 숭상하고 전쟁을 멸시하며 부득이하여서 상스럽지 못한 적의 목을 벴고 이를 즐겁게 생각하지 않다는 것을 상례에 비유해 표현한 것이다.
[12] 그렇기에 군자는 덕으로 사람을 복종시키고 도(道)로 사람을 감화시키는 것을

숭상하며 절대로 전쟁을 함부로 일으키지 않는다.

兵者不祥之器, 兵革者, 不善之器也. 非君子之器. 不得已而用之, 謂遭
병 자 불 상 지 기   병 혁 자   불 선 지 기 야   비 군 자 지 기   불 득 이 이 용 지   위 조

衰逢亂, 乃用之以自守也. 恬惔^①爲上, 不貪土地, 利人財寶. 勝而不美. 雖得
쇠 봉 난   내 용 지 이 자 수 야   념 담   위 상   불 탐 토 지   이 인 재 보   승 이 불 미   수 득

勝不以爲利美. 而美之者, 是樂殺人也. 美得勝者, 是爲樂殺人也. 夫樂殺
승 불 이 위 리 미   이 미 지 자   시 락 살 인 야   미 득 승 자   시 위 락 살 인 야   부 락 살

人者, 則不可以得志於天下矣. 吉事上左, 左生位. 凶事上右. 陰道殺
인 자   즉 불 가 이 득 지 어 천 하 의   길 사 상 좌   좌 생 위   흉 사 상 우   음 도 살

也. 偏將軍處左, 偏將軍卑, 而居陽者, 以其不專殺也. 上將軍處右, 上將軍
야   편 장 군 처 좌   편 장 군 비   이 거 양 자   이 기 부 전 살 야   상 장 군 처 우   상 장 군

尊, 而居右者, 以其主殺也. 言以喪禮處之. 喪禮上右. 殺人衆多, 以悲哀
존   이 거 우 자   이 기 주 살 야   언 이 상 예 처 지   상 예 상 우   살 인 중 다   이 비 애

泣之, 傷己德薄, 不能以道化人, 而害無辜之民. 戰勝則以喪禮處之. 古者戰
읍 지   상 기 덕 박   불 능 이 도 화 인   이 해 무 고 지 민   전 승 즉 이 상 예 처 지   고 자 전

勝, 將軍居喪主之位, 素服而哭之, 明君子貴德而賤兵, 不得已誅不祥, 心不樂之,
승   장 군 거 상 주 지 위   소 복 이 곡 지   명 군 자 귀 덕 이 천 병   불 득 이 주 불 상   심 불 락 지

比於喪也. (제34권 『노자(老子)』)
비 어 상 야

^① 담(惔): 담(憺). 평안하고 고요하다, 담박하다.

Weapons are instruments of evil omen; they are not the instruments of a
superior person. A *superior person* uses them only out of necessity. Calmness
and repose are what he prizes; victory by force of arms is, to him, undesirable.
To consider the latter desirable would be to delight in the slaughter of men. He
who delights in the slaughter of men cannot instil his will in the world. On
occasions of festivity, seats on the left are more prestigious. On occasions of
mourning, seats on the right are more prestigious. In the army, the
commander-in-chief has his place on the right, and the second in command has
his place on the left. This signifies that the army adopts the same principle as
that of the funeral rites when they go to war. He who has killed multitudes of
men should weep for them with the bitterest grief. The victor in battle has his
place according to the funeral rites.

Scroll 34: Lao Zi

277 군대의 후과

군대가 이르는 곳엔 가시덤불이 무성하게 자라기 마련이며[1], 큰 전쟁을 치르고 나면 반드시 흉년이 드는 법이다.[2]

[1] 농사가 폐기되고 논밭이 황폐해진다.
[2] 하늘이 험악한 기운으로 대응하며 오곡을 해치기 때문이다.

원문

師①之所處, 荊棘生焉. 農事廢, 田不修. 大軍之後, 必有凶年. 天應之以
사 지소처 형극생언 농사폐 전불수 대군지후 필유흉년 천응지이
惡氣, 則害五穀也. (제34권 『노자(老子)』)
악기 즉해오곡야

주석

① 사(師): 군대.

영역

Barren land with thorn bushes and people living in privation are remnants of an army's presence. After a war, bad years will follow.

Scroll 34: *Lao Zi*

278 싸우지 않고 이기는 것이 최고의 승리

십만 명의 군대가 출동하면 하루에도 천금씩 소모하게 된다. 그러므로 백전 백승한다 하더라도 최고의 승리가 아니다. 싸우지 않고 이기는 것이 최고의 승리이다.

원문

十萬之師出, 費日千金. 故百戰百勝, 非善之善者也, 不戰而勝, 善
십 만 지 사 출   비 일 천 금   고 백 전 백 승   비 선 지 선 자 야   불 전 이 승   선

之善者也. (제37권 『노자(老子)』)
지 선 자 야

영역

Maneuvering an army of a hundred thousand soldiers will cost millions of dollars per day. Winning all battles is not necessarily the best strategy. Winning without waging a battle is the best strategy of all.

Scroll 37: Wei Liao Zi

폭정에 항거하여 백성을 구하려고 모집된 군대를 의병(義兵)이라고 한다. 의병은 백성의 지지를 얻는다. 침략자에 대항하여 영토를 지키기 위해서 모집된 군대를 응병(應兵)이라고 한다. 응병은 결국에는 승리하게 된다.

반면, 작은 일로 남을 이기려고 악착같이 덤벼들며 분노를 억제하지 못하는 것을 분병(忿兵)이라고 한다. 분병의 경우는 패배할 수밖에 없다. 백성의 토지와 금은보화를 탐내는 것을 탐병(貪兵)이라 하는데, 군대가 탐욕으로 가득하면 반드시 파탄하고 만다. 스스로 국력이 강대하다고 여기고 인구가 많다고 과시하며 적들 앞에서 위세를 부리는 것을 교병(驕兵)이라 하는데, 군대가 교만하면 반드시 소멸 당한다.

이 다섯 가지 상황은 사람 사는 세상의 이치일 뿐만 아니라 하늘의 법칙이기도 하다.

원문

救亂誅暴, 謂之義兵, 兵義者王; 敵加於己, 不得已而起者, 謂之應
兵, 兵應者勝; 爭恨小故, 不勝憤怒者, 謂之忿兵, 兵忿者敗; 利人土
地貨寶者, 謂之貪兵, 兵貪者破; 恃國家之大, 矜民人之衆, 欲見威
於敵者, 謂之驕兵, 兵驕者滅. 此五者, 非但人事, 乃天道也. (제19권
『한서(漢書)』 7)

An army raised to rescue people from tyranny is a righteous army. It will win the support of the people. An army raised to defend the territory against invasion is a counteracting army. It will win in the end. An army raised to fight bitterly at the slightest provocation is a wrathful army. It will lose the war. An army raised without discipline will steal and rob peoples belongings. It is a greedy army that will be dislodged. An army raised to believe that it is an army of a superpower state is an arrogant army. It will be annihilated. These five principles are not the doing of any human. They are the way of natural law.

Scroll 19: Han Shu, Vol.7

280 장수의 중요성

군대를 부리는 일은 나라의 대사이자 국가 존망의 관건인데, 그 명운이 장수의 몸에 달려있다. 선왕들이 특별히 이를 중시하였다. 그래서 장수를 임명할 때는 신중하고 또 신중하지 않을 수 없다.

원문

故兵者國之大器, 存亡之事, 命在於將也. 先王之所重, 故置^①將不加不審察也. (제31권 『육도(六韜)』)

주석

① 치(置): 임명하다, 맡다.

영역

The deployment of military forces is of vital importance to a state as it is a matter that will decide life or death. The fate of a state lies in the hands of the generals, and so kings in the past placed utmost importance on the selection of generals and commanders.

Scroll 31: *Liu Tao*

제36장

장병(將兵)

장수와 병사

Generals and Soldiers

281 병사를 대하는 법

병사들을 대할 때는 마치 갓난아이를 대하듯 잘 보살펴야 한다. 그러면 병사는 장수와 함께 위험을 무릅쓴다. 병사를 대할 때는 마치 사랑하는 자식을 대하듯 사랑하고 아껴주어야 한다. 그러면 병사는 장수와 생사를 함께 한다.

원문

視卒如嬰兒, 故可與之赴深谿, 視卒如愛子, 故可與之俱死. (제33권 『
시 졸 여 영 아 　 고 가 여 지 부 심 계 　 시 졸 여 애 자 　 고 가 여 지 구 사

손자(孫子)』)

영역

Regard your soldiers as your children, and they will follow you into the deepest valleys; look upon them as your own beloved sons, and they will stand by you even unto death.

Scroll 33: Sun Zi

제5부

경신(敬愼)
공경과 신중함

RESPECTFULLY CAUTIOUS

제37장

미점(微漸)

미리 예방하라
Taking Precautions

282 선행을 쌓으면 대대로 복이 온다

선행을 쌓는 가정은 자손에게서라도 반드시 복을 받을 것이지만, 악행을 쌓는 가정은 자손에게서라도 반드시 재앙을 받을 것이다.

원문

積善之家, 必有餘慶①, 積不善之家, 必有餘殃. (제1권『주역(周易)』)
적 선 지 가 필 유 여 경 　 적 불 선 지 가 　 필 유 여 앙

주석

① 경(慶): 행복, 번영.

영역

A family that accumulates many good deeds will bring wealth and blessings to its descendants. A family that accumulates many bad deeds will bring calamities to its descendants.

Scroll 1: *Zhou Yi*

283 선행을 쌓지 않으면 명성을 이룰 수 없다

선행을 쌓지 않으면 명성을 이룰 수 없으며, 악행을 쌓지 않으면 신세를 망치지 않는다. 소인배는 이해관계를 따져 일을 하기에 조그만 선행을 해봤자 좋을 일이 없다고 여겨 아예 하지를 않는다. 그리고 조그만 악행을 해도 큰 지장이 없을 것이라 여겨 잘못을 뉘우치지도 않는다. 그래서 날이 가고 달이 가면서 감출 수 없을 정도로 악행이 많이 쌓여 책임을 질 수 없을 지경에 이르고 만다.

원문

善不積不足以成名, 惡不積不足以滅身. 小人以小善爲無益而弗爲也, 以小惡爲無傷而弗去也, 故惡積而不可俺, 罪大而不可懈也. (제1권 『주역(周易)』)

영역

If acts of goodness were not accumulated, ones name could not be established. If acts of evil were not accumulated, ones life could not be destroyed. To sl petty person, a minor good deed that cannot bring him any recognition is not worthy of his effort; a minor bad deed that cannot bring him much harm is not worthy of correction. Hence, his wickedness grows until it cannot be concealed, and his guilt grows until it cannot be pardoned.

Scroll 1: *Zhou Yi*

열 아름 되는 큰 나무도 새싹이 자라서 그렇게 된 것이다. 싹이 틀 때에는 발로 건드리기만 해도 부러지고 손으로 살짝 뽑아도 땅에서 빠진다. 그것은 아직 성장하지 못하여 그 웅장함을 형성하지 못했기 때문이다.

숫돌에 칼을 갈면 숫돌이 줄어드는 것이 보이지 않지만 일정한 때가 되면 숫돌도 닳아 없어진다. 나무를 심고 가축을 기르면 그들의 성장이 눈에 띄지 않지만 때가 되면 우리가 모르는 사이에 커져 있다. 인덕(仁德)과 선행도 쌓아 가면 그 좋은 점을 느끼지 못한다 하더라도 때가 되면 그 작용이 발생한다. 반대로 인의(仁義)를 저버리고 천리(天理)에 어긋나면 그로 인한 나쁜 점을 느끼지 못하다 하더라도 언젠가는 패망하고 만다.

원문

夫十圍之木, 始生而如蘖①, 足可搔而絕, 手可擢而拔, 據其未生, 先
부 십 위 지 목   시 생 이 여 얼   족 가 소 이 절   수 가 탁 이 발   거 기 미 생   선
其未形也. 磨礱②之礪③, 不見其損, 有時而盡; 種樹畜養, 不見其益,
기 미 형 야   마 농 지 려   불 견 기 손   유 시 이 진   종 수 축 양   불 견 기 익
有時而大; 積德累行, 不知其善, 有時而用; 棄義背理, 不知其惡, 有
유 시 이 대   적 덕 누 행   부 지 기 선   유 시 이 용   기 의 배 리   부 지 기 악   유
時而亡. (제17권『한서(漢書)』5)
시 이 망

주석

① 얼(蘖): 그루터기. 베어낸 나무에서 새로 자라난 가지. 만물이 처음 생겨남을 뜻함.
② 롱(礱): 갈다.
③ 지려(砥礪): 지(砥)는 보드라운 숫돌을, 려(礪)는 거친 숫돌을 말한다.

영역

A gigantic tree that ten people can wrap their arms around started as a young shoot. When the shoot was not well formed, it could be easily snapped with one step of our foot or uprooted by a simple pull. When we sharpen a knife on a whetstone, we may not see that it is wearing away the whetstone, but after a certain period the attrition will break the stone into half. When we plant trees and raise domesticated animals, we may not notice their growth, but after a certain time we can see that they have become mature. Likewise, when we accumulate virtue and benevolence, we may not see their benefits immediately, but after a certain period the effects that they produce will become visible. If we abandon benevolence and righteousness and go against the law of nature, we may not feel anything wrong now, but there will come a time when disasters will befall us.

Scroll 17: *Han Shu*, Vol.5

285 태만으로 가는 네 가지 길

오만함을 자라나게 해서는 아니 되며, 욕망을 풀어놓아서도 아니 된다. 야망이 과도해지게 해서도 아니 되며, 쾌락에 지나치게 빠지도록 내버려 둬서도 아니 된다.[1]

[1] 이 네 가지는 게으름과 태만으로 가는 길이다. 걸(桀)이나 주(紂)임금은 이 때문에 스스로 화를 당하고 말았다.

원문

傲不可長, 欲不可從①, 志不可滿, 樂不可極. 此四者, 慢遊之道, 桀紂所以自禍也. (제7권 『예기(禮記)』)

주석

① 종(從): 종(縱). 방종하다.

영역

Do not let arrogance grow; do not let desire fly loose; do not let ambition become excessive; do not let pleasure flow unchecked.

Scroll 7: *Li Ji*

286 예방이 최고

식견이 뛰어난 사람은 일이 발생하기 전에 미리 예견하고, 지혜로운 사람은
위험이 생기기 전에 미리 피한다. 재앙은 대개 은밀하고 사소한 곳에 숨어
있다가 사람들이 소홀할 때 일어나는 법이다.

원문

蓋①明者遠見於未萌, 知②者避危於無形, 禍固多臧③於隱微, 而發於
人之所忽者也. (제18권 『한서(漢書)』 6)

주석

① 개(蓋): 발어사(發語詞)로 다음 문장을 이끌어 내는 역할을 한다. 단어로서의 뜻
은 없음.
② 지(知): 지(智). 총명하다, 지혜롭다.
③ 장(臧): 장(藏). 숨기다.

영역

Insightful people can anticipate troubles ahead of time. Wise people can
anticipate danger before danger takes shape. Catastrophes always lurk in hidden
places and appear at the moment least expected.

Scroll 18: *Han Shu*, Vol.6

287 예방하지 못하면 우환을 당한다

공자께서 말씀하셨다.

"앞날을 깊이 생각하지 않는 사람은 반드시 예측하지 못한 우환 때문에 고생하고 만다."[1]

[1] 그 뜻인 즉 일을 처리할 때 크든 작든 목표는 원대해야 하며 방법은 면밀해야 하며 폐단을 방지해야 한다. 인간은 원대한 포부를 갖고 장구적인 계획을 세워야 한다. 그렇지 않으면 우환이 눈앞에 나타난다.

원문

子曰: "人而無遠慮, 必有近憂." (제9권 『논어(論語)』)
자 왈   인 이 무 원 려   필 유 근 우

영역

Confucius said: "If a man takes no thought about what is distant, he will find sorrow near at hand."

Scroll 9: *Lun Yu*

288 지도자는 언제나 위험에 경계하고 또 대비해야한다

공자께서 말씀하셨다.

"위태로움을 위태롭지 않게 편안히 여기는 자에게도 그 위험은 닥칠 것이요, 파멸의 위기에 처해서도 질서가 있다고 스스로 안위하는 사람에게도 파멸은 미칠 것이며, 혼란에 처해서도 정치가 안정되어있다고 안위하는 사람에게도 혼란은 다가갈 것이다.

그러므로 군자는 자신이 안전할 때에도 위험이 발생할 수 있음을 항상 경계해야 하며, 모든 것이 안정되어 보일 때에도 파멸적 상황이 발생할 수 있음을 간과하지 않아야 하며, 세상이 질서정연해 보일지라도 혼란한 사태가 올 수 있음을 경계해야 한다. 이러한 경계 속에서만 백성을 안전하게 지킬 수 있고 국가를 오랫동안 보존할 수 있다.

『역경』에도 이런 말이 있다.

"이러다가 망하지는 않을까? 이렇게 경각심을 가지고 언제나 경계하면, 마치 튼튼하고 우거진 뽕나무뿌리에 묶여있는 것처럼 국가의 안전이 보장될 것이다."

원문

子曰: "危者安其位者也, 亡者保其存者也, 亂者有其治者也. 是故君子, 安不亡危, 存不忘亡, 治不忘亂, 是以身安而國家可保也.『易』曰: '其亡其亡! 繫于苞桑①.'" (제1권『주역(周易)』)

주석

① 포상(苞桑): 뽕나무 뿌리.

Confucius said: "He who rests safe in his seat will bring danger upon himself. He who presumes order is secured will face ruin. A nation that presumes its political environment is stable will face chaos. Therefore, a *superior person*, when resting in safety, does not overlook that danger may arise; when all seems stable he does not overlook that ruin may happen; when all is in a state of order he does not overlook that chaos may erupt. In this way his person is kept safe, and his states can be preserved for a very long time. The book of Yi Jing says: '(Always alert yourself) The end is near! The end is near! And the security of the state will be firm as if bound to a clump of bushy mulberry trees:"

Scroll 1: *Zhou Yi*

289 복과 화는 동전의 양면이다

재앙은 복이 기대고 있는 곳이며[1], 복은 재앙이 잠복해 있는 곳이다.[2] 그 누가 그 아이러니한 전환의 미묘함을 알 수 있을까[3]?[4]

[1] 의(依)는 기대다(因)는 뜻이다. 복은 재앙에 기대어 생겨난다. 사람이 재앙을 만나도 회개하고 자신을 책망하며 선한 길을 수행할 수 있다면 재앙은 물러가고 복이 오기 때문이다.

[2] 재앙은 잠복하여 복 속에 숨어 있다. 사람이 복을 얻었다고 교만하고 방자하게 되면 복은 물러가고 재앙이 오기 때문이다.

[3] 재앙과 복이 바뀌며 서로를 생겨나게 하기에, 그것의 끝나는 시점이 어딘지를 알 수가 없다.

[4] 그 뜻인 즉 사람은 봉변을 당할 때 돌이켜 스스로 반성할 수 있어야 악을 끊고 선을 닦을 수 있으며 재앙이 가고 복이 온다는 말이다. 복을 얻었다고 교만하고 사치스러우며 방탕하고 태만해지면 복이 가고 재앙이 닥친다.

원문

禍兮福之所倚, 倚, 因, 夫福因禍而生, 人遭禍而能悔過責己, 修善行道, 則禍
去福來. 福兮禍之所伏, 禍伏匿於福中, 人得福而爲驕恣, 則福去禍來. 孰知
其極? 禍福更相生, 無知其窮極時也. (제34권『노자(老子)』)

영역

Misery—happiness is to be found by its side! Happiness—misery lurks beneath it! Who can tell what either will come to in the end?

Scroll 34: *Lao Zi*

290 미연에 방지하라

"굴뚝을 미리 고치고 땔감을 불이 닿지 않는 곳으로 멀리 옮기라고 하면, 사람들은 그것을 고마운 일이라 생각하지 않는다. 그러나 불구덩이에 빠진 사람을 구하다 화상을 입으면 오히려 귀인으로 대접해 준다."

이것은 사실 본말이 전도된 것이다. 이 말이 어찌 굴뚝을 고치고 장작을 멀리 옮기면 재앙을 막을 수 있다는 뜻뿐이겠는가? ……후세 사람들은 미연에 방지하고 예방하는 일에 소홀하고, 이미 일어난 일을 수습하는 데만 노력한다. 그래서 책략가들이 상을 받는 일은 드물지만 투사들은 늘 존경을 받는다.

원문

"教人曲突遠薪, 固無恩澤, 燋頭爛額, 反爲上客." 蓋傷其賤本而貴末, 豈夫獨突薪可以除害哉? …… 後世多損於杜塞未萌, 而勤於攻擊已成, 謀臣稀賞, 而鬪士常榮. (제44권 『환자신론(桓子新論)』)

주석

① 교인곡돌원신, 고무은택, 초두란액, 반위상객(教人曲突遠薪, 固無恩澤, 燋頭爛額, 反爲上客): 반고(班固)의 『한서·곽광전(漢書·霍光傳)』에서 나온 이야기이다. 한 손님이 주인집의 굴뚝이 곧고 부엌 옆에 땔나무를 쌓아 놓은 것을 보고나서 화재가 발생하는 것을 막기 위해 좋은 마음에서 주인에게 굴뚝을 굽은 모양으로 고치고 땔나무도 옮길 것을 권유했다. 주인은 손님의 권유를 듣지 않다가 끝내 화재가 발생했다. 이웃집의 도움으로 큰 화재는 면했다. 그런데 주인은 이웃집에는 감사하는 마음으로 연회를 베풀어 초대했으나 건의를 했던 손님은 잊어버리고 있었다.

영역

"People who advised others to curve the chimney and move the firewood away were not thanked with gratitude. In contrast, those who saved fire victims and got badly burnt and injured were treated as guests of honor." This description laments the fire victims' mistake of inverting priorities. So it is not just a story about curving the chimney and removing firewood to avoid a disaster. ...People often do not take adequate precautions. Instead, they do their best to control the damage after the fact. Rare indeed are strategists rewarded, while fighters are frequently honored.

Scroll 44: Huan Zi Xin Lun

291 남을 농락하지 말라

남을 농락하면 도덕성을 잃고 말며, 좋아하는 일에 빠져 헤어 나오지 못하면 포부를 상실하게 된다.

원문

玩人喪德, 玩物喪志. 以人爲戲弄, 則喪其德矣, 以器物爲戲弄, 則喪其志矣.
완 인 상 덕　　완 물 상 지　　이 인 위 희 롱　　즉 상 기 덕 의　　이 기 물 위 희 롱　　즉 상 기 지 의

(제2권 『상서(尙書)』)

영역

Being disrespectful and playing pranks on others will ruin our virtues.
Over-indulgence in things that give us pleasure will ruin our ambitions.

Scroll 2: *Shang Shu*

기자(箕子)는 주왕(紂王)의 친척이었다. 주왕이 상아 젓가락을 사용하자 기자가 한탄하며 말했다.

"주왕께서 상아 젓가락을 사용하시니 그 다음에는 필시 보옥 잔을 사용하려할 것이고, 보옥 잔을 사용하면 그 다음에는 필시 먼 곳의 진귀하고 특이한 물건을 구하여 즐기려 들 것이다. 거마와 궁실은 점차 사치스럽고 화려해질 것이니, 그때부터 국가에는 불운을 막을 능력도 희망도 없어질 것이다."

원문

箕子者, 紂親戚也. 紂爲象箸, 箕子歎曰: "彼爲象箸, 必爲玉杯, 爲玉杯, 則必思遠方珍怪之物以御①之矣, 輿馬宮室之漸, 自此始, 不可振也." (제11권 『사기(史記)』상)

주석

① 어(御): 사용하다, 응용하다.

영역

Jizi was the uncle of the despot King Zhou. When King Zhou began using ivory chopsticks, Jizi lamented: "Since his majesty is using ivory chopsticks, he will start drinking from a jade goblet. After drinking from a jade goblet, he will start craving for exotic things to satisfy his appetites. And so the chase after luxurious horse-drawn chariots and palace chambers will begin. By then, our country will have no hope of reversing its misfortune."

Scroll 11: *Shi Ji*, Vol.1

293 어려운 일일수록 쉬울 때 손써라

어려운 일을 도모하려면 쉬운 것부터 손을 써야 하며[1], 원대한 목표를 실현하려면 작은 것에서부터 시작해야 한다.[2]

천하의 어려운 일은 쉬운 데서 시작해야 하며, 천하의 큰일은 작은 일부터 해야 한다. 그러므로 성인은 시종 자신을 위대하다고 여기지 않으며, 언제나 겸허하게 처신한다. 그 때문에 위대한 성과를 이룰 수 있다.[3]

[1] 어려운 일을 도모하려면 반드시 쉬울 때 해야 하는데, 아직 이루어지기 전이기 때문이다.
[2] 큰일을 하려면 반드시 작은 일에서부터 해야 하는데, 재앙이나 혼란은 작은 데서부터 오기 때문이다.
[3] 온 천하가 함께 그에게로 되돌아오게 된다.

원문

圖難於其易, 欲圖難事, 當於易時, 未及成也. 爲大於其細. 欲爲大事, 必作
도 난 어 기 이　　욕 도 난 사　당 어 역 시　미 급 성 야　위 대 어 기 세　욕 위 대 사　필 작

於小, 禍亂從小來也. 天下難事, 必作於易; 天下大事, 必作於細. 是以
어 소　화 란 종 소 내 야　천 하 난 사　필 작 어 이　천 하 대 사　필 작 어 세　시 이

聖人終不爲大, 處謙虛也. 故能成其大. 天下共歸之也. (제34권 『노자(老
성 인 종 불 위 대　처 겸 허 야　고 능 성 기 대　천 하 공 귀 지 야

子)』)

영역

Anticipates things that are di伍cult while they are easy, and does things that would become great while they are small. All di伍cult things in the world are sure to arise from a previous state in which they were easy, and all great things from one in which they were small. Therefore the sage, while he never does what is great, is able on that account to accomplish the greatest things.

Scroll 34: *Lao Zi*

294 편작의 의술

방훤(龐煖)이 말했다.

"대왕께서는 위 문후(魏文侯)가 대단히 유명한 의사로 알려져 있는 편작(扁鵲)에게 질문한 일에 대해 듣지 못하셨는지요? 위 문후가 물었지요. '너희 삼형제 가운데 누구의 의술이 가장 훌륭하냐?'

그러자 편작이 대답했습니다. '큰형님이 가장 훌륭하고, 둘째 형님이 그 다음이고, 제가 가장 못합니다.' 위 문후가 다시 물었다. '그 이유를 나에게 말해 줄 수 있느냐?' 편작이 다시 대답했습니다. '큰 형님은 치료할 때, 환자의 신색(神色)을 보고 병이 생기지 않은 단계에서 병을 치료하기에 형님의 명성이 집밖을 나가지 못하였습니다. 둘째 형님은 병이 막 시작할 때 치료하기에 그의 명성은 동네를 벗어나지 못하였습니다. 그러나 저는 침을 찔러 혈맥을 소통시키고 독약을 투여하고 수술을 하여 환자를 구하니 저의 명성이 널리 제후에게까지 알려졌기 때문입니다.'"

원문

煖曰: "王獨不聞魏文侯之問扁鵲也? 曰: '子昆弟三人, 其孰最善爲醫?'扁鵲曰: '長兄最善, 中兄次之, 扁鵲最爲下也.'文侯曰: '可得聞也?'扁鵲曰: '長兄於病視神, 未有形而除之, 故名不出於家. 中兄治病, 其在毫毛, 故名不出於閭. 若扁鵲者, 鑱①血脈, 投毒藥, 割肌膚, 而名出聞於諸侯.'" (제34권 『갈관자(鶡冠子)』)

주석

① 참(鑱): 찌르다, 돌 침.

Pang Nuan said: "My lord, haven't you heard that Marquis Wen once asked Doctor Bian Que this question: 'In your family of three brothers, whose medical skill is the best?' Bian Que answered: 'My eldest brothers medical skill is the best, my second brothers comes second, and mine is considered the last of the three.' Marquis Wen asked: 'Why do you say so? Can you explain it to me?' Bian Que said: 'When my eldest brother diagnoses a patient, he examines his appearance and complexion. Before the pathogen could cause a disease, he has already cured the patient. Ihis is why he is not a well-known doctor; his reputation only stays within the house. My second brother is able to cure his patient immediately when the symptoms of an illness begin to manifest themselves, so he is better known. But his reputation does not go beyond our neighborhood. As for me, I use acupuncture to improve blood circulation. I also prescribe medicinal soups that are potent, and I perform surgeries on my patients. That is why my good reputation is well known among the feudal lords.'"

Scroll 34: *He Guan Zi*

제38장

풍속(風俗)

사회적 관습

Social Customs

295 조정이 편안해야 세상이 안정된다

여러 현신(賢臣)이 조정에서 화목하게 지내면 조정 밖의 만사만물도 함께 조화로이 번영한다. 그리하여 온 세상에 평화롭지 않고 안녕하지 않은 곳이 없게 된다.

원문

衆賢和於朝, 則萬物和於野. 故四海之內, 靡^①不和寧. (제15권 『한서(漢書)』3)

주석

① 미(靡): 없다.

영역

When all the wise ministers can work with one another harmoniously in the government, then all things outside the government will also exist harmoniously with one another. So there is no reason why peace cannot prevail in the world.

Scroll 15: *Han Shu*, Vol.3

296 올바른 풍속

모두 마음을 엄숙히 하고 공경하며, 행동을 신중하게 해야 한다. 그래야 죄악을 저지른 사람이 요행으로 징벌을 벗어나지 않게 되며, 죄 없는 사람이 더는 걱정과 두려움에 떨지 않게 되며, 인맥을 통해 부탁하는 사람이 없게 되며, 뇌물을 주어도 소용이 없게 된다.

그렇게 되면 민심은 평화롭고 원망이 사라질 것이다. 이런 것을 두고 '올바른 풍속(正俗)'이라고 한다.

> ### 원문

故肅恭其心, 愼修其行. 有罪惡者無徼^①幸, 無罪過者不憂懼, 請謁^②無所行, 貨賂無所用, 則民志平矣, 是謂正俗. (제46권 『신감(申鑒)』)

> ### 주석

① 요(徼): 요(僥). 바라다.
② 청알(請謁): 청구하다, 간구하다.

> ### 영역

When everybody establishes a composed and respectful nature, and discreetly cultivates a virtuous conduct, no criminals can hope to escape from punishment and no innocent people will have to live in worry and fear. People stop trying to curry favor, and bribery no longer works. Thus, people become calm with few grievances. This state of affairs is known as the "correct social custom."

Scroll 46: *Shen Jian*

297 태평성세의 기풍

군주와 군신이 친하면서도 서로 예법을 지키며, 백관(百官)들은 화목하면서도 각자의 견해를 견지한다. 서로 사양하며 남의 공을 가로채지 않으며, 열심히 일하되 원망하지 않으며, 변고가 없을 때도 오로지 자신의 직무를 지킨다. 이것이 바로 나라가 안정되고 태평무사한 기풍이다.

원문

君臣親而有禮, 百僚和而不同, 讓而不爭, 勤而不怨, 無事①唯職是
군 신 친 이 유 례   백 료 화 이 불 동   양 이 부 쟁   근 이 불 원   무 사   유 직 시
司, 此治國之風也. (제46권『신감(申鑒)』)
사   차 치 국 지 풍 야

주석

① 무사(無事): 변고가 없다, 전쟁이나 재난 등이 없다.

영역

The leader and his ministers are close to each other within the boundary of proper protocol. Officials remain cordial toward each other albeit they hold different points of view. They give way to one another and do not clamor for credit. They work hard with no complaints. In times of stability, they keep firmly to their respective duties. These are signs of a country that is enjoying stability and peace.

Scroll 46: *Shen Jian*

옛날에는 벼슬자리에 오르려면 덕행을 쌓고서 하늘의 명까지 받아야 했었는데, 오늘날 관직에 오르는 자들은 뇌물과 세력에 의거한다.

원문

古之進^①者有德有命, 今之進者唯財與力. (제23권 『후한서(後漢書)』 3)
고 지 진　자 유 덕 유 명　금 지 진 자 유 재 여 력

주석

① 진(進): 벼슬자리에 나아가다.

영역

In ancient times, people were appointed to government posts because they were virtuous and gifted. Today, people are appointed because they have money and powerful connections.

Scroll 23: *Hou Han Shu*, Vol.3

299 많이 소장하면 도둑이 끓는 법이다

윗자리에 있는 사람은 오만하고 아랫자리에 있는 사람이 포악하면, 도둑조차 그들을 죽이려 계획한다. 지나치게 재물을 많이 소장하면 도둑의 눈길을 끌게 되고, 너무 요염하게 용모를 꾸미면 사람들이 성적으로 문란해진다.

원문

上慢下暴, 盜思伐之矣. 慢藏誨①盜, 冶容誨淫. (제1권 『주역(周易)』)
상 만 하 폭　도 사 벌 지 의　만 장 회　도　야 용 회 음

주석

① 회(誨): 유혹하다, 구슬리다.

영역

When higher ranking officials are arrogant and lower ranking officials are harsh and brutal, they will cause thieves and bandits to band and plot mischief. Valuable belongings that are not properly kept and hidden become targets for thieves and robbers. When attires and dispositions are overtly sensuous, they have the effect of seducing others to commit sexual misconduct.

Scroll 1: *Zhou Yi*

300 망할 나라의 백성들

백성들의 과오는 다음과 같은 데 있다. 죽음은 비통해 하면서도 산 생명을 소중히 여기지 않고, 지난 일을 후회하면서도 미래를 고려하지 않는다. '기왕 이렇게 된 바에야……'라고 하길 좋아하고[1], 이미 일어난 일에 대해 논쟁하기 좋아하면서, 지금의 일에 대해서 신경 쓰지 않고 다가올 세월의 준비에도 게으르다.[2] 이러한 나쁜 습관이 늙어 죽을 때까지 이어진다.

[1] 선(善)은 원래 희(喜)로 적었다.
[2] 타(墮) 다음에 어(於)자가 하나 더 있었다.

원문

民之過在於哀死而不愛生, 悔往而不愼來. 善(善作喜)語乎已然, 好爭乎遂事①, 墮(墮下有於字)今日而懈於後旬②, 如斯以及於老. (제46권『중론(中論)』)

주석

① 수사(遂事): 이왕지사, 이미 끝난 일.
② 순(旬): 시간, 세월.

영역

The problem with most people is that they would rather mourn for the dead than to love the living, and to regret the past than to plan for the future. They love to talk about the past, and argue over things that have already been done. They waste their time and refuse to face the future until the day they die.

Scroll 46: *Zhong Lun*

제39장

치란(治亂)

혼란을 다스려라

Conquering Chaos

301 유연함이 강인함을 이긴다

『황석공기(黃石公記)』에 이런 말이 있다. "유연함이 강인함을 제압할 수 있고, 유약한 것이 강성한 것을 이길 수 있다."

유연함은 덕이고 강하기만 한 것은 해롭다. 약자는 인자의 도움을 받을 수 있지만 강자는 쉽게 원망을 받는다. 가까운 곳에 있는 것을 버리고 먼 곳에 있는 것을 찾는 것은 힘만 들고 아무런 수확도 얻지 못한다. 그러나 먼 곳에 있는 것을 버리고 가까운 곳에 있는 것을 찾는 사람은 편안하고 좋은 결과를 갖는다. 안락하고 편안한 정치 환경에는 충신이 많고, 노역이 심각한 정치 환경에는 난민이 많다. 그리하여 일심으로 영토를 확장하는 군왕은 국정이 황폐해지고, 인정(仁政)을 힘써 시행하는 나라는 강성해 지는 법이다. 자신이 갖고 있는 것을 지켜내면 마음이 편안하고, 남이 소유하고 있는 것을 탐내면 부서지고 패망한다. 부서지고 폐망한 정치는 일시적으로 성공할 수는 있지만 결국은 반드시 실패하고 만다.

원문

『黃石公記』曰: "柔能制剛, 弱能制強." 柔者德也, 強者賊[1]也. 弱者仁之助也, 強者怨之歸也. 捨近謀遠者, 勞而無功, 捨遠謀近者, 逸而有終. 逸政[2]多忠臣, 勞政[3]多亂民. 故曰, 務廣地者荒, 務廣德者強. 有其有者安, 貪人有者殘. 殘滅之政, 雖成必敗. (제21권 『후한서(後漢書)』 1)

주석

[1] 적(賊): 해롭다, 해치다.
[2] 일정(逸政): 백성들을 잘 살게 만드는 정치.
[3] 노정(勞政): 고역에 시달리게 하는 정치.

It is written in the Memoirs of the Elder Huang Shi: "The gentle could overcome the tough, and the weak could overcome the ruthless." Being gentle is virtuous, and being tough is harmful. Naturally, the weak receive help from benevolent people, but ruthless people will only arouse enmity. Individuals who give up what is near at hand and seek what is far away will achieve little success despite their efforts. Individuals who give up what is far and seek what is near will achieve success easily. This will help more loyal officials to serve the state better, but the futile efforts of the former will only cause more people to revolt against the government. Therefore, it is said that a lord who craves to conquer more lands will eventually find his own lands turning barren. A lord who works on inculcating good morals among the people will lead his state to become stronger. Cherishing possessions already owned results in peace, but craving for others' possessions would make one become ruthless. Even when ruthless politics might bring success in the short run, in the long run it inevitably brings defeat."

Scroll 21: *Hou Han Shu*, Vol.1

302 최고 죄는 불효

공자께서 말씀하셨다.

"옛날에는 5대 형벌에 속하는 조례가 3천여 가지나 되었다.[1] 그러나 그중에 불효보다 더 큰 죄는 없다. 군왕을 협박하는 사람은 안중에 군왕이 존재하지 않으며[2], 성인을 비방하는 자는 마음속에 예법이 존재하지 않으며[3], 효도를 비방하는 자는 마음속에 부모조차 존재하지 않는다.[4] 이런 것들이 대란을 일으키는 근원이다.[5]"

[1] 5대 형벌이라는 것은 묵형(墨刑: 먹물을 넣는 형벌), 의형(劓刑: 코를 베는 형벌), 빈형(臏刑: 발꿈치를 자르는 형벌), 궁형(宮刑: 생식기를 제거하는 형벌), 대벽(大辟: 사형)이다. [궁(宮)자 다음에 원래는 할(割)자가 하나 더 있었는데, 여기서는 삭제했다.]

[2] 임금을 섬길 때에는 섬기기를 먼저 하고 그 다음에 긴 후에 봉록을 챙겨야 한다. 그러나 지금은 거꾸로 되어 임금을 조롱하니 이는 윗사람을 존중하는 도리가 없기 때문이다.

[3] 성인을 비방하고 모욕하는 자를 따를 수는 없다.

[4] 자신 스스로 효도하지 않으면서 남에게 효도하지 않는다고 비난한다면, 친한 사이가 될 수가 없다.

[5] 임금을 섬기면서 충성을 다하지 않고, 성인의 말씀을 모욕하며, 효도를 하지 않는 것, 이들은 큰 난으로 가는 길이다.

원문

子曰: "五刑之屬三千, 五刑者, 謂墨劓臏宮(宮下舊有割字, 刪之)大辟也. 而罪莫大於不孝. 要①君者無上, 事君, 先事而後食祿, 今反要君, 此無尊上之道. 非②聖人者無法, 非侮聖人者, 不可法. 非孝者無親. 己不自孝, 又非他人爲孝, 不可親. 此大亂之道也." 事君不忠, 侮聖人言, 非孝者, 大亂之道也.

(제9권 『효경(孝經)』)

주석

① 사(耍): 협박하다.
② 비(非): 비방하다, 조롱하다.

영역

Confucius said: "There are three thousand offenses against which the five punishments of the ancient times are directed, and not one of them is greater than being unfilial. Those who threaten the ruler are repudiating his superiority. Those who undermine the authority of the sages are repudiating the validity of all laws and propriety. Those who malign filial piety are disowning the affection toward their parents. These three kinds of people will pave the way for anarchy."

Scroll 9: *Xiao Jing*

303 서로 이익만 챙기면 망한다

위의 임금으로부터 아래의 백성에 이르기까지 모두 자신의 이익만 챙긴다면 나라는 위험에 빠지고 만다.[1][2]

[1] 정(征)은 쟁취한다는 뜻이다. 왕에서부터 서민에 이르기까지 각자 모두 이익만을 쟁취한다면 궁극에는 필시 찬탈과 시해에 이르게 될 것이다.

[2] 이로부터 알 수 있듯이 도의(道義)를 강조하지 않고 공명과 이욕만 중시하면 천재와 인화를 피할 수 없다.

원문

上下交征利①而國危矣. 征, 取也, 從王至庶人, 各欲取利, 必至於簒弑. (제
상 하 교 정 리 이 국 위 의   정   취 야   종 왕 지 서 인   각 욕 취 리   필 지 어 찬 시
37권 『맹자(孟子)』)

주석

① 정리(征利): 이익을 챙기다. 정(征)은 탈취하다는 뜻이다.

영역

If everyone in the country is fighting for their own interest, the country will be placed in danger.

Scroll 37: Meng Zi

304 상스럽지 못한 다섯 가지 일

노(魯)나라 애공(哀公)이 물었다. "듣자하니 동쪽으로 집을 확장하면 좋지 않다고 하던데 과연 그런가요?"

그러자 공자께서 말씀하셨다. "상스럽지 못한 일이 다섯 가지 있는데, 동쪽으로 주택을 증축하는 것은 그에 속하지 않습니다. 남에게 손해를 끼치고 자기 이익만 챙기는 것은 한 개인의 상스럽지 못한 일이며, 노인을 버리고 애기만 보살피는 것은 한 가정의 상스럽지 못한 일이며, 현명한 사람을 버리고 못난 자를 임용하는 것은 한 나라의 상스럽지 못한 일이며, 노인들을 교육하지 않고 어린 아이가 배우기 싫어하는 것은 사회 풍속의 상스럽지 못한 일이며, 성인이 은퇴하여 벼슬을 그만두고 바보가 권력을 독점하여 독재하는 것은 천하의 상스럽지 못한 일입니다. 한마디로 말해 상스럽지 못한 일에는 이러한 다섯 가지가 있는데, 동쪽으로 집을 증축하는 것은 그 속에 포함되지 않습니다."

원문

哀公問於孔子曰: "寡人聞之, 東益①不祥, 東益, 東益宅也. 信②有之乎?" 孔子曰: "不祥有五, 而東益不與③焉. 夫損人而自益, 身之不祥也, 棄老而取幼, 家之不祥也, 釋④賢而用不肖, 國之不祥也, 老者不教, 幼者不學, 俗之不祥也, 聖人伏匿⑤, 愚者擅權, 天下不祥也. 故不祥有五, 而東益不與焉." (제10권 『공자가어(孔子家語)』)

주석

① 익(益): 증가하다.
② 신(信): 과연, 확실하다.
③ 여(與): 그중에 있다.
④ 석(釋): 폐기하다, 포기하다.

⑤ 복닉(伏匿): 숨기다, 피하다.

영역

Duke Ai asked Confucius: "I have heard that building an extension on the east side of a house is inauspicious. Is this true?" Confucius said: "There are five inauspicious matters but building an extension on the east side of a house is not one of them. Damaging others to benefit oneself is inauspicious for oneself. Abandoning the old in favor of the young is inauspicious for the family. Dismissing the able and virtuous in favor of the unworthy is inauspicious for the country. When elders refuse to teach and the young refuse to learn, this is inauspicious for the society. When the sages are in hiding and the ignorant hold power, this is inauspicious for the world. All in all, these are the five inauspicious matters but building an extension on the east side of the house is not one of them."

Scroll 10: *Kong Zi Jia Yu*

제40장

감계(鑑戒)

위험을 경계하라

Heedful of Troubling Signs

305 군주가 배라면 백성은 물이다

군주는 배와 같고 백성은 물과 같은 존재이다. 물은 배를 띄울 수도 있지만 배를 전복시킬 수도 있다. 군주가 이러한 마음으로 위험성을 생각한다면, 그 위험함을 가히 짐작할 수 있을 것이다.

원문

夫君者舟也, 民者水也, 水所以載舟, 亦所以覆舟. 君以此思危, 則
부 군 자 주 야   민 자 수 야   수 소 이 재 주   역 소 이 복 주   군 이 차 사 위   즉

危可知矣. (제10권 『공자가어(孔子家語)』)
위 가 지 의

영역

A leader is analogous to a boat, while the people are analogous to water. Water can carry a boat, it can also capsize a boat. A leader should take heed of the danger told in this analogy and understand what could be dangerous.

Scroll 10: *Kong Zi Jia Yu*

306 겸손하려고 노력하고 또 노력하라

곧 왕위를 이을 태자라면 부귀영화를 누리지 못하거나 남들의 존중을 받지 못할 것을 걱정할 것이 아니라, 지나치게 교만하여 남들이 지적하는 잘못을 듣지 못하고 농사일의 힘겨움을 알지 못할까를 걱정해야 한다. 더구나 육축(六畜)의 이름조차 모른다고 한다면, 힘써 노력하고 또 노력해야 할 것이리라!

원문

天子之子, 不患不富貴, 不患人不敬畏, 患於驕盈①不聞其過, 不知稼穡②之艱難耳. 至於甚者, 乃不知名六畜③, 可不勉哉! (제29권『진서(晉書)』상)

주석

① 교영(驕盈): 교만하고 스스로 흡족하게 여기다.
② 가색(稼穡): 경작과 수확, 모든 농사.
③ 육축(六畜): 말, 소, 양, 닭, 개, 돼지 등의 여섯 가지 대표 가축.

영역

A crown prince need not worry about his wealth, or whether people will regard him with awe. He should instead worry about his insolence and expensive tastes, his isolation from criticisms of his faults, as well as not knowing how hard farmers have to work to make a living. What is worse is that he cannot even name the six domesticated animals. If this is the case, is it not time to study harder?

Scroll 29: *Jin Shu*, Vol.1

307 인정(仁政)으로 세상을 다스려라

맹자가 말했다.

"아무리 이루(離婁)[1] 같이 뛰어난 시력과 공수(公輸) 같이 뛰어난 솜씨를 갖추었다 할지라도 컴퍼스와 곱자를 사용하지 않으면 원과 정방형을 정확하게 그려낼 수 없으며, 아무리 사광(師曠)과 같이 음정을 분별하는 청력을 갖추었다 할지라도 육율(六律)에 의거하지 않으면 오음(五音)을 교정하지 못하며, 아무리 요순(堯舜) 같은 도덕수양을 갖추었다 할지라도 어진 정치를 펼치지 않으면 천하를 잘 다스릴 수 없는 법이다.

그러므로 단지 선한 마음만 갖고서 정치를 잘 할 수는 없으며, 좋은 정치제도만 가지고서 저절로 시행되는 것도 아니다."[2]

[1] '이루자(離婁子)'의 '자(子)'가 빠졌다.
[2] 단지 훌륭한 마음만 갖고 있고 그것을 행하지 않는다면 정치를 하기에 부족하다. 단지 훌륭한 법도만 갖고 있고 시행하지 않는다면 그 법도도 독자적으로 행해지기 어려운 법이다.

원문

孟子曰: "離婁子①(無婁子之子)之名, 公輸子②之巧, 不以規矩④, 不能成方圓; 師曠⑤之聰, 不以六律⑥, 不能正五音; 堯舜之道, 不以仁政, 不能平治天下. 言當行仁恩之政, 天下乃可平. …… 故曰, 徒善不足以爲政, 徒法不能以自行." 但有善心而不行之, 不足以爲政. 但有善法度, 而不施之, 法度亦不能獨自行. (제37권 『맹자(孟子)』)

① 이루자(離婁子): 시력이 뛰어나게 좋았다는 전설상의 사람.

② 공수자(公輸子): 기술이 뛰어났던 춘추시기 노나라의 장인이었던 공수반(公輸班), 일명 노반(魯班)이라고도 함.

③ 반(班): 반(般)이나 반(盤)과 같다.

④ 규구(規矩): 원형과 정방형을 교정하는 두 가지 도구.

⑤ 사광(師曠): 춘추시기 진나라의 악사(樂師), 음정 분별에 능했음.

⑥ 육율(六律): 전하는 바에 의하면, 황제시기에 영윤(伶倫)이 대나무를 베어 관(管)을 만들어 관(管)의 길이에 의해 소리의 높낮이와 청탁(淸濁)을 가려냈는데, 악기의 음조(音調)는 모두 이에 의해 정해졌다고 한다. 악율(樂律)에는 12가지가 있는데 음양(陰陽)이 각기 6가지를 차지하는바, 양(陽)은 율(律)이고 음(陰)은 여(呂)이다. 육율(六律)에는 황종(黃鐘), 태주(太簇), 고선(姑洗), 유빈(蕤賓), 이칙(夷則), 무역(無射) 등 6가지가 있다.

Mencius said: "Even with the powerful eyesight of Lilou and the skillful hands of Gongshu, no perfect squares and circles could be drawn without the use of a compass and a carpenters square. Even with the acute ear of the music-master Shikuang, musical notes cannot be calibrated accurately without the use of the pitch- tubes. Even with a virtuous character as good as that of emperors Yao and Shun, no government can secure order for the country without the benevolent laws laid down by the ancient sage-kings. ...Hence it is said: Virtue by itself is insufficient in forming a good government, and laws cannot run effectively on its own."

Scroll 37: Meng Zi

주 문왕이 강태공에게 물었다. "여러 군주들이 천하를 장구하게 유지하려 했지만 결국 왕좌에서 쫓겨난 까닭은 무엇인가요?"

강태공이 대답했다. "그것은 신중을 기하여 합당한 인재를 임용하지 못하였기 때문입니다. 군주는 필히 6가지를 지켜야 하고 세 가지를 보배로 삼아야 합니다. 지켜야 할 6가지란, 인(仁), 의(義), 충(忠), 신(信), 용(勇: 용기), 모(謀: 책략)입니다."

주 문왕이 다시 물었다. "어떻게 해야 신중을 기하여 이 여섯 가지 덕행에 부합되는 인재를 선발할 수 있을까요?"

강태공이 다시 대답했다. "그에게 재부를 주어 예법에 저촉되는 일을 저지르는 가를 관찰하고, 그에게 높은 지위를 주어 거만하고 우쭐대는가를 관찰하고, 그에게 중임을 맡겨 독단적이고 권력을 독점하려 하는가를 관찰하고, 그에게 사무를 맡겨 사실을 숨기는 가를 관찰하고, 그를 위험과 곤란에 처하게 하여 위험에 직면해서도 조금도 두려워하지 않는 용기를 가졌는가를 관찰하고, 비상사태가 발생했을 때 임무를 주어 그 일을 잘 처리할 수 있는지를 관찰합니다.

부유하지만 예법을 범하지 않고 마음속에 하늘의 바른 도리를 간직하는 것이 인(仁)입니다. 높은 지위에 있지만 거만하고 우쭐대지 않고 마음속에 의리를 간직하고 있는 것이 의(義)입니다. 중임을 맡고도 독단적이고 권력을 독점하려 하지 않고 마음속에 충성심을 간직하고 있는 것이 충(忠)입니다. 사무를 처리함에 있어서 사실을 숨기지 않고 마음속에 성실함을 간직하고 있는 것이 신(信)입니다. 위험과 곤란을 마주하고도 두려워하지 않고 마음속에 불굴의 정신을 간직하고 있는 것이 용(勇)입니다. 비상사태에 대처할 때 마음속에 기지가 넘치는 책략을 간직하고 있는 것이 모(謀)입니다.

군주는 필히 이 여섯 가지 조건에 부합되는 인재를 선발하여 중용해야 합니다. 군주가 지켜야 할 세 가지 보배를 남에게 빌려주어서도 아니 됩니다. 남에게 빌려주게 되면 군주는 곧 권위를 상실하게 됩니다. 세 가지 보배란 대농(大農), 대공(大工), 대상(大商)을 말합니다. 여섯 가지 조건에 부합되는 현명한 인재가 많아야 나라가 번창하고, 세 가지 보배가 완벽하면 나라가 안정될 수 있습니다.”

원문

文王問太公曰: “君國主民者, 其所以失之者, 何也?” 太公曰: “不愼
문왕문태공왈   군국주민자   기소이실지자   하야   태공왈   불신
所與也. 人君有六守三寶. 六守者, 一曰仁, 二曰義, 三曰忠, 四曰
소여야   인군유육수삼보   육수자   일왈인   이왈의   삼왈충   사왈
信, 五曰勇, 六曰謀, 是謂六守.” 文王曰: “愼擇此六者, 奈何?” 太
신   오왈용   육왈모   시위육수   문왕왈   신택차육자   내하   태
公曰: “富之而觀其無犯, 貴之而觀其無驕, 付之而觀其無轉(轉作
공왈   부지이관기무범   귀지이관기무교   부지이관기무전   전작
專), 使之而觀其無隱, 危之而觀其無恐, 事之而觀其無窮. 富之而不
전   사지이관기무은   위지이관기무공   사지이관기무궁   부지이불
犯者, 仁也, 貴之而不驕者, 義也, 付之而不轉者, 忠也, 使之而不隱
범자   인야   귀지이불교자   의야   부지이불전자   충야   사지이불은
者, 信也, 危之而不恐者, 勇也, 事之而不窮者, 謀也. 人君愼此六者
자   신야   위지이불공자   용야   사지이불궁자   모야   인군신차육자
以爲君用. 君無以三寶借人, 以三寶借人, 則君將失其威. 大農大工
이위군용   군무이삼보차인   이삼보차인   즉군장실기위   대농대공
大商, 謂之三寶. 六守長則國昌, 三寶完則國安.” (제31권 『육도(六韜)』)
대상   위지삼보   육수장즉국창   삼보완즉국안

King Wen asked Tai Gong: "How does the ruler of the state, the leader of his people, come to lose his position?"

Tai Gong answered: "He loses his position because he is not cautious about whom he associates with. He should have used the Six Characteristics to select capable men and safeguard the Three Treasures. The Six Characteristics being: benevolence, righteousness, loyalty, trustworthiness, courage, and the ability to strategize. These are the Six Characteristics to look out for when selecting capable men."

King Wen asked: "How does one go about using these criteria to select good men?"

Tai Gong said: "Make them rich and observe whether they commit offenses. Put them in high positions and see if they become arrogant. Entrust them with office and see if they stay. Make them solve a problem and see if they will conceal anything. Put them in the way of danger and see if they are afraid. Task them to manage an emergency and see if they are able to handle it well. If they are rich but do not commit offenses, then they are benevolent. If they are in high position but do not become arrogant, then they are righteous. If you entrust them with an office and they stay, then they are loyal. If they solve a problem without concealing anything, then they are trustworthy. If they are in danger and are not afraid, then they are courageous. If you task them to manage an emergency and they handle well, then they are capable of making plans and strategizing. My lord can use these Six Characteristics to recruit capable men. In addition, the ruler cannot entrust the Three Treasures to other people, otherwise he will lose his authority. The Three Treasures are Agriculture, Industry and Commerce. When the Six Characteristics are conserved, the country will flourish. When the Three Treasures are flawless, the state is secure."

Scroll 31: *Liu Tao*

309 세 가지 걱정으로 나라를 다스려라

경공(景公)이 안자(晏子)에게 물었다. "국정(國政)에 임하여 백성을 다스릴 때 어떤 것을 걱정해야 합니까?"

안자가 대답했다. "세 가지를 걱정해야 합니다. 첫째는 충성심이 있는 신하가 신임을 받지 못할까 하는 걱정이며, 둘째는 신임 받는 신하가 충성을 다하지 않을까 하는 걱정이며, 셋째는 군주와 신하가 한마음이 되지 못할까 하는 걱정입니다.

그러므로 현명한 군주가 높은 자리에 있으면 신임을 받지 못하는 충신이 없을뿐더러 신임을 받으면서 충성을 다하지 않는 신하도 없을 것이고, 그리하여 군주와 신하가 서로 욕심을 부리지 않고[1] 한마음이 되면 백성들의 원망도 사라질 것입니다.[2]"

[1] 무옥(無獄)은 원래 동욕(動欲)으로 적었다.
[2] 공(恐)은 원래 원(怨)으로 적었다.

원문

景公問晏子曰: "臨國①涖民②, 所患何也?" 對曰: "所患者三: 忠臣不信, 一患也, 信臣不忠, 二患也, 君臣異心, 三患也. 是以明君居上, 無忠而不信, 無信而不忠者, 是故君臣無獄(無獄作動欲), 而百姓無恐(恐作怨)也." (제33권 『안자(晏子)』)

주석

① 임국(臨國): 국사(國事)를 다스리다.
② 이민(涖民): 백성을 관리하다.

Duke Jing asked Yanzi: "What should a ruler worry about the most in the matter of governing a state and its people?" Yanzi replied: "There are three things that my lord should be most worried about:

1. A minister who is loyal to the ruler is not being treated as trustworthy.
2. A minister who is trusted by the ruler is unfaithful to the ruler.
3. A ruler and his ministers have different agendas in their mind.

With a wise ruler sitting in a position of authority, the incidents of a ruler distrusting his ministers will not happen, and the possibility of his trusted ministers betraying his trust will be eliminated. The ruler and his ministers share the same aspirations, and the populace will have no grievances."

Scroll 33: Yan Zi

310 나라의 일곱 가지 재앙

묵자가 말했다. "나라에는 일곱 가지 재앙이 있다. 무엇이 일곱 가지 재앙인가?

첫째, 살 곳을 지킬 내성(內城)과 외성(外城)과 해자(垓子)도 제대로 쌓지 못했는데 궁궐을 짓는 것이다. 둘째, 적이 국경까지 쳐들어왔는데도 주변 이웃 나라들이 구원해 주지 않는 것이다. 셋째, 백성의 재력을 쓸데없는 데에 탕진하고 재능이 없는 자에게 상을 내리는 것이다. 넷째, 관리들은 봉록에만 열중하고 유학을 다녀온 선비들은 당파 짓기에 급급하고[1], 군주는 신하를 법으로 징계하기에 바빠 신하들이 두려움에 간언할 엄두를 내지 못하는 것이다. 다섯째, 군주는 스스로 현명하고 영명하다고 여겨 정사(政事)에 관한 자문을 하지 않고, 스스로 나라가 안정되고 강성하다고 여겨 방비를 하지 않는 것이다. 여섯째, 군주의 신임을 받는 자는 충성을 다하지 않고, 군주에게 충성을 다하는 자는 신임을 받지 못하는 것이다. 일곱째, 키우고 저장해 놓은 양식이 백성을 먹여 살리기 부족하고, 신하들은 제대로 정무에 임하지 않고, 상을 내리는 것이 사람들의 환심을 사기에 부족하고, 형벌이 경미하여 사람들이 두려워하지 않는 것이다.

나라를 다스림에 이 일곱 가지 재앙이 나타나면 반드시 나라가 망할 것이고, 성을 지키는데 이 일곱 가지 재앙이 나타나면 적이 쳐들어와 성이 함락되고 말 것이다. 이 일곱 가지 재앙이 어느 나라에도 나타나면 그 나라는 반드시 망하고 말 것이다."

[1] 교(佼)는 원래 반(反)으로 적었다.

子墨子曰: "國有七患. 七患者何? 城郭①溝池②不可守, 而治宮室, 一
자묵자왈　국유칠환　칠환자하　성곽　구지　불가수　이치궁실　일
患也; 邊國至境, 四鄰莫救, 二患也; 先盡民力無用之功, 賞賜無能
환야　변국지경　사린막구　이환야　선진민력무용지공　상사무능
之人, 三患也; 仕者持祿, 遊者憂佼③(佼作反), 君修法討臣, 臣懾④而
지인　삼환야　사자지록　유자우교　교작반　군수법토신　신섭　이
不敢咈⑤, 四患也; 君自以爲聖智, 而不問事, 自以爲安强而無守備,
불감불　사환야　군자이위성지　이불문사　자이위안강이무수비
五患也; 所信者不忠, 所忠者不信, 六患也; 蓄種菽粟, 不足以食之,
오환야　소신자불충　소충자불신　육환야　축종숙속　부족이식지
大臣不足以事之, 賞賜不能喜, 誅罰不能威, 七患也. 以七患居國,
대신부족이사지　상사불능희　주벌불능위　칠환야　이칠환거국
必無社稷, 以七患守城, 敵至國傾. 七患之所當, 國必有殃." (제34권
필무사직　이칠환수성　적지국경　칠환지소당　국필유앙
『묵자(墨子)』)

① 성곽(城郭): 성벽. 성(城)은 내성(內城)의 벽, 곽(郭)은 외성(外城)의 벽을 말한다.
② 구지(溝池): 해자(垓子).
③ 우교(憂佼): 청나라 손이양(孫詒讓)의 『묵자한고(墨子閒詁)』에서는 애교(愛佼)라
　고 했다. 개인적인 친분을 맺는다는 뜻. 교(佼)는 교(交)와 같다.
④ 섭(懾): 두려움.
⑤ 불(咈): 위배되다, 어긋나다.

Mozi said: "A state may face the onslaught of the Seven Perils. What are these Seven Perils? They are:

1. The palace and its chambers undergo renovations while the four walls of a fortress and its surrounding defensive trenches can hardly withstand the attack of enemies.
2. None of your neighbors comes to the rescue while enemies invade your territory.
3. Valuable human resources are used on useless projects and unworthy people are rewarded.
4. The officials are only concerned about protecting their jobs and income; scholars without posts are only concerned about establishing circles of influences. Meanwhile, a ruler amends laws to deter his ministers from voicing their opinions.
5. The ruler overestimates his own cleverness and fails to question the progress of administrative affairs. He takes no precautions because he assumes everything is in order.
6. Trusted ministers betray his trust while loyal ministers are cast aside.
7. Reserves and food crops are insufficient to feed the people, and ministers are incapable of shouldering government responsibilities. Rewards cannot make the people happy and punishments cannot keep them in awe.

If a government runs into these Seven Perils, the state will certainly meet its demise. If a fortress runs into these Seven Perils, the city within the four walls will certainly fall into the hands of the enemy. Wherever these Seven Perils dwell there will be disasters."

Scroll 34: *Mo Zi*

311 열 가지 잘못

열 가지 잘못:

첫째, 작은 충성인데, 이는 큰 충성의 적이 된다. 둘째, 작은 이익을 탐내는 것인데 이는 큰 이익을 잃게 한다. 셋째, 이상한 행동을 하고 제후를 무례하게 대하는 것인데, 이렇게 되면 멸망을 자초하는 길로 나아가게 된다. 넷째, 나라 일에 온힘을 다하지 않고 풍악을 즐기는 것인데, 이렇게 하면 스스로 막다른 길에 다다르고 만다. 다섯째, 탐욕스럽고 고집스럽고 사리사욕에 눈이 어두운 것인데, 이는 나라를 망치고 자신을 망치는 화근이 된다.

여섯째, 여색과 풍악에 빠져 정사(政事)를 돌보지 않는 것인데, 이는 나라를 망치는 화를 초래하고 만다. 일곱째, 조정을 떠나 외유만 다니고 대신들의 간언을 귀담아듣지 않는 것인데, 이는 자신을 위태롭게 만든다. 여덟째, 잘못이 있음에도 충신들의 충고를 듣지 않고 자기 고집대로 하는 것인데, 이는 명예를 잃고 남의 조롱감이 되도록 만든다. 아홉째, 자국의 힘을 믿지 않고 외국의 힘에만 의지하는 것인데, 이는 국토를 빼앗기는 화근이 된다. 열째, 나라가 약소함에도 예의를 지키지 않고 직언하는 신하들을 임용하지 않는 것인데, 이는 나라가 망하는 지름길이다.

원문

十過: 一曰, 行小忠, 則大忠之賊也. 二曰, 顧小利, 則大利之殘也. 三曰, 行僻自用, 無禮諸侯, 則亡身之至也. 四曰, 不務聽治, 而好五音, 則窮身之事也. 五曰, 貪愎喜利, 則滅國殺身之本也. 六曰, 耽於女樂, 不顧國政, 則亡國之禍也. 七曰, 離內遠遊, 忽於諫士, 則危身之道也. 八曰, 過而不聽於忠臣, 而獨行其意, 則滅高名, 爲人笑之始也. 九曰, 內不量力, 外恃諸侯, 則削國之患也. 十曰, 國小無禮,

不用諫臣, 則絶世之勢也. (제40권 『한자(韓子)』)
불 용 간 신   즉 절 세 지 세 야

영역

The Legalist, Han Feizi, summarized the faults of a ruler into the following Ten Faults:

1. To practice loyalty in small ways, which betrays loyalty in big ways.
2. To esteem small advantages, which hampers big advantages.
3. To force personal biases, assert oneself, and behave discourteously before feudal lords, which leads to self- destruction.
4. To neglect government responsibilities and indulge too much in songs and music, which plunges one into distress.
5. To be greedy, self-opinionated and rejoice in nothing but gain, which sows the root of destruction for the state and oneself.
6. To become infatuated with women singers, dancers and musicians, and neglect state affairs, which forecasts the demise of the state.
7. To leave home for distant travels and ignore remonstrations from the ministers, which is the surest way to endanger one's august position at home.
8. To commit faults, refuse to listen to loyal ministers, and enforce ones own opinions, which destroys one's high reputation and causes people to laugh at ones demise.
9. To take no account of internal strength but rely solely upon foreign allies, which places the state in grave danger of dismemberment.
10. To insult big powers despite the smallness of ones own country and take no advice from advisors, which paves the way to the extermination of ones posterity.

Scroll 40: Han Zi

312 나라를 망치는 길

망한 나라의 임금이라면 거만하고 우쭐댔을 것이 분명하고[1], 스스로 총명하다고 여겨 독단적이었을 것이 분명하고, 모든 사람을 무시하여 화를 초래했을 것임이 분명하다.[2]

[1] 필(必)자 다음에 원래는 자(自)자가 하나 더 있었다.
[2] 스스로 과실이 있다고 말하는 자는 지혜롭다. 그래서 사람을 가벼이 여기지 않는다. 물(物)은 사람(人)을 말한다.

원문

亡國之主必(必下有自字)驕, 必自智, 必輕物①. 自謂有過人智, 故輕物, 物, 人也. (제39권 『여씨춘추(呂氏春秋)』)

주석

① 물(物): 사람, 뭇 사람.

영역

The leader who has caused the downfall of his state must have been a man of self-importance, arrogant and disrespectful of able and virtuous people. He must have perceived himself to be clever, indomitable, and too important to waste his time on matters of administration.

Scroll 39: *Lü Shi Chun Qiu*

313 의례가 너무 번잡하면 지키기 어렵다

의례가 너무 번잡하면 장엄하지 못하고, 일이 너무 과중하면 효과를 낼 수 없으며, 법이 너무 엄격하면 백성들이 순종하지 않고, 금지가 너무 많으면 지켜지지 않는다.

원문

古禮煩則不莊, 業衆則無功, 令苛則不聽, 禁多則不行. (제39권 『여씨
고 례 번 즉 부 장   업 중 즉 무 공   영 가 즉 불 청   금 다 즉 불 행
춘추(呂氏春秋)』)

영역

Tedious rites and rituals will make propriety appear less solemn. Taking up too many tasks will make achievements less evident. Harsh laws will stir the populace to defiance, and when there are too many prohibitions, they will become ineffective.

Scroll 39: *Lü Shi Chun Qiu*

314 막다른 골목까지 몰지 말라

하늘을 나는 새도 궁지에 몰리면 부리로 쪼며 공격하고, 맹수도 궁지에 몰리면 발톱으로 할퀴며, 사람도 궁지에 몰리면 거짓말을 하고, 말도 궁지에 몰리면 도망치는 법이다.

예로부터 지금까지 신하와 백성들을 핍박하여 막다른 골목에 이르게 한 군주치고 위험에 처하지 않은 사람이 없다.

원문

鳥窮則噣, 獸窮①則攫, 人窮則詐, 馬窮則逸②. 自古及今, 未有窮其下而能無危者也. (제10권 『공자가어(孔子家語)』)

주석

① 궁(窮): 곤궁하다, 궁지에 빠지다.
② 일(逸): 도망치다.

영역

Birds will peck when they are desperate. Animals will bite when they are desperate. Humans will cheat when they are desperate, and horses will run away when they are desperate. To this day, no ruler could stay safe and free from danger if his officials and people were driven to desperation.

Scroll 10: Kong Zi Jia Yu

315 경계해야 할 세 가지

공자께서 말씀하셨다.

"군자는 세 가지를 경계하고 조심해야 한다. 첫째, 소년 때에는 혈기가 아직 안정되지 않았으므로 색정에 정력을 허비하지 않도록 경계해야 한다. 둘째, 장년 때에는 혈기가 왕성하므로 모든 일에서 이기고자 다투며 싸우지 않도록 경계해야 한다. 셋째, 노년 때에는 혈기가 쇠퇴되었으므로 끝없는 욕심을 부리지 않도록 경계해야 한다."

원문

孔子曰: "君子有三戒: 少之時, 血氣未定, 戒之在色; 及其壯也, 血氣方剛, 戒之在鬥; 及其老也, 血氣旣衰, 戒之在得." 得, 貪得也. (제9권 『논어(論語)』)

영역

Confucius said: "A *superior person* is on guard against three things: When he is a young man and his physical energies are not yet settled, he is on guard against lust. When he is in his prime and his energy is solid, he is on guard against combativeness. When he is old, and his physical power is weakened, he is on guard against greed."

Scroll 9: *Lun Yu*

316 마지막 품행이 인생을 평가한다

옛날 사람들은 관(棺)을 덮은 후 제문을 써서 애도를 표했다. 그런 다음 그의 품행에 대해 총평하였는데, 이전의 선행이 있다고 해서 훗날의 과오를 덮어 가리지는 않았다.

원문

古人闔棺之日, 然後誄^①行, 不以前善沒^②後惡也. (제29권 『진서(晉書)』
고 인 합 관 지 일   연 후 뢰   행   불 이 전 선 몰   후 악 야
상)

주석

① 뢰(誄): 올리는 제문의 일종으로, 사망자 생전의 덕행과 공적을 기술하는 문체.
② 몰(沒): 덮어 가리다.

영역

In ancient times, on the day when a man is laid to rest, eulogy will be written to attest to his virtues and contributions, as well as latter vices that cannot be concealed with the good deeds done earlier.

Scroll 29: *Jin Shu*, Vol.1

317 군자의 세 가지 거울

군자는 세 가지를 거울로 삼아야 한다.

첫째, 과거 역사를 거울로 삼고, 둘째, 다른 사람을 본보기로 삼으며, 셋째, 자신을 반성하여 교훈을 얻어야 한다. 과거를 거울로 삼으면 같은 실수를 반복하지 않을 것이며, 다른 사람을 거울로 삼으면 좋은 관리를 어떻게 찾아낼지 알 수 있으며, 저기 자신을 거울로 삼으면 자신을 아주 잘 반성할 수 있다.

원문

君子有三鑒: 鑒乎前, 鑒乎人, 鑒乎鏡. 前惟訓, 人惟賢, 鏡惟明. (제
군 자 유 삼 감 감 호 전   감 호 인   감 호 경   전 유 훈   인 유 현   경 유 명
46권 『신감(申鑒)』)

영역

A *superior person* uses three object lessons to guide himself: Taking lessons from history, taking lessons from people, and taking lessons from the mirror. From history he learns how to avoid repeating the same mistakes. From people he learns how to identify good officials. From the mirror, he can reflect upon himself clearly.

Scroll 46: *Shen Jian*

제41장

용사(用事)

올바른 대응

Making Correct Response

318 세상을 바꾸는 인덕과 도의

직위라는 것은 인덕(仁德)을 세우는 베를 짜는 베틀과 같고, 권세는 도의(道義)를 행하는 베틀의 북과 같다. 성인은 발로 베틀을 밟고 손으로 북을 잡아 세상의 아름다운 교화를 엮어내며, 만물을 온순하게 하고, 인륜이 바로 잡히게 한다.

원문

位也者, 立德之機①也, 勢也者, 行義之杼②也. 聖人蹈機握杼, 織成
위 야 자   입 덕 지 기   야   세 야 자   행 의 지 저   야   성 인 도 기 악 저   직 성
天地之化, 使萬物順焉, 人倫正焉. (제46권 『중론(中論)』)
천 지 지 화   사 만 물 순 언   인 륜 정 언

주석

① 기(機): 천을 짜는 기계, 베틀.
② 저(杼): 베틀(織機)의 북. 날실의 틈으로 왔다 갔다 하면서 씨실을 푸는 기구.

영역

An official position is comparable to a loom used to weave benevolence; the authority is comparable to a shuttle facilitating righteousness. The sage steps on the loom and holds the shuttle, weaving educational lessons for the world, enabling all things to grow in harmony, and making the moral relations of human beings upright and proper.

Scroll 46: *Zhong Lun*

319 성인의 처세법

성인은 깊이 은거함으로써 위험을 피하고, 조용히 침묵하고 관찰하면서 기회와 때를 기다린다. 그러나 소인은 행운과 불운이 왜 발생했는지 모르고, 위험을 예방하거나 경계하지 않고 성급히 행동하여[1] 재앙을 맞이한다. 그래서 온갖 수를 다 짜내어 재앙을 막으려 하지만 자신의 목숨마저 부지하기 어렵게 되고 만다.

[1] 원래 작(作)자는 없었다.

원문

故聖人深居以避害, 靜黙以待時. 小人不知禍福之門, 動作(無作字)而
고 성 인 심 거 이 피 해   정 묵 이 대 시   소 인 부 지 화 복 지 문   동 작 무 작 자 이

陷於刑, 雖曲①爲之備, 不足以全身. (제35권 『문자(文子)』)
함 어 형   수 곡   위 지 비   부 족 이 전 신

주석

① 곡(曲): 주변, 여러 방면, 곡진(曲盡)하다. 자세하고 빈틈없다.

영역

Sages live in seclusion in order to avoid danger, but quietly they make observations and wait for the next opportunity to arise. But petty persons, who do not know why good or bad fortune happens, would stumble into catastrophe every time they acted rashly, irrespective of how many precautions they might have taken to protect themselves.

Scroll 35: Wen Zi

320 군자가 온전할 수 있는 이유

공자께서 말씀하셨다.

"군자는 자신의 몸과 마음을 안정시킨 다음에 행동하고, 상대방의 입장으로 바꾸어 본 다음에 말을 꺼내며, 성실하게 남을 대하고 신망을 쌓은 다음에 요구를 한다. 군자는 이 세 가지를 잘 하기에 온전할 수 있는 법이다."

원문

子曰: "君子安其身而後動, 易其心而後語, 定其交而後求. 君子修
자 왈   군 자 안 기 신 이 후 동   역 기 심 이 후 어   정 기 교 이 후 구   군 자 수
此三者, 故全也." (제1권 『주역(周易)』)
차 삼 자   고 전 야

영역

Confucius said: "A *superior person* must calm himself before he takes any actions; be at ease before he speaks; earn the trust of others before he asks any favor from them. If a *superior person* can exemplify these three traits, he will be able to exist harmoniously with others without misgivings."

Scroll 1: *Zhou Yi*

321 군자가 살펴야 할 아홉 가지

공자께서 말씀하셨다.

"군자는 다음의 아홉 가지를 깊이 생각해야 한다. 눈으로 볼 때는 그것을 정확하게 이해해야 하고, 귀로 들을 때에는 귀를 기울여 명확하게 들어야 한다. 표정을 지을 때는 온화하게 해야 하고, 용모와 태도는 공손하게 해야 하고, 말을 할 때에는 올바른 지를 생각해야 한다. 일을 처리할 때는 공경한지를 생각해야 하고, 의문이 생기면 물어야 하고, 마음이 분할 때에는 어려웠을 때를 생각해야 하고, 어떤 것을 얻으면 그것이 의로운 것인지를 생각해야 한다."

원문

孔子曰: "君子有九思: 視思明, 聽思聰, 色思溫, 貌思恭, 言思忠,
공 자 왈   군 자 유 구 사   시 사 명   청 사 총   색 사 온   모 사 공   언 사 충
事思敬, 疑思問, 忿思難, 見得思義." (제9권『논어(論語)』)
사 사 경   의 사 문   분 사 난   견 득 사 의

영역

Confucius said: "For a *superior person*, there are nine things he needs to take notice of: In seeing, he must seek to understand correctly. In hearing, he must listen with clarity. His demeanor must be one of cordiality. His countenance must be one of respectfulness. He must be conscientious when he speaks, and serious in his tasks. When in doubt, he must seek advice. When in anger, he must seek to realize its negative impact. He must also think of what is right at the sight of gain."

Scroll 9: *Lun Yu*

322 군자가 평생 지켜야 할 일

군자는 높은 덕행과 학식을 갖추었음에도 겸손함으로 스스로를 지키고[1], 말한 대로 진실 되게 실천한다. 남보다 먼저 행동하고 남의 말을 귀담아 들은 후에야 입을 연다. 이익이 생기면 치욕을 초래하지 않을까 생각하고, 향락을 즐길 때에는 수치스러워지지 않을까를 생각하고, 원망스럽고 분할 때에는 어려웠을 때를 생각한다. 군자라면 평생토록 전전긍긍하며 이들을 지켜야 한다.

 [1]『대대예기』에서는 천(淺)을 잔(孱)으로 적었다.

원문

君子博學而淺(大戴禮淺作孱)守之, 微言而篤行①之. 行欲先人, 言欲後人, 見利思辱, 見難思詬, 嗜欲思恥, 忿怒思患, 君子終身守此戰戰②也. (제35권『증자(曾子)』)

주석

① 독행(篤行): 확실하게 이행하다, 전심전력으로 실행하다.
② 전전(戰戰): 경계하고 신중하다, 두려워하다.

영역

A *superior person* is knowledgeable but he is humble. He says little but he puts principles into practice. He takes actions but allows others do the talking. When he sees personal gains he contemplates whether these gains will bring forth humiliations. When he wants to back off from a problem he contemplates whether this action will bring forth insults. As soon as greed arises, he can sense shamefulness. As soon as his anger arises, he can sense pending disasters. A *superior person* will hold on to this prudent attitude all his life.

Scroll 35: Zeng Zi

323 말은 신중하게 일은 민첩하게

공자께서 말씀하셨다.

"군자는 말은 신중하게 하고, 일은 민첩하게 해야 한다.[1],[2]

[1] 눌(訥)은 더디고 둔하다는 뜻이다. 말은 더디고 둔해야 하지만 행동은 빠르게 해야 한다.

[2] 이로부터 알 수 있는바, 군자는 실행을 중히 여기고 말을 적게 하며 탁상공론을 하지 않는다.

원문

子曰: "君子欲訥於言, 而敏於行." 訥, 遲鈍也. 言欲遲, 行欲疾. (제9권 『
자 왈   군 자 욕 눌 어 언   이 민 어 행   눌   지 둔 야   언 욕 지   행 욕 질
논어(論語)』)

영역

Confucius said: "A *superior person* strives to be discreet in speech but quick in action."

Scroll 9: *Lun Yu*

324 준비하면 성공한다

모든 일은 사전 준비가 되어 있으면 성공하고, 그렇지 않으면 실패한다. 말을 하기 전에 준비가 되어 있으면 말문이 막히는 것을 막을 수 있고[1], 일을 하기 전에 준비가 되어 있으면 어려움을 피할 수 있으며, 일을 하기 전에 계획을 세워 놓았으면 곤란한 상황에 이르지 않게 되며, 행동하기 전에 준비가 되어 있으면 후회하지 않게 되며[2], 길을 가기 전에 준비가 되어 있으면 막다른 곳에 이르지 않게 된다.

[1] 겁(跲)은 넘어지다(躓)는 뜻이다.
[2] 구(疚)는 병으로 여기다는 뜻이다.

원문

凡事豫則立, 不豫則廢. 言前定則不跲①, 跲, 躓. 事前定則不困, 行
범 사 예 즉 립   불 예 즉 폐   언 전 정 즉 불 겁   겁 지   사 전 정 즉 불 곤   행
前定則不疚②, 疚, 病. 道前定則不窮. (제10권『공자가어(孔子家語)』)
전 정 즉 불 구   구 병   도 전 정 즉 불 궁

주석

① 겁(跲): 장애가 있다. 말을 순통하게 하지 못함을 이르는 말.
② 구(疚): 곤혹, 후회.

영역

Success depends upon preparation in advance. Without such preparation there will be failure. Know what to say in advance and you will not be stuck for words. Know what to do in advance and you will not be trapped in difficulties. Take actions after a plan has been carefully laid out and you will not make regrettable mistakes. Once the principles of moral standards have been set in one's mind, it will not be difficult to put the principles into practice.

Scroll 10: Kong Zi Jia Yu

325 급할수록 돌아가라

자하(子夏)가 거보현(莒父縣)의 현령으로 있을 때 공자께 정사(政事)에 대해 여쭌 적이 있다.[1]

그러자 공자께서 말씀하셨다. "정치를 하면서 빨리 이루려 하는 것은 금물이며 작은 이익을 탐내지 말아야 한다. 서두르면 서두를수록 역효과를 보게 되며, 작은 이익을 탐내면 큰일을 이루어내지 못한다."[2]

[1] 거보(莒父)는 노(魯)나라에 속했던 읍(邑)이름이다.
[2] 일은 빨리 이루어지도록 서둘러서는 아니 된다. 서두르면 서두를수록 목표에 도달하기가 어렵다. 작은 이익이 큰 것을 방해하는 법, 그런 즉 큰일은 이루어 지지 않는다.

원문

子夏爲莒父宰, 問政. 莒父, 魯下邑也. 子曰: "毋欲速, 毋見小利. 欲速
則不達, 見小利則大事不成." 事不可以速成, 而欲其速則不達矣. 小利妨
大, 則大事不成矣. (제9권 『논어(論語)』)

영역

Zixia was appointed as the magistrate of county Ju Fu. He asked Confucius about governance. Confucius said: "Do not expect to achieve results quickly. Do not look at small advantages only. The desire to achieve quick results will lead to the opposite. The narrow view on gaining small advantages will impede us from achieving bigger successes."

Scroll 9: *Lun Yu*

326 여러 마음을 품지 말라

저[안영(晏嬰)]는 이렇게 들었습니다.

"한사람이 온 마음을 다해 백 명의 군주라도 섬길 수는 있지만, 충성심이 나눠지면 한 명의 군주조차 제대로 섬길 수 없습니다."

그러므로 세 분의 군주께서는 마음이 같지는 않으셨겠지만, 한 군주의 신하로서 저는 여러 마음을 품지 않았습니다.

원문

嬰聞一心可以事百君, 三心不可以事一君. 故三君①之心非一心也, 而嬰之心非三心也. (제33권『안자(晏子)』)

주석

① 삼군(三君): 안자(晏子)는 제(齊)나라 영공(靈公), 장공(莊公), 경공(景公) 등 세 군주를 섬긴 적이 있다.

영역

Yan Ying said: "I have heard that one can serve one hundred kings with all his heart, but he cannot serve one king well with divided loyalties. While the wishes of the three lords are not the same, I, for one, am not a servant with divided loyalty."

Scroll 33: *Yan Zi*

327 저축의 중요성

나라에 9년 치의 저축이 없다면 재정이 부족한 것이고, 6년 치의 저축이 없다면 재정이 위험한 것이다. 3년 치의 저축마저 없다면 나라라고 할 수도 없다. 3년을 경작하면 1년 치의 양식을 저축해야 하고, 9년을 경작하면 3년 치의 양식을 저축해야 한다. 30년으로 말할 때, 이렇게 하면 홍수나 가뭄피해가 들어도 백성들이 굶지 않게 되고 천자는 날마다 안심하고 풍악을 감상하며 진수성찬을 즐길 수 있다.

원문

國無九年之蓄, 曰不足, 無六年之蓄, 曰急, 無三年之蓄, 曰國非其國也. 三年耕必有一年之食, 九年耕必有三年之食. 以三十年之通①, 雖有凶旱水溢, 民無菜色, 然後天子食, 日舉以樂. 民無食菜之飢色, 天子乃日舉樂以食也. (제7권 『예기(禮記)』)

주석

① 통(通): 합계, 통계.

영역

A country that does not have nine years of food in reserve is said to be deficient in its financial standing. If it does not have six years of food in reserve, it is said to be in a state of fiscal crisis. If it does not have three years of food in reserve, it is said to be a country that has lost its sovereignty. In every three years of farming, one year of surplus food must be reserved for emergency use; in every nine years of farming, three years of surplus food must be reserved. If we use thirty years as the base, the country will be able to have enough reserved food to withstand periods of drought and flood, and thus no famine will occur. The Son of Heaven can then be worry-free and be able to dine in fine music.

Scroll 7: *Li Ji*

제42장

신시종(愼始終)

처음부터 끝까지 신중하라

Exercise Caution from the Beginning to the End

328 시종일관 신중할 수 있다면 실패하지 않는다

신중하게 끝까지 처음처럼 해 나간다면 실패할 일이 없다.`

[1] 마칠 때에도 시작했을 때와 같아야 하며, 게으르거나 태만해서는 아니 된다는 말이다.

원문

愼終如始, 則無敗事. 終當如始, 不當懈怠. (제34권 『노자(老子)』)
신 종 여 시　　즉 무 패 사　　종 당 여 시　　부 당 해 태

영역

If people were as careful at the end as they should be at the beginning, they would not ruin their success.

Scroll 34: *Lao Zi*

329 시종여일, 끝까지 견지하라

『시경』에서 말했다.

"누구나 처음에는 분발하여 뭔가를 이루어내려고 노력한다. 그러나 끝까지 견지하여 성과를 이루어내는 사람은 극히 드물다." 그러므로 시종여일하게 선한 정치를 펴지 못하는 사람은 좋은 군주가 될 수 없는 법이다.[1]

[1] 국(國)은 원래 군(君)으로 적었다.

원문

『詩』曰: "靡①不有初, 鮮②克③有終." 不能終善者, 不遂其國(國作君).
시 왈   미 불유초   선 극 유종   불능종선자   불수기국 국작군

(제33권 『안자(晏子)』)

주석

① 미(靡): 없다.
② 선(鮮): 적다.
③ 극(克): 할 수 있다.

영역

The Book of Shi Jing states that: "In the beginning, all are good. But few prove themselves to be so in the end." If a leader cannot maintain his virtuous actions until the very end, he cannot be a good leader.

Scroll 33: *Yan Zi*

330 어려서부터 정도를 함양하라

어려서부터 의로운 사람으로 자라도록 키우는 것은 전 인류에게 성스러운
공헌을 하는 것이다.

원문

蒙①以養正②, 聖功也. (제1권『주역(周易)』)
몽 이 양 정   성 공 야

주석

① 몽(蒙): 어린 학동.
② 양정(養正): 정도(正道)를 함양하다, 바르게 키우다.

영역

Nurturing children at an early age to let them learn to become righteous people
is the most sacred form of contribution to mankind.

Scroll 1: Zhou Yi

제43장

양생(養生)

건강을 지켜라

Maintaining Good Health

331 정신 수양이 가장 좋은 양생법이다

건강을 유지하는 최고의 방법은 정신을 수양하여 평정심을 잃지 않는 것이며, 몸을 보양하는 것은 그 다음이다. 정신이 맑고 마음이 편안하면 온몸이 자연스레 안정되는데, 이것이 바로 양생의 기본 도리이다. 피부를 아름답게 하고 배불리 먹고 좋아 하는 것을 충족시키는 것은 양생법 중 부차적이고 사소한 부분이다.[1]

[1] 개(開)는 원래 공(供)으로 적었다.

원문

治身, 太上①養神, 其次養形. 神淸意平, 百節②皆寧, 養生之本也,
치 신   태 상   양 신   기 차 양 형   신 청 의 평   백 절   개 녕   양 생 지 본 야

肥肌膚, 充腹腸, 開(開作供)嗜欲, 養生之末也. (제35권 『문자(文子)』)
비 기 부   충 복 장   개 (개 작 공) 기 욕   양 생 지 말 야

주석

① 태상(太上): 가장 위, 최고.
② 백절(百節): 인체의 여러 관절.

영역

In order to stay healthy, rest to attain mental tranquility first and maintain physical fitness next. When the mind is tranquil, the whole body will become healthy. This is the major part of a fitness plan. Plumping up the skin and satisfying the appetites constitute the minor part of a fitness plan.

Scroll 35: *Wen Zi*

332 장수하는 비결

정신을 잘 조절하고, 근심을 없애고, 풍습과 사악한 기운의 침입을 막고, 음식을 절제하고, 욕망을 적당히 통제하는 것이 장수의 비결이다.

원문

和神氣, 懲^①思慮, 避風濕, 節飲食, 適^②嗜欲, 此壽考之方也. (제45권
화 신 기　징　사 려　피 풍 습　절 음 식　적　기 욕　차 수 고 지 방 야
『창언(昌言)』)

주석

① 징(懲): 억제하다, 제지하다.
② 적(適): 절제하다, 조절하다.

영역

Maintaining a tranquil spirit; overcoming negative thoughts; staying away from factors that can cause rheumatism; controlling eating and drinking habits discreetly; keeping indulgences in check. All these are tips for longevity.

Scroll 45: *Chang Yan*

제6부

명변(明辯)

분별력을 키워라

DISCERNING

제44장

선악(善惡)

선과 악

Good or Evil

333 '화이부동'과 '동이불화'

공자께서 말씀하셨다.

"군자는 조화를 이루되 부화뇌동하지 않지만, 소인은 부화뇌동하며 조화를 이루지 못한다."[1][2]

[1] 군자의 마음은 조화롭다. 그러나 각기 보는 것은 서로 다르다. 그래서 부화뇌동 하지 않는다고 했다. 소인은 좋아하는 바가 모두 같지만 각자 자신의 이익을 쫓 는다. 그래서 조화롭지 못하다고 했다.

[2] 군자는 사람을 대함에 있어서 온화하고 참고 양보하고 탁월한 견해를 갖고 있 으며 남보다 뛰어나다. 그러나 소인의 견해는 뭇사람들과 다를 바 없이 평범하 며 이기심이 너무 강하여 일을 처리함에 있어서 사람들과의 관계가 조화롭지 못하고 사람들을 혼란스럽게 만들 뿐이다.

원문

子曰: "君子和而不同, 小人同而不和." 君子心和, 然其所見各異, 故曰不
자 왈   군자 화 이 부 동   소 인 동 이 불 화   군 자 심 화   연 기 소 견 각 이   고 왈 부
同, 小人所嗜好者同, 然各爭利, 故曰不和也. (제9권『논어(論語)』)
동   소 인 소 기 호 자 동   연 각 쟁 리   고 왈 불 화 야

영역

Confucius said: "A *superior person* may hold different opinions from others but he can live in harmony with others. A petty person may seem agreeable with others but he cannot live in harmony with others."

Scroll 9: *Lun Yu*

334 남을 잘되게 하는 군자

공자께서 말씀하셨다.

"군자는 다른 사람에게 좋은 일은 이루어지게 해주지만 나쁜 일이 이루어지게 하지는 않는다. 그러나 소인은 이와 반대이다.

원문

子曰: "君子成人之美①, 不成人之惡. 小人反是." (제9권 『논어(論語)』)
자 왈　 군 자 성 인 지 미　 불 성 인 지 악　 소 인 반 시

주석

① 미(美): 선량하다, 좋다.

영역

Confucius said: "A *superior person* perfects what is good in people. He does not perfect what is bad. A petty person does the opposite."

Scroll 9: Lun Yu

335 남의 잘못조차 꺼안는 군자

군자는 남의 잘못을 숨겨 줌으로써 자신의 선량함을 키우지만, 소인은 다른 사람의 선량함을 비방하는 것으로 자신의 공을 드러내고자 한다.

원문

君子掩人之過以長善, 小人毀人之善以爲功. (제48권 『체론(體論)』)
군 자 엄 인 지 과 이 장 선   소 인 훼 인 지 선 이 위 공

영역

A *superior person* conceals the faults of others as a means to cultivate his own kindness. A petty person destroys the kind deeds of others as a means to show off his own greatness.

Scroll 48: Ti Lun

336 군자의 증오심

자공(子貢)이 공자에게 여쭈었다. "군자에게도 증오심이 있습니까?"

공자께서 말씀하셨다. "증오심이 있느니라. 군자는 남의 잘못을 들추어내는 자를 증오하느니라. 그리고 군주는 낮은 자리에 있으면서 높은 자리에 있는 사람을 비방하는 자를 증오하느니라.[1] 또한 군자는 용기만 있고 예법(禮法)을 지키지 않는 자도 증오하고, 과단성은 있으나 사리에 밝지 못한 자도 증오하느니라."[2]

[1] 산(訕)은 비방하고 훼멸하다는 뜻이다.
[2] 질(窒)은 틀어막다는 뜻이다.

원문

子貢曰: "君子亦有惡?" 子曰: "有惡. 惡稱人惡者, 好稱說人惡, 所
以爲惡也. 惡居下流而訕上者, 訕, 謗毀也. 惡勇而無禮者, 惡果敢而
窒者." 窒, 塞. (제9권 『논어(論語)』)

영역

Zigong asked Confucius: "Will *superior persons* despise anyone?" Confucius said: "*Superior persons* despise people who expose the faults of others. They despise subordinates who slander their superiors. They despise brave people who are discourteous, and they despise resolute people who are unreasonable."

Scroll 9: *Lun Yu*

337 군자와 소인의 차이

군자는 마음속에 확고한 사명감과 신념을 갖고 있기에 언제나 원칙을 굳게 지키며, 지혜를 늘리려 하지 않고 그것을 실천하는데 힘쓴다. 행동을 많이 하려 하지 않고 행동해야 하는 이유에 대해 심사숙고하며, 본성대로 편안하게 마음 쓰면서 그 행동이 표준에 미치지 못할까 걱정한다.

그러나 소인은 그렇지 않다. 생각의 원칙을 도의(道義)에 두지 않고, 훈계하고 충고하고 격려하는 말을 할 줄 모르며, 현명한 자를 선택하여 몸을 의탁할 생각을 하지 않는다. 본성대로 살아 마음의 안정을 찾으려 노력하지도 않고, 자기 주견이 없이 남이 하는 대로 따라하면서, 자기가 해야 할 일이 무엇인지조차 모른다.

원문

君子心有所定, 計有所守; 智不務①多, 務行其所知; 行不務多, 務審
其所由; 安之若性, 行之如不及. 小人則不然, 心不在乎道義之經,
口不吐乎訓誥②之言, 不擇賢以託身, 不力行以自定, 隨轉如流, 不
知所執. (제48권 『체론(體論)』)

주석

① 무(務): 추구, 도모하다, 꾀하다.
② 훈고(訓誥): 훈도(訓導)하다, 타이르다.

Superior persons possess solid principles and goals, and every plan that they make is firmly grounded in these principles. They do not need to know too many principles, but whatever they know is applied in their daily life. They do not need to do too many things, but whatever they do is done with good reasons. Their minds are calm and rest in good faith as if it is second nature to them. When they do good deeds, they are always apprehensive about not being able to put in their best efforts. Petty persons do the opposite. They do not care about moral principles, they cannot speak of remonstrations that are meaningful, they refuse to take lessons from the virtuous to improve themselves, and they cannot ground themselves in good deeds. They simply go with the flow, oblivious to their deeds.

Scroll 48: *Ti Lun*

제45장

인정(人情)
인간적인 감성
Human Sentiments

338 여섯 가지 감정을 어떻게 조절할 것인가?

사람에게는 육정(六情) 즉 여섯 가지 감정이 있는데, 이 감정을 조절하지 못하면 혼란에 빠지게 되지만 이에 순응하면 조화를 이룰 수 있다. 그러므로 옛 성왕들은 백성을 그 감정에 따라 교화하고, 예법에 따라서 각각의 감정을 조절하도록 했다. 백성의 갈망을 수용하기는 했지만, 도의의 원칙을 확립하여 그 갈망을 조절했다. 도의의 원칙이 간단하면서도 철저하다면, 예법(禮法)이 법도에 맞고 자비롭다면, 백성들은 쉽게 그 법령을 수용할 수 있을 것이다.

원문

人有六情①, 失之則亂, 從之則睦. 故聖王之敎其民也, 必因②其情, 而節之以禮, 必從其欲, 而制之以義. 義簡而備, 禮易而法, 去③情不遠, 故民之從命也速. (제9권 『한시외전(韓詩外傳)』)

주석

① 육정(六情): 사람의 여섯 가지 감정. 보통 기쁨, 분노, 슬픔, 행복, 사랑, 증오를 말한다. 혹자는 여섯 가지 욕구로 보기도 하는데,『한시외전(韓詩外傳)』제5권에서는 "사람에게는 눈은 좋아하는 색을 보려고 하고, 귀는 좋은 음악을 들으려고 하며, 코는 좋은 향기를 맡으려고 하고, 입은 맛있는 음식을 먹으려고 하며, 몸과 사지는 편안하려 하고, 옷은 화려한 무늬를 수놓고 또 가볍고 따뜻한 것을 입으려 하는 등 여섯 가지 욕구가 있다."라고 했다.

② 인(因): 순(順). 따르다, 순응하다.

③ 거(去): 거리, 떨어지다.

Human beings have six types of emotions: Joy, anger, sadness, happiness, fondness, and hatred. If a sage king contravenes these emotions, chaos will arise. If he appeases these emotions, harmony will be achieved. While a sage-king instructs his people in accordance with human sentiments, he also imposes propriety to control these sentiments. While he yields to peoples longings, he also establishes righteous principles to control these longings. If righteous principles are concise and complete, and propriety is orderly and humane, people will easily accept and follow the law and order.

Scroll 8: *Han Shi Wai Zhuan*

339 악한 행위를 하는데도 보지 못하는 까닭

지금 저 사람들이 악한 행위를 하고 있는데도 그것을 보지 못하고, 선한 행위를 한 적이 전혀 없는데도 그를 아끼는 까닭은 무엇일까? 그것은 그 악한 면을 알아낼 수 있는 정도로 지혜롭지 못하고, 사적인 감정을 버릴 정도로 의롭지 못하기 때문이다.

원문

今彼有惡而己不見, 無善而己愛之者, 何也? 智不周①其惡, 而義不
能割其情也. (제47권『유이정론(劉廙政論)』)

주석

① 주변(周): 두루(遍), 파급되다.

영역

Why is it that a leader cannot see the wrongdoings of the unscrupulous people around him and spoil those who are unrighteous? This is because he is not wise enough to recognize the wrongdoings of unscrupulous people. Also, his determination to uphold morality and justice is not strong enough to enable him to break free from personal bias and preference.

Scroll 47: *Liu Yi Zheng Lun*

340 선한 일을 하면 모두가 기뻐한다

선한 일을 하면 백성들은 기뻐하고, 악한 일을 저지르면 자손들마저 원망한다. 그러므로 이런 도리를 아는 자라면 먼 곳에 있는 사람들까지 불러 모을 수 있겠지만, 그러지 못한 자는 가까운 곳에 있는 백성들마저 잃고 만다.

원문

行善者則百姓悅, 行惡者則子孫怨. 是以明者, 可以致①遠, 否者以失近. (제40권 『신어(新語)』)

주석

① 치(致): 초래하다, 부르다.

영역

A ruler imposing virtuous principles to govern his state is appreciated by the people. A wicked ruler, on the contrary, is blamed and hated even by his own descendants. Therefore, a virtuous ruler can attract people from afar to submit to him, while a wicked ruler can even lose his closest relatives.

Scroll 40: *Xin Yu*

341 권위로 원망을 막을 수는 없다

내가 듣기로는, 충성과 선량함으로 백성들의 불평과 원망을 줄일 수 있으나 [1], 위력과 권세로 백성들의 원망을 막을 수는 없다고 했다.[2]

[1] 곧고 정의로움을 행하면 원망과 비방을 잠재울 수 있다.
[2] 향교(鄕校: 지방에 세운 학교)를 없애려 하는 것은 위력을 만드는 일이다.

원문

我聞忠善以損怨, 爲忠善, 則怨謗息也. 不聞作威以防怨. 欲毁鄕校, 卽作
아 문 충 선 이 손 원   위 충 선   즉 원 방 식 야   불 문 작 위 이 방 원   욕 훼 향 교   즉 작
威也. (제5권『춘추좌씨전(春秋左氏傳)』중)
위 야

영역

I have heard that loyalty, sincerity and kindness could reduce enmity and hatred, but I have never heard that wielding power and authority over others could prevent enmity and hatred from happening.

Scroll 5: *Chun Qiu Zuo Shi Zhuan*, Vol.2

342 주공이 아들 백금에게 준 교훈

주공(周公)이 아들인 노공 백금(伯禽)에게 말했다.[1]

"군자라면 자기의 친족을 멀리하지 말아야 하고[2], 대신들이 자기를 임용해주지 않는다고 해서 원망하지 않도록 해야 한다.[3] 오래된 신하와 옛 친구라면 큰 사고를 치지 않은 이상 그를 버리지 말아야 하고, 다른 사람에게 사사건건 완전무결함을 요구해서도 아니 된다.[4]"

[1] 노공(魯公)은 주공(周公)의 아들로 백금(伯禽)을 말한다.
[2] 시(施)는 바꾸다는 뜻이다. 다른 출신의 사람으로 자신의 친족을 바꾸지 않는다는 말이다.
[3] 이(以)는 임용하여 쓰다는 뜻이다.
[4] 대고(大故: 큰 사고)는 악행이나 대역죄를 말한다.

원문

周公謂魯公①曰 魯公, 周公之子, 伯禽也. : "君子不施其親, 施, 易也, 不以②他人之親, 易己之親. 不使大臣怨乎不以. 以, 用也, 怨不見聽用也. 故舊無大故, 則不棄也. 無求備於一人." 大故, 謂惡逆之事也. (제9권 『논어(論語)』)

주석

① 노공(魯公): 주공(周公)의 아들 백금(伯禽)을 말한다. 처음에 주 무왕(周武王)이 노나라를 동생 주공 단(周公旦)에게 분봉(分封)하여 준 후 주공(周公)이 천자를 보좌하기 위해 장남 백금(伯禽)을 노나라 제후로 책봉했다.
② 이(以): 임용하다. 쓰다.

The Duke of Zhou told his son Boqin, the Duke of Lu: "A *superior person* does not distance himself from his family and relatives, and he will never cause government officials to complain about not being assigned important duties. If an old friend has not erred terribly, do not abandon him. Do not demand perfection from a person."

Scroll 9: *Lun Yu*

343 군자가 가장 혐오하는 세 가지 일

군자가 가장 혐오하는 특별한 행위에는 세 가지가 있다.

첫째 논쟁을 일으키고, 둘째 황당한 논조로 날조하고, 셋째 규칙과 규율을 변경하기를 즐겨하는 행위이다. 수시로 논쟁을 일으키면 많은 사람들이 덩달아 일어나 소란을 피우게 되고, 수시로 황당한 논조로 날조하면 정통 사상을 위배하여 풍속이 어지러워지며, 수시로 관례를 변화시키면 법령을 무시하여 제도가 어지러워진다.

그러므로 명성이 멀리 퍼져나가는 것을 귀하게 여기지도 않으며, 어렵고 힘든 일을 했다고 해서 그것을 귀하게 여기지도 않는다. 조금도 기울어짐이 없는 바른 덕행을 최상이라 여기고, 사념(邪念)을 버리고 경거망동하지 않는 것이 그 다음이라 생각한다. 움직이기는 하나 실행에까지 이르지 않고, 실행하였으되 정도(正道)를 벗어나지 않고, 정도를 벗어났다면 곧바로 되돌아오는 것이 그 다음이라 생각하며, 정도와 점점 멀어지는 것조차 자각하지 못하는 것을 최악이라 여긴다.[1]

[1] '이의(已矣)'는 원래 '불근야(不近也)'로 적었다.

원문

君子所惡乎異者三: 好生事也, 好生奇也, 好變常也. 好生事則多端
군자소오호이자삼   호생사야   호생기야   호변상야   호생사즉다단
而動衆, 好生奇則離道而惑俗, 好變常則輕法而亂度. 故名不貴苟
이동중   호생기즉리도이혹속   호변상즉경법이난도   고명불귀구
傳, 行不貴苟難. 純德無慝①, 其上也, 伏而不動, 其次也, 動而不行,
전   행불귀구난   순덕무특   기상야   복이부동   기차야   동이불행
行而不遠, 遠而能復, 又其次也, 其下遠而已矣(已矣作不近也三字). (제
행이불원   원이능부   우기차야   기하원이이의   이의작불근야상자
46권 『신감(申鑒)』)

① 특(慝): 사악하다.

A *superior person* dislikes three types of behavior that diverge from the norm:

1. A fondness for stirring up controversies.
2. A fondness for creating bizarre mysteries.
3. A fondness for changing rules and regulations.

The fondness for stirring up controversies will create commotions. The fondness for creating bizarre mysteries will defy virtues and upset social customs and practices.
The fondness for changing rules and regulations will undermine laws and confuse the standards of behavior. Thus, there is nothing noble about gaining temporary fame, or overcoming a difficult task resigned to circumstances. The highest form of deed is one that is pure without any trace of wickedness. Next to it, is being able to subdue the rising of improper thoughts. Next to that, is being able to stop improper thoughts from turning into actions. If when the improper thoughts are turned into actions, at least keeping the actions from becoming too outrageous, and steering these actions back to the right path without delay. The worst deed would be deviating too far from the right path without any awareness of this happening.

Scroll 46: Shen Jian

제46장

재덕(才德)

재능과 도덕성

Talents and Virtues

344 갖고 있는 생각이 인의에 부합하는가?

매번 하는 말이 모두 합당한가 보다는 취사선택할 때 갖고 있는 생각이 인의(仁義)에 부합되는가 하는 것이 더욱 중요하다.

원문

百言百當, 不若舍趣而審仁義也. (제35권 『문자(文子)』)
백 언 백 당   불 약 사 취 이 심 인 의 야

영역

Rather than hoping that everything we say is a suitable piece of advice that should be accepted, why not deliberate whether what we say is pertinent to benevolence and righteousness?

Scroll 35: Wen Zi

345 글쓰기의 모범

작가의 글은 문장의 화려함만 추구할 것이 아니라 성현의 도통(道統)을 보존하고 전승(承傳)하는 것에 더욱 주목해야 하며, 문장의 정교함과 영특함에 환호할 것이 아니라 그 속의 말이 도리에 어긋나는 것을 비판해야 한다.

원문

故作者①不尙其辭麗, 而貴其存道也; 不好其巧慧, 而惡其傷義也.
고 작 자　불 상 기 사 려　이 귀 기 존 도 야　불 호 기 교 혜　이 오 기 상 의 야

(제47권『정요론(政要論)』)

주석

① 작자(作者): 글을 쓰거나 예술창작에 종사하는 사람.

영역

A piece of writing should not be esteemed for its grandiose writing style. Instead, rwiting should not be esteemed because it can preserve the tradition of vertue. The rhetorics need not be clever and decorative, but it should be careful not to injure morality.

Scroll 47: *Zheng Yao Lun*

제47장

붕당(朋黨)

파벌의 형성

Formations of Cliques

346 '불편부당'이 바른 길로 나아가게 한다

『상서·홍범(尚書·洪範)』에서 이렇게 말했다.

"사적인 감정에 치우치지 않고 패거리를 만들지 않는다면, 왕의 정치는 평탄하고 드넓은 바른길로 나아갈 수 있을 것이다."

원문

故『洪範』曰: "無偏無黨, 王道蕩蕩." 蕩蕩, 平易. (제39권 『여씨춘추(呂氏春秋)』)

영역

The book of *Hong Fan* said: "No favor to anyone, no cronies in the government. The righteous path taken by the former sage-kings was fair and mighty."

Scroll 39: *Lü Shi Chun Qiu*

347 혼란과 멸망에 이르는 길

군주가 세속적인 표준에 따라 인기에 영합하는 사람을 현자로 오인하고, 세속적인 사람들이 무가치하다고 악평을 하는 사람을 정말 무가치하다고 여긴다면, 패거리가 많은 사람만 임용되고 패거리가 없는 사람은 배척당하게 된다.

이렇게 되면 간사한 세력들이 서로 결탁하게 되어 재덕을 겸비한 인재가 묻히게 되고, 충신은 죄가 없음에도 사형에 처하게 되고, 간신은 허명(虛名)으로 작위(爵位)를 편취하게 된다. 그리하여 나라는 더욱 큰 혼란에 빠지게 되고 멸망의 위기에 처하고 만다.

원문

君以世俗之所譽者爲賢智, 以世俗之所毁者爲不肖, 則多黨者進, 少黨者退, 是以群邪比周①而蔽賢, 忠臣死於無罪, 邪臣以虛譽取爵位, 是以世亂愈甚, 故其國不免於危亡. (제31권 『육도(六韜)』)

영역

When a leader mistakes a person accepted by marketable social standard as a wise person, and mistakes another defamed by society as an unworthy person, this will cause people with the support of a faction to be appointed while those who are not part of a faction cannot get any promotion. As a result, the malicious factions will band together to oust the virtuous and the able; loyal ministers who are innocent will be condemned to death, while ministers with undeserved reputation will be knighted. So the days will become more tumultuous and the survivability of the country will be numbered.

Scroll 31: *Liu Tao*

제48장

변물(辨物)

중요한 차이점을 분별하라

Differences that Matter

348 친근하면서도 예의 바르게 대하라

현자는 친근하면서도 예의바르게 대하고[1], 경외하면서도 사랑한다.[2] 사랑하면서도 그의 단점을 잘 이해하고, 미워하면서도 그의 장점을 잘 이해한다.[3]

[1] 압(狎)은 익숙하다, 가깝다는 뜻이다. 그 행위에 습관이 되었다는 뜻이다.
[2] 마음으로 복종하는 것을 두고 경외한다고 한다.
[3] 자신의 애증(愛憎)으로 남의 호오(好惡)를 비난해서는 아니 된다. '이선(以善)'의 '이(以)'를 이 책에서는 '지(之)'로 고쳤다.

원문

賢者狎①而敬之, 狎, 習也, 近也, 習其所行. 畏而愛之. 心腹曰畏. 愛而知其惡, 憎而知其善. 不可以己心之愛憎, 誣人以善("以善"之以, 本書作之)惡.
(제7권 『예기(禮記)』)

주석

① 압(狎): 익숙하다, 친근하다.

영역

Stay close to the virtuous but accord them with due respect. See them as formidable but regard them with admiration. Be aware of the shortcomings in those we love and recognize the goodness in those we detest.

Scroll 7: *Li Ji*

349 담대함과 구차함

공자께서 말씀하셨다.

"군자는 마음이 크고 담대하기에 교만하지 않지만, 소인은 교만하기만 하고 담대하지 못하다."[1]

> [1] 군자는 스스로 통이 크고 담대하기에 교만한 듯 보이지만 교만하지 않고, 소인 은 구차하고 집착하기에 실은 교만하고 뽐내는 것에 다름 아니다.

원문

子曰: "君子泰①而不驕, 小人驕而不泰." 君子自縱泰, 似驕而不驕. 小人
拘忌, 而實自驕矜也. (제9권 『논어(論語)』)

주석

① 태(泰): 담대하다, 편안하다, 안녕하다.

영역

Confucius said: "A *superior person* is self-confident without being arrogant. A petty person is arrogant yet lacks self-confidence."

Scroll 9: *Lun Yu*

350 군자의 공평무사함

공자께서 말씀하셨다.

"군자는 말을 잘 한다고 해서 그를 들어 쓰지는 않으며[1], 사람이 나쁘다고 해서 그의 좋은 말까지 버리지는 않는다."

[1] 말에 일리가 있는 사람이라고 해서 반드시 덕을 갖추었다고 할 수는 없다. 그래서 말에 근거해 사람을 천거하지는 않는다는 말이다.

원문

子曰: "君子不以言擧人, 有言者, 不必有德, 故不可以言擧人也. 不以人
자 왈   군 자 불 이 언 거 인   유 언 자   불 필 유 덕   고 불 가 이 언 거 인 야   불 이 인
廢言." (제9권 『논어(論語)』)
폐 언

영역

Confucius said: "A *superior person* does not recommend a person on account of what he says. Neither does he dismiss what is said on account of the speaker."

Scroll 9: *Lun Yu*

351 좋은 말 열 필보다 백락 한 사람이 낫다

좋은 말 열 필을 얻기보다 말을 잘 고르는 백락(伯樂) 한 사람을 얻는 것이 낫다. 날카로운 검 열 자루를 얻기보다 검을 잘 만드는 구야자(歐冶子) 한 사람을 얻는 것이 낫다. 많은 아름다운 물품을 얻기보다 감별을 잘하는 소수의 사람을 얻는 것이 낫다. 감별을 잘하는 사람은 진귀한 보물을 수집할 수 있을 뿐만 아니라 그 보물의 수량을 늘일 수 있는바, 적어도 열배는 쉽게 넘길 수 있기 때문이다.[1]

[1] 이로부터 알 수 있다시피 분별력과 인재양성능력을 키우는 것이 무엇보다 중요하다.

원문

得十良馬, 不如得一伯樂①, 得十利劍, 不如得一歐冶②. 多得善物,
득 십 양 마　　불 여 득 일 백 락　　득 십 리 검　　불 여 득 일 구 야　　다 득 선 물

不如少得能知物. 知物者之致善珍, 珍益廣, 非特③止於十也. (제44권
불 여 소 득 능 지 물　지 물 자 지 치 선 진　진 익 광　비 특　지 어 십 야

『환자신론(桓子新論)』)

주석

① 백락(伯樂): 춘추 진 목공(秦穆公) 시기의 사람이다. 성은 손(孫)이요 이름은 양(陽)으로, 말을 잘 고르기로 유명했다.
② 구야(歐冶): 구야자(歐冶子), 춘추시기에 검을 잘 만들기로 유명했다.
③ 비특(非特): 뿐만 아니라. 특(特)은 불과, 다만이라는 뜻이다.

영역

It is better to acquire one remarkable horse expert like Bo Le than to own ten superb horses. It is better to acquire one exemplary swordsmith like Ou Yezi than to own ten sharp swords. Acquiring many possessions is not as useful as acquiring a few experts who can identify exquisite items for you. The experts can help you to source and collect more valuable items, and the total number of possessions you own could be more than tenfold greater in the end.

Scroll 44: *Huan Zi Xin Lun*

352 사람됨을 알려면 친구를 보라

옛날 책에서 이렇게 말했다.

"사람을 알려면 그의 친구를 보면 되고, 군주를 알려면 그의 가까운 신하들을 보면 알 수 있다." 이 모두가 저도 모르게 감화되기 때문이다.

원문

傳曰: "不知其子, 視其友, 不知其君, 視其左右." 靡①而已矣! (제38권
전 왈　　부 지 기 자　시 기 우　부 지 기 군　시 기 좌 우　미　이 이 의
『손경자(孫卿子)』)

주석

① 미(靡): 저도 모르게 감화되다, 감염되다.

영역

An ancient text said: "If you do not understand the son, just look at his friends and you will find the answer. If you do not understand the leader, just look at the ministers by his side and you will find the answer." Like-minded people will seek each others company.

Scroll 38: *Sun Qing Zi*

353 인이 불인을 이기는 이치

맹자가 말했다.

"인(仁)이 불인(不仁)을 이기는 것은 물이 불을 이기는 것과 같은 이치이다. 지금 인을 행하는 자들은 한 잔의 물로 한 수레 가득 실은 섶에 붙은 불을 끄는 것과 같은 자들이다. 그들은 불이 꺼지지 않는다고 물이 불을 이기지 못한다고 주장하니, 이러한 행동은 불인함을 크게 도와주는 일이다."

원문

孟子曰: "仁之勝不仁也, 猶水之勝火也. 今之爲仁者, 猶以一杯水, 救一車薪之火也, 不息則謂水不勝火者, 此與於不仁之甚者也." (제 37권 『맹자(孟子)』)

영역

Mencius said: "Benevolence subdues its opposite just as water subdues fire. Nowadays, those who claim to implement a benevolent do it as if with one cup of water they could save a whole wagonload of burning feul, and when the flames are not extinguished, they say that water can not subdue fire. This is worse than a government that is not benevolent because in the end, even the small amount of benevolent will not lost."

Scroll 37: Meng Zi

354 말하는 것을 보면 마음을 알 수 있다

배신하려는 사람은 말을 할 때 송구스런 뜻을 내비치고, 의심이 많은 사람은 말을 할 때 조리가 없이 나뭇가지마냥 어지럽다. 길하고 착한 사람은 말수가 적고, 경솔한 사람은 말이 많다. 착한 사람을 모함하는 사람은 말이 혼란스러워 종잡을 수가 없고, 자질이 없는 사람은 말이 꼬여 도리에 어긋나기만 한다.

원문

將叛者其辭慚; 中心疑者其辭枝①; 吉人之辭寡; 躁人之辭多; 誣善之人, 其辭遊②; 失其守者, 其辭屈. (제1권 주역(周易))

주석

① 지(枝): 곁가지마냥 흩어져있는 모양.
② 유(遊): 성실하지 못하고 실속이 없다.

영역

Potential rebels would reveal shades of guilt on their faces when they speak. People who have doubt in their mind would speak incoherently like branches spreading out in a disorderly fashion. Kind people would speak little while impetuous people talk volubly. Those who malign the kind-hearted would speak without focus. As for those who have lost their personal integrity, their words would reflect the crookedness of their minds.

Scroll 1: *Zhou Yi*

355 하늘에 군주에게 인애를 베푸는 이유

한 나라가 도의를 잃고 망조가 들면 하늘은 먼저 재앙을 내려 이를 경고한다.[1] 그럼에도 반성하지 않으면 재차 괴이한 현상을 내려 두려움에 떨게 한다. 그래도 고치지 않으면 상해(傷害)를 내리고 패망(敗亡)에 이르도록 한다. 이로부터 알 수 있는바, 하늘이 군주에게 인애(仁愛)를 베푸는 것은 세상의 혼란을 막기 위한 것이지 다른 것이 아니다.

[1] 옛 판본에서는 장(將)자가 없었는데 지금 보충해 넣었다.

원문

國家將(舊無將字補之)有失道之敗, 而天乃先出災害, 以譴告之, 不知自省, 又出怪異, 以警懼之, 尚不知變, 而傷敗乃至. 以此見天心之仁愛人君, 而欲止其亂也. (제17권『한서(漢書)』5)

영역

When a nation is about to fall because of the prevalence of moral decadence, natural disasters will happen as a warning to the leader of the state. If the leader is still oblivious to this and does not know how to reflect upon himself, abnormal and strange events will occur to frighten him. If he still does not try to correct things, harm and defeat will set in. Thus, it can be seen that Tian (heaven) is kind to the leader and hopes to stop him from making disastrous decisions.

Scroll 17: *Han Shu*, Vol.5

제49장

인과(因果)

원인과 결과

Cause and Effect

356 하늘은 친소와 귀천을 가리지 않는다

하늘은 친소와 귀천을 가리지 않기에 복과 재앙을 내림에 정해진 것이 없다. 선을 행하는 사람에게는 여러 행운을 내리고 악을 일삼는 사람에게는 여러 재앙을 내린다.[1] 선을 행하고 덕을 닦으면 그것이 아무리 작다할지라도 세상 사람들을 기쁘게 할 수 있지만[2], 선을 행하지 않는다면 아무리 작은 일이라도 나라를 망치게 할 수 있다.[3]

[1] 상(祥)은 훌륭하다(善)는 뜻이다. 하늘이 내리는 복과 재앙은 선악에 따라 달라지지 같은 집이라고 같이 내리는 것이 아니다.

[2] 만방(萬邦)이 경하해 하는 것은 덕을 닦음에 있는 것이지 크고 작음이 중요하지 않다. 그렇기에 온 천하가 신뢰하고 경하해 하는 것이다.

[3] 진실로 부덕하여 크지 않다고 행하지 않는다면 필시 종묘사직을 잃게 될 것일진대, 이것이 바로 이윤(伊尹)이 남긴 지극한 교훈일 것이다.

원문

惟上帝弗常, 作善降之百祥, 作不善降之百殃. 祥, 善也, 天之禍福, 唯
유 상 제 불 상   작 선 강 지 백 상   작 불 선 강 지 백 앙   상   선 야   천 지 화 복   유
善惡所在, 不常在一家也. 爾惟德罔小, 萬邦惟慶, 修德無小, 則天下賴慶也.
선 악 소 재   불 상 재 일 가 야   이 유 덕 망 소   만 방 유 경   수 덕 무 소   즉 천 하 뢰 경 야
爾惟弗德罔大, 墜①厥宗. 苟爲不德無大, 必墜失宗②廟, 此伊尹至忠之訓也.
이 유 불 덕 망 대   추 궐 종   구 위 부 덕 무 대   필 추 실 종   묘   차 이 윤 지 충 지 훈 아

(제2권 『상서(尙書)』)

주석

① 추(墜): 상실하다.
② 종(宗): 종묘, 여기에서는 나라를 가리킴.

영역

The Divine being will not bestow blessings or cast curses on one family alone. Those who do good deeds will be blessed with luck and fortune, while those who do bad deeds will be plagued with misfortune. Even small virtuous deeds can cause the whole nation to rejoice; while bad deeds, even if they are just minor offenses, may cause the whole nation to crumble.

Scroll 2: *Shang Shu*

357 존망과 화복은 자신에게 달려 있다

존망과 화복은 모두 자기 자신에게 달려있다. 천재나 괴이한 일이 생기는 것을 다른 사람의 탓으로 돌려서는 아니 된다.[1]

[1] 이로부터 알 수 있는바, 재앙과 복은 모두 자신들에 의해 비롯된 것이다. 천재지변이 우리에게 경고하듯이, 악을 버리고 선을 행해야만이 전화위복을 이룰 수 있다.

원문

存亡禍福, 皆在己而已. 天災地妖①, 弗能加也. (제10권 『공자가어(孔子
존 망 화 복 개 재 기 이 이 천 재 지 요 불 능 가 야
家語)』)

주석

① 지요(地妖): 땅에서 발생하는 이상하고 괴이한 일. 『좌전선공(左傳·宣公)』(15년)에서 "천시가 시절에 맞지 않으면 재해가 생기고 지상의 만물이 저마다의 성을 잃으면 요괴가 생긴다."라고 했는데, 『두예주(杜預注)』에서는 군물실성(群物失性: 만물이 본성을 잃게 된다)라고 풀이했고, 『공영달소(孔穎達疏)』에서는 언기괴이위지요(言其怪異謂之妖: 괴이한 것을 요괴라 한다)라고 풀이했다.

영역

Life or death, fortune or misfortune, are all but the result of our own doings. When people accumulate a multitude of meritorious deeds, no natural catastrophe will befall them.

Scroll 10: *Kong Zi Jia Yu*

358 상스러움이 재앙으로 바뀌는 이유

상서로운 조짐을 보고서도 악을 행한다면, 그 상서로움은 반드시 재앙으로 변하고 말 것이다.

원문

故見祥而爲不可, 祥必爲禍! (제40권 『가자(賈子)』)
고 견 상 이 위 불 가 ' 상 필 위 화

영역

When people behave badly upon the learning of good omens, the good omens will change to become disasters.

Scroll 40: *Jia Zi*

359 스스로 만든 재앙은 피할 수도 없다

하늘이 만들어 내린 재앙은 그래도 피할 수 있지만, 자신이 만들어낸 재앙은 피할 수도 없다.[1]

[1] 얼(孽)은 재앙을 말한다. 환(逭)은 도피하다는 말이다. 천재(天災)는 피할 수 있지만 스스로 만든 재앙은 피할 수도 없다는 말이다.

원문

天作孽猶可違, 自作孽弗可逭①. 孽, 災也. 逭, 逃也. 言天災可避, 自作災不可逃也. (제2권 『상서(尙書)』)

주석

① 환(逭): 회피하다.

영역

Natural disasters can be averted as long as people are willing to abandon their devious ways and do more good instead. But if they continue to commit bad deeds without remorse, they will never be able to escape the onslaught of misfortunes.

Scroll 2: *Shang Shu*

360 하늘은 언제나 선행하는 자와 함께 한다

성인들은 좌계(左契)처럼 권리를 갖고 있지만[1] 베푼 데 대한 보답을 요구하지 않는다.[2] 덕을 갖춘 사람은 좌계(左契)를 관리만 할 뿐이지만[3], 덕을 갖추지 못한 사람은 보답에 대한 요구를 해 댄다.[4] 천지자연은 조금의 편애함도 없기에, 항상 선을 행하는 사람과 함께 한다.[5]

[1] 옛날 성인들 시대에는 문서도 없고 법률도 없었다. 그래서 나무에 홈을 새겨두었다가 이를 맞추어보고 서로 맞으면 믿는 징표로 삼았다.

[2] 신표로서의 계각(契刻)을 손에 쥐고만 있을 뿐 다른 사람에게 일에 대한 책임을 묻지는 않는다.

[3] 덕을 갖춘 임금은 신표로서의 계각을 관리만 한다.

[4] 그러나 덕을 갖추지 못한 임금은 신표로서의 계각을 등진 채 다른 사람의 실수만 관리한다.

[5] 하늘의 도(道)는 친소를 구분하지 않으며, 단지 훌륭한 사람이기만 하면 함께 하는데, 그것은 계각을 관리만 하는 사람과 함께 한다는 뜻이다.

원문

聖人執左契, 古者聖人無文書法律, 刻契合符, 以爲信也. 而不責於人①. 但執刻契信, 不責人以他事也. 有德司契, 有德之君, 司察契信而已. 無德司徹. 無德之君, 背其契信, 司人所失也. 天道無親, 常與善人. 天道無有親疏, 唯與善人, 則與司契者也. (제34권 『노자(老子)』)

주석

① 성인집좌계, 이불책어인(聖人執左契, 而不責於人): 옛날에 재물을 빌려줄 때 사용했던 차용증서. 대나무와 나무로 만들어졌는데 두 쪽으로 되었다. 왼쪽의 것을 좌계(左契)라 하는데 채무자의 이름이 새겨져 있고 채권자가 보관하며, 오른쪽의 것을 우계(右契)라 하는데 채권자의 이름이 새겨져 있고 채무자가 보관한다. 빌려준 물건을 요구하거나 돌려받을 때 두 가지 차용증서가 맞아떨어져야만 효력이 있다. 그 뜻인즉, 현명한 군주는 백성에게 은혜를 베풀 뿐 보답을 바라지 않

는다는 것이다. 계(契)는 계약, 책(責)은 요구하다, 명령한다는 뜻이다.

영역

The sages are like creditors who hold on to the left side of a contract, but who do not use it to pressure debtor to return the borrowed goods. The virtuous, just like the sages, are always giving but not collecting. On the other hand, unscrupulous people are like tax collectors who are always collecting but not giving. In the way of heaven, there is no partiality of love; it is always on the side of the good man.

Scroll 34: Lao Zi

인용
문헌

1. 『가자(Jia Zi, 賈子)』

낙양 출신의 가의(賈誼, 기원전 200~168)가 편찬했다. 달리 『신서(新書)』, 『가의신서(賈誼新書)』, 『가자신서(賈子新書)』라고도 한다. 저자인 가의는 서한시대(기원전 202년~서기 8년)의 유명한 정치인이자 저술가였다. 그는 이 책에서 당시의 당면한 다양한 정치적 문제들에 대해 구체적인 정책을 자주 개진했다. 통치자의 개별적인 통치에 초점을 맞추기 보다는 다른 제후국들 사이의 권력의 조화에 초점을 두었고, 상업 보다는 농업에 초점을 맞추었다.

2. 『갈관자(He Guanzi, 鶡冠子)』

갈관자(He Guanzi, 鶡冠子)는 춘추시대(기원전 770~기원전 476)의 주(周)나라 출신이다. 그는 갈(鶡)이라는 새의 깃털을 사용하여 모자(冠)를 만들어 썼기에, 갈관자라는 이름을 얻었다. 『갈관자』는 총 19장으로 구성되었으며, 도가 사상을 담고 있다.

3. 『공자가어(Kong Zi Jia Yu, 孔子家語)』

"공자의 친숙한 어록"이라는 뜻이다. 현존하는 『공자가어』는 위나라의 왕숙(王肅)이 편집한 판본으로, 『논어』에 기록되지 않은 공자의 유명한 어록을 모은 책이다.

4. 『관자(Guan Zi, 管子)』

『관자(管子)』는 법가, 유가, 도가의 사상뿐만 아니라 군사, 농업 등 여러 분야에 대해 논의하고 있는 책인데, 풍부한 역사적 정보를 제공하고 있어 연구가치가 대단히 높다. 이 책은 춘추시대(기원전 770~기원전 476)에 관중(管仲)이 저술했다고 알려져 있다. 그러나 현존하는 『관자(管子)』는 서한 시대(기원전 202년~서기 8년)의 학자인 유향(劉向)이 그 때까지 전하던 기록에서 중복된

부분을 제외하고 86편으로 정리한 것이다. 지금은 그 가운데 76편만이 남아 있고, 10편은 제목만 전한다. 내용은 「경언(經言)」, 「외언(外言)」, 「내언(內言)」, 「단어(短語)」, 「구언(區言)」, 「잡편(雜篇)」, 「관자해(管子解)」, 「관자중언(管子輕重)」 등 8부로 나뉘어 있다.

5. 『국어(Guo Yu, 國語)』

"각국의 역사이야기"라는 뜻인 『국어(國語)』는 춘추시대의 역사를 『춘추(春秋)』보다 좀 더 자세하게 기술한 책이다. 서주(기원전 1046~기원전 771)와 춘추시대(기원전 770~기원전 476)의 8개 나라, 즉 주(周)나라, 노(魯)나라, 제(齊)나라, 진(晉)나라, 정(鄭)나라, 초(楚)나라, 오(吳)나라, 월(越)나라의 역사를 나라별로 서술하기는 했지만 체계적이지는 않다. 그러나 사건이나 인물, 언행 등 당시의 생활을 미시사적(微視史的)으로 기록하고 있기 때문에, 『국어』의 기록은 역사의 원 자료로 대단히 중요한 가치를 지닌다. 사마천(司馬遷)이 그 유명한 『사기(史記)』 집필할 때도 이 책에서 역사적 자료를 많이 채택하였다.

6. 『노자(Lao Zi, 老子)』

이는 달리 『도덕경(Dao De Jing, 道德經)』이라고 부른다. 운문으로 된 도가 철학서다. 총 81장으로 구성되어 있으며, 도(道)와 덕(德)의 두 부분으로 나뉜다. 이는 도교의 가장 위대한 고전으로 간주되고 있다.

7. 『논어(Lun Yu, 論語)』

공자의 어록인 『논어(論語)』는 춘추시대와 전국시대(기원전 475~기원전 21)를 살았던 공자의 제자들에 의해 기록되었다. 이 책은 공자와 제자들의 말과 행동, 그리고 그들 사이의 대화를 기록한 것이다. 『논어』는 유가 사상을 연구하기 위한 가장 중요한 책이며, 전체 20장으로 되어있으며, 각 장은 주제별로 분류되어 있다.

8. 『맹자(Meng Zi, 孟子)』

주로 맹자(孟子)와 그의 제자들의 언술을 모은 작품이다. 맹자는 인간의 성품이 본래부터 선하다고 보는 성선설을 주장했다. 그는 인간이 인의예지(仁義禮智), 즉 측은지심(惻隱之心)과 같은 자비로움, 수오지심(羞惡之心)과 같은 정의로움, 사양지심(辭讓之心)과 같은 예의, 시비지심(是非之心)과 같은 지혜 등 네 가지 도덕적 품성을 타고 났다고 믿었으며, 수양을 통해 이를 유지하거나 발전시키지 않으면 타고난 도덕적 품성을 잃게 된다고 보았다. 그래서 그는 내면의 수양을 연마해야한다고 주장했다. 또한 맹자는 전쟁을 일으키기보다는 인의로서 다른 민족들이 마음에서 우러나는 충성을 끌어내야 한다고 말했다.

9. 『묵자(Mo Zi, 墨子)』

묵자(墨子)는 묵가 학파의 시조다. 그는 노(魯)나라에서 살았고, 춘추시대(기원전 770~기원전 476) 말기와 와 전국시대(기원전 475~기원전 221) 초기에 활약했다. 묵가는 유가사상이 '예'를 지나치게 강조한다고 비판했으며, '겸애(兼愛)' 사상을 설파하고, 자신을 희생해서 공동선을 위해 봉사해야한다고 믿었다. 따라서 그는 침략과 전쟁에 반대했다. 『묵자』는 이러한 묵자의 사상을 바탕으로 묵가 학파들이 편집한 철학적 글이다.

10. 『문자(Wen Zi, 文子)』

12권으로 구성되어 있으며, 도교의 교리를 설명한 책이다. 이 책은 전국시대(기원전 475~기원전 221) 중기부터 후기 사이에 기록된 것으로 알려져 있다.

11. 『부자(Fu Zi, 傅子)』

서진(西晉) 시대(265~317)의 부현(傅玄)의 저작이다. 이 책은 자연이 기(氣)의 흐름에 따라 변화한다고 주장하고 있다. 부현은 일반적으로 신이나 신선과 같은 신비의 존재를 비판했으며, 대다수의 사람들이 학자, 사업가, 노동자보다는 농부가 되어야한다고 주장했다.

12. 『사기(Shi Ji, 史記)』

"역사의 기록", 혹은 "위대한 역사가의 기록"이라는 뜻인 『사기(史記)』는 기원전 109~기원전 91년경에 사마천(司馬遷)이 쓴 필생의 대작이다. 서한(기원전 206~서기 9) 때의 한 무제(漢武帝)가 통치하던 시기에, 황제(黃帝)(기원전 2600년 경) 때부터 사마천 자신의 시대까지 3,000년이 넘는 중국 역사를 다루고 있으며, 총 130권으로 이루어져 있다. 이 책을 집필할 때 사마천은 황실의 도서관에 있는 제왕이나 제후의 연대기뿐만 아니라, 고대의 뛰어난 개인의 활동을 다룬 전기 등 광범위한 문헌을 참고했으며, 내용의 정확성을 위해 인터뷰와 현장 조사도 실시했다. 『사기』는 고대 중국의 역사에 관한 최초의 체계적인 텍스트로서, 중국의 역사와 산문에 깊은 영향을 미쳤다.

13. 『사마법(Si Ma Fa, 司馬法)』

"사마 씨가 알려주는 병법"이라는 의미의 『사마법(司馬法)』은 고대부터 전해져 오던 군사 체계와 병법에 관한 책으로 상(商)나라(기원전 1600~기원전 1046)에서 주(周)나라(기원전 1046~기원전 256) 때까지의 군사 관리 방법과 예법을 요약하고 있다.

14. 『삼국지(San Guo Zhi, 三國志)』

『삼국지』는 위(魏), 촉(蜀), 오(吳)의 삼국시대(220~265)에 대한 역사 기록으로 총 65권이다. 내용은 세 부분으로 구성되어 있다. 촉나라의 역사와 전기를 다루고 있는 『촉지(蜀志)』도 『삼국지』의 한부분이며, 15권으로 되어 있다. 『삼국지』는 이 시기의 주요 인물들을 자세히 기록하고 있으며, 중국 소수민족의 역사와 주변 국가의 역사도 포함되어 있다. 주로 인물 전기 위주로 기술되었으며, 저자는 진(晉) 왕조(265~420)를 살았던 진수(陳壽)이다. 남조(南朝, 420~589) 때의 배송지(裴松之)가 이 책에 주석을 달았다.

15. 『삼략(San Lue, 三略)』

"세 가지 전략"이라는 뜻의 『삼략』은 상략, 중략, 하략의 3편으로 이루어져 있다. 상략과 중략은 과거의 군사와 병법에 대한 저술을 인용하여, 재미있는 군참(軍讖: 군사 예언)과 군세(軍勢: 군대의 형세)를 소개하고 그 내용을 정교하게 다듬은 것이고, 하략은 이에 대한 저자 자신의 논평을 담았다. 이 책은 황석공(黃石公)이 저술했다고 알려져 있지만, 최근 연구에 의하면 황석공이 아니라, 어느 이름 모를 저자에 의하여 진나라(기원전 221~기원전 206)와 한나라(기원전 206~서기 220) 시기에 쓰인 것으로 추정하고 있다.

16. 『상서(Shang Shu, 尚書)』

역사서의 고전인 『상서(尚書)』는 달리 『서경(書經)』이라고 한다. 고대의 사관이 나라 안에서 일어나는 모든 사건을 그대로 기록한 문집이다.

17. 『설원(Shuo Yuan, 說苑)』

"이야기의 정원"이라는 뜻의 『설원(說苑)』은 서한(기원전 206~서기 9) 때의 유향(劉向)이 저술했다. 이 책은 고대 진(秦)나라(기원전 221~기원전 206)부터 한나라(기원전 206~서기 220) 때까지의 일화를 유가사상에서 제기하는 도덕성과 윤리, 정치적 사유를 대중에게 알리기 위한 목적으로 소개했다.

18. 『손경자(Sun Qing Zi, 孫卿子)』

순자(荀子) 혹은 순황(荀況)이라고 알려져 있는 손경자(孫卿子)는 전국시대 후반기(기원전 475~기원전 221)의 유명한 철학자이자 교육자로서 조(趙)나라 출신이다. 그는 성선설을 주장했던 맹자와 달리 악한 본성을 예를 통해 변화시켜야 한다는 성선설을 주장했다. 그의 저작 『순자』(혹은 『손경자』)는 본성의 이해를 중심으로 기술되고 있으며, 철학, 논리학, 윤리, 그리고 통치 방법 등 광범위한 주제를 다룬다.

19. 『손자(Sun Zi, 孫子)』(『손자병법(Sun Zi Bing Fa, 孫子兵法)』)

고대 중국의 병법서인 『손자(孫子)』 또는 『손자병법(孫子兵法)』은 중국에서 현존하는 세계 최초의 군사 서적이다. 송(宋)나라(960~1279) 이후, 이 책은 7대 주요 병법서 중 최고의 책으로 등재되었다. 『손자병법』은 전국시대(기원전 770~기원전 476) 말에 손무(孫武)가 썼으며, 총 13편으로 구성되었다.

20. 『시경(Shi Jing, 詩經)』

『시경(詩經)』으로 잘 알려져 있는 『모시(Mao Shi, 毛詩)』는 모씨 성을 가진 사람이 편찬한 중국 고전 시가다. 중국 시와 노래의 가장 오래된 모음집이다. 305편의 시와 노래로 구성되어 있으며 기원전 10세기~기원전 7세기까지의 다양한 작품이 포함되었다. 고대 중국의 모든 위대한 문학 작품과 마찬가지로 『시경』은 역사를 통틀어 여러 차례 주석이 달렸다. 그중에서도 한나라(기원전 206~서기 220) 때의 학자인 모형(毛亨)과 그의 조카 모장(毛萇)의 주석이 가장 잘 알려져 있으며 권위도 인정받고 있다.

21. 『신감(Shen Jian, 申鑒)』

국가를 통치하는 방법에 대한 조언으로, 역사적인 예를 사용하고 있다. 인간의 도덕적 기초로서의 자비와 의리(義理)를 특별히 강조하고 있다. "과거를 오늘의 거울에 비추어 미래의 본보기로 삼는다"는 뜻의 『신감(申鑒)』은 순열(荀悅)이 편찬한 책이다. 순열은 동한(25~220) 때의 정치인이자 역사가로 유가를 숭상했다. 총 5권으로 된 『신감』 과거 역사를 오늘의 거울에 비추어 본보기를 삼아서 나라를 통치해야한다는 주장을 담고 있으며, 유가에서 말하는 '인'(자애로움)과 '의'(정의)가 인간의 도덕적 토대가 되어야 한다고 강조하고 있다.

22. 『신서(Xin Xu, 新序)』

"새로운 편집"이라는 뜻의 『신서(新序)』는 유향(劉向)이 편집한 고사집이다. 유교의 중심 사상인 '인(仁)에 입각한 통치'가 이 저작의 중심 주제이다. 유향은 전한시대의 학자로 한나라(기원전 206~서기 220) 황실의 힘이 약화되자, 통치자를 비판하고 정부 관리들에게 충언을 하기 위해 『신서』를 썼다. 그는 봉건제를 조롱하고, 제후에 대한 백성들의 원성이 드높아진 상황을 기술했지만, 역사적 사실에 입각한 서술이라고 하기는 어렵다. 이 책의 내용이 주로 기원전 221년경의 선진(先秦) 시대에 일어난 일에 초점을 두고 있기 때문이다. 또한 많은 부분이 우화로 이루어져 있기 때문에 문학적 가치는 대단히 높다.

23. 『신어(Xin Yu, 新語)』

"새로운 논평"이라는 뜻인 『신어(新語)』는 한나라 초기의 정치가이자 유학자인 육가(陸賈, 기원전 240~기원전 170)의 저작이다. 그러나 『신어』라는 제목은 육가 자신이 붙인 것은 아니다. 이 책은 육가가 한나라(기원전 206~서기 220)의 첫 황제인 한 고조(高祖)에게 바치는 글로 이루어져 있으며, 황제가 역사에서 교훈을 배울 수 있도록, 진나라가 멸망한 원인과 한나라가 중국을 통일할 수 있었던 이유, 그리고 역사적으로 성공하고 실패한 나라들에 관해서 기술하고 있다. 이 책의 입장은 유가로 보이지만, 국가의 통치는 도의 이치를 따라야 한다는 도가 사상도 설파하고 있다.

24. 『신자(Shen Zi, 慎子)』

전국시대(기원전 475~기원전 221) 때의 신도(慎到, 기원전 395~기원전 315)가 편찬한 법가에 속하는 저작이다. 신도는 법을 이용하여 국가를 통치해야한다고 주장했다.

25. 『안자(Yan Zi, 晏子)』

춘추시대(기원전 770~기원전 476)의 명재상인 안영(晏嬰)이 쓴 책이다. 안영은 제(齊)나라 영공(靈公), 장공(莊公), 경공(景公) 3대를 섬긴 재상으로써 후에 안자라고 높여서 불렀다. 그는 정부의 운영에 있어서 검약, 즉 검소해야한다고 주장했고, 세금을 줄이고 처벌을 줄이고 형량을 감해야 한다고 믿었다.

26. 『여씨춘추(Lu Shi Chun Qiu, 呂氏春秋)』

기원전 239년 진나라(기원전 221~기원전 206) 재상인 여불위(呂不韋)가 주도하여 편집한 중국고전의 백과사전으로 "여불위의 춘추시대의 연대기"라고도 불린다. 내용은 유가, 도가, 그리고 음악, 농학, 의술, 군사 등 다방면에 걸쳐 광범위하게 담았다. 진(秦)나라 초기의 역사에 관한 연구를 위한 중요한 참고 자료이다. 또한 유명한 일화를 모아 놓은 모음집으로도 유명하다.

27. 『열자(Lie Zi, 列子)』

대부분 도가에 속하는 다양한 사상들을 모아서 이에 근거하여 편찬한 8권으로 된 책이다. 『열자』는 정치, 경제, 군사, 철학, 관습 및 자연 과학 등에 대해서 논의하고 있다.

28. 『염철론(Yan Tie Lun, 鹽鐵論)』

"소금과 철에 대한 논의"라는 뜻인 『염철론(鹽鐵論)』은 서한(기원전 206~서기 9) 시대를 살았던 환관(桓寬)의 저작이다. 총10권 60편으로 구성된 이 책은 한나라 조정과 수도인 장안(長安)에 살고 있었던 60여명의 덕망 있는 학자와 지식인들 사이의 논쟁을 기록하고 있다. 주된 내용은 기원전 81년에 소금과 철 생산 및 유통에 대한 국가독점 문제에 관한 것이지만, 당시의 정치, 경제, 문화 및 군사 문제도 함께 논의하고 있다.

29. 『예기(Li Ji, 禮記)』

'예식', '예법'의 이론과 관습적으로 행해져온 의례를 기록한 책이다. 유가의 다섯 가지 주요 경전인 오경(五經) 중의 하나인 『예기』는 주(周)나라(기원전 1046~기원전 256)의 사회 형태, 정부 체계, 고대 의례와 의식 등을 설명하고 있다. 이 책은 공자가 직접 편찬했다고 전해지지만, 안타깝게도 이 책을 포함하여 많은 유가 경전들이 진나라의 첫 황제인 진시황(기원전 221~기원전 206) 때 불타서 없어졌다. 따라서 오늘날 사용하는 판본은 한나라(기원전 206~서기 206) 때의 여러 학자들이 흩어져서 전해오는 것을 편집했던 것을 기원전 1세기에 대덕(戴德)(혹은 대대(大戴)라고도 함)과 그의 동생 대성(戴聖)(혹은 소대(小戴)라고도 함)이 다시 편집하고 증보한 것이다. 오늘날 『예기』는 대성(戴聖)의 기록에 근거한다.

30. 『오월춘추(Wu Yue Chun Qiu, 吳越春秋)』

오나라와 월나라의 연대기인 『오월춘추(吳越春秋)』는 춘추시대(기원전 770~기원전 476) 동안의 오(吳)나라와 월(越)나라의 역사를 기록한 책으로, 동한 때의 조엽(趙曄)의 저작이다.

31. 『오자(Wu Zi, 吳子)』

『오자병법』이라고도 불리는『오자(吳子)』는 춘추전국시대에 저술했다고 추정되는 병법서로서, 대장군 오기(吳起)와 위(魏)나라 문후(文侯)와 무후(武侯) 간에 이루어진 전쟁의 전략에 대한 토론 기록이다.

32. 『오지(Wu Zhi, 吳志)』

"오나라에 관한 책", 혹은 "오나라의 위인전집"인『오지(吳志)』는 달리『오서(吳書)』라고도 한다.『삼국지(三國志)』중 오나라 편이다. 총 20권으로 구성되어 있다.

33. 『원자정서(Yuan Zi Zheng Shu, 袁子正書)』

원준(袁准)의 저술이다. 원준은 국가를 통치할 때 도덕과 법 사이의 균형을 잡아야한다고 생각했다.

34. 『위료자(Wei Liao Zi 尉繚子)』

위료(尉繚)가 저술한『위료자(尉繚子)』는 무경칠서(武經七書) 중 하나로 군대와 권력을 어떻게 관리해야하는가를 다룬 병법서다. 그간 위서일 것이라는 추측이 있었으나, 1972년 산동성 은작산(銀雀山) 한나라 무덤에서 실물 자료가 출토되어 위작이 아님을 증명했다.

35. 『위지(Wei Zhi, 魏志)』

위나라에 관한 책 혹은 위나라의 위인전집인『위지(魏志)』는 달리『위서(魏書)』라고도 한다.『삼국지(三國志)』중 위나라 편이다. 총 30권으로 구성되어 있다.

36. 『유이정론(Liu Yi Zheng Lun, 劉廙政論)』

"유이(劉廙)의 정치론"인『유이정론(劉廙政論)』은 5권으로 되었으며, 현재 8장만 남아 있다.

37. 『육도(Liu Tao, 六韜)』

"여섯 가지 병법"을 의미하는 『육도(六韜)』는 고대 중국의 전쟁 기술에 관한 저명한 책이다. 총 6장에 60편으로 이루어진 이 책은 진(秦)나라 이전(기원전 221년 이전)의 병법서로서 가장 방대하다. 서한(기원전 206~서기 9) 이후, 『육도』는 널리 퍼지기 시작했으며, 당나라(618~907) 때가 되면, 병법가들은 종종 『육도』를 인용했다. 송나라(960~1279) 이후에는 병법가들에게 이 책은 없어서는 안 될 필요불가결한 책으로 간주되었다.

38. 『윤문자(Yin Wen Zi, 尹文子)』

전국시대(기원전 475~기원전 221)를 살았던 윤문(尹文)의 저작이며, '대도상(大道上)'과 '대도하(大道下)' 2편으로 구성되어있다. 이 철학적인 저작은 주로 좋은 정치란 어떠해야하는 지, 그 원칙을 논의하고 있다. 윤문은 도(道)를 따르는 정치가 가장 좋겠지만, 그럴 수 없다면 정치는 다음의 순서로 이어질 것이라고 말한다. "도(道)를 따를 수 없다면, 법을 따르라. 법이 제대로 작동하지 않는다면, 전술을 이용하라. 전술도 실패하면, 권위를 이용하라. 힘과 권력을 이용하는 것은 가장 마지막 수단이다. 권위를 이용하는 것조차 아무 효과가 없을 때 힘과 권력을 이용하라."라고 말했다.

39. 『음모(Yin Mou, 陰謀)』

"비밀스러운 책략"을 뜻하는 『음모(陰謀)』는 국가를 통치하고 백성을 교육하는 방법에 관한 강태공(姜太公)과 주(周)나라(기원전 1046~기원전 256) 무왕(武王) 사이에 이루어진 질문과 답변에 대한 기록이다.

40. 『잠부론(Qian Fu Lun, 潛夫論)』

동한시대(25~220) 때 왕부(王符)가 편찬했다. '잠부'란 함부로 관직에 나서지 않는 사람을 뜻하며, 섣불리 관리가 되어 세상을 혼란하게 한 사람들과 그러한 관리로 가득 찬 정계, 경제계 등을 비판하고 그들의 비행, 착취, 사치와 낭비, 그리고 그들에 의한 민중의 억압을 비판하고 있는 책이다.

41. 『장자(Zhuang Zi, 莊子)』

장자와 그의 제자들이 쓴 도가(道家)의 잠언록이다. 장자의 본명은 장주(莊周)이며, 전국시대(기원전 475~기원전 221)의 저명한 중국 철학자로, 도가의 대표적인 인물이다. 『장자』는 총 52편으로 된 책이지만, 33편이 현존한다. 도가의 중요한 고전인 『장자』의 내용은 『노자(老子)』와 유사하다. 『장자』는 많은 흥미로운 우화를 이용해서 도가 철학을 표현하여 오늘날까지도 그 생생한 이야기들이 전해 내려오고 있다.

42. 『장자만기론(Jiang Zi Wan Ji Lun, 蔣子萬機論)』

『장자만기론(蔣子萬機論)』은 "장자가 황제에게 바치는 천자의 정치에 관한 논의"라는 뜻을 담았다. 이 책은 장제(蔣濟)가 삼국시대(220~265) 위(魏)나라의 문제(文帝)에게 바친 책이다.

43. 『전론(Dian Lun, 典論)』

『전론(典論)』은 조비가 지은 문학전반에 대한 본격적인 비평서이다. 조비는 위(魏)나라 황제인 문제(文帝)로서 삼국시대(220~265) 때 조위(曹魏)의 초대 황제였으며, 후한(25~220) 때의 저명한 정치가였던 조조(曹操)의 둘째 아들이다.

44. 『전어(Dian Yu, 典語)』

"정치론"이라는 의미의 『전어(典語)』는 육경(陸景, 250~281)의 저술이다. 육경은 31세의 짧은 생을 살았지만, 많은 저작을 기술했다. 하지만 『전어』를 제외한 모든 작품은 실전되어 전하지 않는다. 이 책은 정치를 논하면서 정부 관리에게 급료를 충분히 지불하면 부패를 근절할 수 있다고 강조한다.

45. 『정요론(Zheng Yao Lun, 政要論)』

"정치의 중요성에 대한 논의"를 담고 있는 『정요론(政要論)』은 삼국시대 (220~265) 환범(桓范)의 저작이다. 이 책은 정부 관리를 어떻게 적재적소에 배치할 것인지 그 방법에 관해 토론하고 있다. 환범은 국가의 번영이 그 국가의 지도자가 겸손하고, 사람들의 충고를 얼마나 잘 수용하고 받아들이는가에 달려 있다고 믿었다.

46. 『주례(Zhou Li, 周禮)』

"주나라의 의례"라는 뜻인 『주례(周禮)』는 고대 예학서 중의 하나로, 유가의 경전 중 『예기(禮記)』, 『의례(儀禮)』와 함께 삼례(三禮)로 일컬어진다. 원래 이름은 『주관(周官)』 또는 『주관경(周官經)』이라고 불렸으나 나중에 경전에 포함되면서 유흠(劉歆)에 의해 『주례』라는 이름으로 개명되었다.

47. 『주서(Zhou Shu, 周書)』

"주나라의 역사서"라는 뜻의 『주서(周書)』는 북주(557~581) 왕조의 공식 역사를 기록한 것으로, 정사(正史)로 인정받는 24개의 역사서(二十四史) 중 하나이다. 이 책은 당나라(618~907) 때의 역사가였던 영호덕분(令狐德芬, 583~666)에 의해 편찬되었으며 서기 636년에 완성되었다. 총 50권으로 구성되었으며, 일부 장은 유실되었고, 다른 원전에서 인용한 부분으로 대체하고 있다.

48. 『주역(Zhou Yi, 周易)』

"세계의 변화에 관한 원리"를 기술한 책인 『주역(周易)』은 달리 『역경(Yi Jing 易經)』이라고도 한다. 『역경』의 기원은 기원전 2800~기원전 2737년까지 거슬러 올라갈 수 있지만, 점괘의 체계가 점점 발달하여, 주(周)나라(기원전 1046~기원전 256)때에 이르면, 가장 영향력 있는 철학이 되었다. 그리고 춘추시대(기원전 770~기원전 476)에 이르러, 공자가 직접 이 책에 주석을 달아서 "역(易)"의 뜻을 알기 쉽게 풀이하여 주해서를 펴냈다고 전해진다. 이 주해서가 10편으로 나뉘어 있어 『십익(十翼)』이라고 명명되었다. 서한(기원전 206~서기 9) 무제(武帝) 때에 공자의 『십익(十翼)』은 종종 『역경』에 대한 해설서라는 뜻인 『역전(易傳)』으로 불렸다.

49. 『육자(Yu Zi, 鬻子)』

육자(鬻子)에 대해서는 알려진 바가 거의 없다. 그의 저술인 『육자(鬻子)』는 나라를 덕과 인정에 의해 다스리는 법을 알게 되면, 백성의 복지를 가장 우선으로 고려하게 되고, 도(道)에 입각하여 사람이 먼저인 정치가 이루어진다고 기술한다.

50. 『중론(Zhong Lun, 中論)』

"중도에 관한 논의"를 담고 있는 『중론(中論)』은 철학자이자 시인이었던 서간(徐幹, 170~217)의 저작이다. 그는 동한(25~220) 후기의 가장 유명한 7명의 시인들, 즉 건안칠자(建安七子) 중 한 사람으로 문장력이 뛰어나 큰 명성을 얻었다. 그는 고전에 주해를 다는 당대의 전통적 연구에 반대했으며, 서간은 주석 연구에 반대하였으며, 의리(義理)를 가장 중요한 덕목으로 삼았다.

51. 『증자(Zeng Zi, 曾子)』

중국 춘추전국시대의 유가사상가인 증자(曾子, 기원전 505~기원전 436)의 저작이다. 그는 증삼(曾參)이라고도 불리는데, 노(魯)나라(기원전 1042~기원전 249) 출신으로 공자 제자이며, 효성이 지극하기로 유명했다. 『증자』는 총 18편으로 구성되었으며, 효(孝)와 신(信)을 도덕행위의 근본으로 한다는 증자의 사상을 기술하고 있다.

52. 『진서(Jin Shu, 晉書)』

진나라의 공식 역사서로 265년에서 420년까지 존속했던 진(晉)나라의 역사를 다루고 있다. 당나라(618~907) 때 황제가 선임한 많은 학자들이 집필했다. 이 책의 수석 편집인은 당시의 총리 격인 방현령(房玄齡)이 맡았다. 『진서』의 대부분은 기록 보관소에 보관된 공식 문서에 의거하여 편찬되었다. 이 책에는 동진(東晉, 317~420)과 같은 시대에 존재했던 16국(國)의 역사도 포함되어 있다. 이 책에 포함된 인물의 전기는 당나라 태종이 직접 작성한 것도 있다.

53. 『창언(Chang Yan, 昌言)』

중장자(仲長子, 180~220)의 솔직하고 정곡을 찌르는 조언으로 이루어져 있다. 중장자는 달리 중장통(仲長統)이라고도 한다. 중장통은 사람이란 자고로 예의를 알고, 옳고 그름을 판별할 줄 알며, 정직하고, 청렴해야하며, 도덕에 어긋나는 행동을 보고 부끄러움을 느낄 수 있어야 한다고 주장했다. 그는 통치자에게 가문이나 문벌 등이 아니라 유능하고 덕 있는 사람을 관리로 선발해야하고 법을 엄격히 준수해야 한다고 직언했다. "중장통의 솔직한 충고"라는 의미의 『창언(昌言)』은 통치자가 나라는 제대로 다스리는 방법을 논의하고 있다. 이 책은 송나라(960~1279) 때까지는 보존되었지만 오늘날에 이 책의 완전본은 전하지 않는다.

54. 『체론(Ti Lun, 體論)』

존재하는 모든 것의 본성을 체(體)라고 설명한 『체론(體論)』은 두서(杜恕, 197~252)의 저작으로 총 8장(1장 임금(君), 2장 신하(臣) 3장 말(言) 4장 행동(行), 5장 정치(政), 6장 법(法), 7장 듣고 헤아림(聽察), 8장 용병(用兵))으로 구성되었다. 정치와 다섯 종류의 도덕적 관계에서 만물의 체(體)인 '예'(禮)를 어떻게 활용해야하는 지에 대해 기술했다.

55. 『최씨정론(Cui Shi Zheng Lun, 崔氏政論)』

최씨라고 알려진 최식(崔寔, 약 103~약 170)은 동한(東漢, 25~220) 때의 정치 이론가이다. 효심이 지극한 것으로 유명했던 그는 검소함과 도덕성을 갖춘 올곧은 정부 관리였다. "최씨의 정치론"이라는 의미의 『최씨정론(崔氏政論)』은 당대의 정치적 논쟁거리를 다루었으며, 이 책의 가장 큰 특징은 솔직함에 있다.

56. 『포박자(Bao Pu Zi, 抱朴子)』

갈홍(葛洪)이 동진(東晉, 317~420) 때 쓴 책이다. 갈홍은 도교 신봉자이자, 의학자였으며 불멸의 약을 만드는 연단술가였다. 자는 치천(稚川)이며, 호가 포박자(抱朴子)였다.

57. 『한서(Han Shu, 漢書)』

중국 후한(後漢)시대의 역사가 반고(班固)가 저술한 역사서로, 『전한서(前漢書)』 혹은 『서한서(西漢書)』라고도 한다. 이 책은 기원전 206년에 유방이 세운 나라인 서한(기원전 206~서기 9)의 역사를 자세하게 기록하고 있으며, 이에 기록된 많은 개별 인물의 전기는 역사적 사실을 보완하는 데 도움이 되고 있다. 총 100개의 장으로 되어있다. 저자인 반고(班固)는 그의 아버지 반표(班彪)가 쓴 『후전(後傳)』 60여 편을 기반으로 『한서』를 쓰기 시작했다. 하지만, 반고가 서기 92년에 이를 완성하지 못한 채 사망함으로써 이 책은 미완성으로 남게 되었다. 반고의 누이 반소(班昭)가 계속 작업해 완성했다. 『한서』는 중국에서 고전으로 일컬어지는 24권의 역사서 중 가장 중요한 4권의 역사서 중 하나다.

58. 『한시외전(Han Shi Wai Zhuan, 韓詩外傳)』

『한시외전(韓詩外傳)』은 중국 전한(前漢) 시대의 학자 한영(韓嬰)이 편찬한 『시경(詩經)』 해설서이다. 교훈적인 행동이나 사건을 이야기하고, 이에 해당하는 『시경』의 구절을 인용하여 설명함으로써, 『시경』의 교훈을 적용하고 보충하여 설명한 책이다.

59. 『한자(Han Zi, 韓子)』

『한자(韓子)』는 전국시대(기원전 475~기원전 221) 법가(法家)의 대가였던 한비(韓非, 기원전 280~기원전 233)의 저작으로 『한비자(韓非子)』라고도 불린다. 한비는 그의 스승이었던 순자(荀子)로부터 인간의 본성이 악하다고 말하는 성악설(性惡說)을 물려받았으며, 국가를 처벌과 보상으로 다스릴 것을 제안했다.

60. 『회남자(Huai Nan Zi, 准南子)』

서한(기원전 206~서기 9) 때의 유안(劉安)과 그가 거느리고 있었던 문인과 학자들에 의해 편찬되었다. 『회남홍렬(准南鴻烈)』라고도 부른다. 이 책은 유가,

법가, 음양, 오행 사상, 심지어는 전설이나 옛이야기 등 여러 주제를 다방면에서 다루고 있기는 하지만, 이 책에서 가장 깊이 있게 다루고 있는 사상은 도가 사상이다.

61. 『효경(Xiao Jing, 孝經)』

효도에 관해 기술한 『효경(孝經)』은 효의 원칙과 규범을 수록한 유교의 고전이다. 이 책의 저작연도는 기원전 400년 무렵으로 추정된다. 공자의 제자인 증자(曾子)가 공자와 자신과의 대화를 토대로 지었다는 설이 있지만 확증할 만한 충분한 근거는 없다.

62. 『후한서(Hou Han Shu, 後漢書)』

이는 후한의 역사를 기록한 책으로, 전한의 역사를 기록한 『한서(Han Shu, 漢書)』를 이은 역사서다. 이 책은 동한(25~220)의 역사를 다루고 있으며, 5세기에 범엽(范曄, 398~445)이 편찬했다. 『한서』와 마찬가지로 『후한서』도 중국에서 고전으로 일컬어지는 24권의 역사서 중 가장 중요한 4권의 역사서 중 하나다.

Bibliography
참고문헌

Books

Li, Bing Nan. "Xue-er" 學而, Chap. 1. in *Lunyu Jiang Yao* 論語講要[*An Explanation on the Main Points of Analects. In Chinese.*] Taiwan: Fufong Press, 2009. Also available at http://www.minlun.org.tw/lpt/lpt-4-2/03-01.htm.

Lin, Yutang. *The Wisdom of Confucius*, ed. Li, Ming. Part I and II. Taipei: Cheng Chung Book Co., Ltd., 1994.

Lii, X. Z., B. Y. Zhao, and Y. W. Zhang, eds. *Qunshu Zhiyao Kaoyi*. [In Chinese.] 4 vols. Tuan Jie Press, 2011.

E-Books

Eno, Robert, trans. *The Analects of Confucius: An Online Teaching Translation*, version 2.0, 2010. ebook, http://www.indiana.edu/~p374 /Analects_of_Confucius,,%28Eno-2012%29.pdf (PDF version updated to 2.1).

Legge, James, trans. *Confucian Analects*, vol. 1, Project Gutenberg ebook, 2009. http://www.gutenberg.org/files/4094/4094-h/4094-h.htm.

Legge, James, trans. *Dao De Jing*. Project Chinese Text, http://ctext.org/dao-de-jing.

Legge, James, trans. *Xiao Jing*. Project Chinese Text, http://ctext.org/xiaojing.

Muller, Charles, trans. *The Analects of Confucius*. http://www.acmuller.net/con-dao/analects.html.

Dictionary

Han Dian Chinese Dictionary Online, 漢典 [In Chinese.] http://www.zdic.net/.

Oxford Chinese Dictionary: English-Chinese, Chinese-English. Edited by Julie Kleeman and Harry Yu. China: C&C Offset Printing, 2010.

Websites

"A Universal Guide for China Studies," http://chinaknowledge.org /Literature/Historiography/shibu.html.

China Culture, http://www.chinaculture.org/gb/en_aboutchina /node_59.htm.

Chung Yoon-Ngan to fhakka@asiawind.com, asiawind.com mailing list, July 11, 1998, Son of Heaven, http://www.asiawind.com/pub /forum/fhakka/mhonarc/msg00956.html.

"Dao De Jing," chap. 63. Green Way Research, last modifed November 18, 2011, http://www.egreenway.com/taoism/ttclz63.htm.

"Emperor Taizong," Wikipedia, last modified September 23, 2012, http://en.wikipedia.org/wiki/Emperor_Taizong_of_Tang.

"Empress Zhangsun," Wikipedia, last modified September 21, 2012, http://en.wikipedia.org/wiki/Empress__Zhangsun.

"Guanzhong," Wikipedia, last modified September 18, 2012, http:// en.wikipedia.org/wiki/Guan_Zhong.

"I Ching," trans. James Legge, TormodKinnes, http://oaks.nvg.org /re5ral7.html.

"Legalism, Qin Empire and Han Dynasty," http://www.san.beck.org /EC16-Legalism.html.

"Liu Tao," China Culture. Orgy http://wwwl.chinaculture.org/created /2005-07/20/content_70803.htm.

"Lu (state)," Wikipedia, last modified July 5, 2012, http://en.wikipedia .org/wiki/State_of_Lu.

"Shih King-The Book of Odes," trans. James Legge, sina (blog), May 26, 2011,http://blog.sina.com.en/s/blog_6f58baf001017j4l.html.

"Shuoyuan 說苑 'The Garden of Persuasions'" http://www.chinaknowledge.de/Literature/Diverse/shuoyuan.html.

"Sun Tzu The Art of War, M trans. Lionel Giles, http://classics.mit.edu/T u/artwar.html.

Tao Te Ching, trans. Derek Lin, *Tao Te Ching: Annotated & Explained*, Sky Light Paths, 2006, http://www.taoism.net/ttc/complete.htm. "Tau Teh Ching-Comparisons Projects," wayist.org. St. Xenophon library online repository, http://wayist.org/ttc%20compared/chap64.htm.

"Ten Faults," chap. 10 in "Complete writings of Han Fei Tzu," trans. W.K. Liao, http://www2.iath.virginia.edu/saxon/servlet/ SaxonServlet?source=xwomen/texts/hanfei.xml&style=xwomen /xsl/dynaxml.xsl&chunk.id=d2.10&toc.id-d2.10&doc. lang-english.

"Xiaohe," http://history.cultural-china.com/en/47Historyl920.html.

● 역자 ●

하영삼(河永三)

경남 의령 출생으로, 경성대학교 중국학과 교수, 한국한자연구소 소장, 인문한국플러스(HK+)사업단 단장, 세계한자학회 (WACCS) 상임이사로 있다. 부산대학교 중문과를 졸업하고, 대만 정치대학에서 석,박사 학위를 취득했으며, 한자에 반영된 문화 특징을 연구하고 있다. 저서에 <한자어원사전>, <100개 한자로 읽는 중국문화>, <한자와 에크리튀르>, <한자의 세계: 기원에서 미래까지>, <제오유의 정리와 연구>(第五游整理與研究), <한국한문자전의 세계>, <뿌리한자>, <연상한자>, <부수한자> 등이 있고, 역서에 <중국 청동기 시대>, <허신과 설문해자>, <갑골학 일백 년>, <한어문자학사>, <한자왕국>(공역), <언어와 문화>, <언어지리유형학>, <고문자학 첫걸음>, <수사고신록>(洙泗考信錄)(공역), <석명>(釋名) 등이 있으며, "한국역대자전총서"(16책) 등을 공동 주편했다.

정혜욱(鄭惠旭)

97년 부산대에서 박사학위를 받았고, 부산대, 부경대 연구교수, 신라대 조교수를 거쳐 현재 부경대에서 미국문화를 강의하고 있다. 저서로 <번역과 문화연구> 등이 있고, 공동저서로 <상처와 치유의 서사>, <세계문학 속의 여성>, <틈새공간의 시학과 실제>, <미국소수민족문학>, <타자의 타자성 그 담론적 전략들>, <물질, 물질성 담론과 영미소설읽기> 등 10여권이 있으며, 역서로 <번역과 제국: 포스트식민주의 이론해설>, <인터넷상에서>, <탈식민페미니즘과 페미니스트들>(공역) 등이 있다.

이용남(李勇男)

중국 번역전문가. 중국 연변대학 조선문학부 졸업, 현 연길연신(延信)번역센터장, 연변민간문예가협회 상무이사로 있으며, <에디슨>, <나도 마술사>, <모지랴 이야기> 등을 번역 저술했다.